식탁 위의 철학자들

식탁 위의 철학자들

Philosophers At Table

철학자가 바라본 '먹는다는 것'

레이먼드 D. 보이스버트, 리사 헬트 지음

마도경 옮김

21세기북스

차
례

먹는 방법

"우리는 어떻게 먹어야 하나? (How are we to eat?)"이 질문은 놀랄 정도로 단순한 것 같다. 문법적 구조 덕분에 이 문장은 영어 교과서 중 부정사 또는 의문사의 용법을 설명하는 부분에서 적절한 예문이 될지도 모르겠다. 이 질문에서는 "우리는 무엇을 먹어야 하나?" "우리는 언제 먹어야 하나?" "우리는 어디에서 먹어야 하나?" "우리는 왜 먹어야 하나?" 등의 질문들도 파생될 수 있다.

이 문장은 다양하게 해석될 수 있기 때문에, 음식에 대한 철학적 탐구를 시작하는 데 완벽한 틀을 갖춘 의문문이라 볼 수 있다. 이 문장의 의미들을 조금이나마 파악할 수 있다면 음식과 철학이 대화하는 방식들을 이해할 수 있을 것이다. 한편으로 우리는 현재 주변에서 일어나고 있는 많은 긴급한 사안들, 예컨대 '식품의 안전성에 대해서는 누구의 말을 믿어야 할까?' '전 세계에서 발생하는 식품 불안전성의 문제는 어떻게 해결할 것인가?' '현지에서 조달한 식품을 섭취하는 것만이 유일한 해법인가?'와 같은 문제들을 성찰하는 데 있어 철학이 어떤 도움을 줄 수 있는지 이해하게 됐다.

또한 우리는 우리와 음식의 관계가 일부 철학적으로 중요한 문제들을 고찰하는 데 어떻게 도움이 되는지 감을 잡기 시작했다. 그리고 "우리는 어떻게 먹어야 하나?"라는 질문이 철학자가 던질 수 있는 가장 심오하고 '자연스러운' 질문 중 하나임을 알게 됐다. 아울러 이 질문이 '음식'이 심오한 철학적 주제가 되며, 철학은 '음식과 아주 많이 관련된' 학문 활동임을 시사한다고 생각한다.

이런 주장이 언뜻 타당성이 없어 보일 수도 있지만, 이를 약간 덜 괴상하고 덜 기이한 주장으로 이해하려면 "우리는 어떻게 먹어야 하나?"라는 질문에서 '어떻게'라는 단어를 잘 생각해봐야 한다. 말하는 사람에 따라 이 말의 의미가 어떻게 달라지는지 생각해보자. 외딴 황야의 도로를 따라 여행 중에 심한 폭풍우를 만나 오도 가도 못하게 된 노부부가 이런 말을 했을 수도 있고, 혹은 유대 율법에 따른 식단을 고집하는 한 유대인이 중요하고 매우 대중적인 연회에 참석했다가 주(主) 요리가 고기와 유제품인 것을 알고 탄식하듯 이 말을 했을 수도 있다. 아니면 새로 부임한 학교 선생님이 구내식당에서 나오는 맛없고 영양가도 별로 없는 음식을 학생들이 그대로 쓰레기통에 버리는 모습을 보고, 급식을 개선하지 않으면 아이들이 어떻게 공부할 수 있을지 걱정하면서 하는 말일 수도 있다.

또는 구식 사고방식에 젖어 있는 할머니가 '스펀지밥(SpongeBob SquarePants, 2000년대 초 미국에서 방영된 TV 애니메이션 시리즈 -옮긴이)' 세대인 손주들에게 식탁 예절을 가르치는 중에 하는 말인지도 모른다. 아니면 질문자가 혹시 중국의 한 가정집에 저녁식사 초대를 받은 서양 사람인데, 지금 익숙하지 않은 식기를 다루면서 예의 바른 태도를 잃지 않으려 안간힘을 쓰고 있는 중이 아닐까? 혹은 세 아이를 데리고 방과 후 활동에 참여 중인 학부모가 이 질문의 주인공일까? "우리는 먹어야 하나?"라는 질문을 절망감, 독실한 신앙심, 호기심, 의분(義憤), 또는 맛에 대한 실망이 담긴 가지각색의 어조로 던지는 모습을 쉽게 상상할 수 있다. 많은 사람들이 음식에 관해 건강에서 문화적 적응에 이르기까지, 나름의 걱정거리와 여기에서 파생되는 문제를 갖고 있다.

이 문제의 형태가 다양할 수 있다는 것 자체는 음식이 인간의 삶에 수반되는 의미와 가치의 기본적인 원천임을 증명한다. 실로 음식은 우리 삶의 기본 원천이다. "우리는 어떻게 먹어야 하나?"라는 질문은 (실용적 의미에서) 우리가 먹을 음식을 어떻게 조달할 것인지를 묻고 있다. 어떻게 (영양적으로) 요리를 구성할 것인가? 어떻게 해야 우리의 독실한 (윤리적) 약속을 지키면서 요리를 선택할 수 있을까? 어떻게 하면 미각을 키워 (미학적) 맛을 높일 수 있을까? 음식 선택을 통해 우리 자신을 관리하려면 (물질적으로) 어떻게 해야 하나? 그런 선택으로 인해 다른 생물계에 대한 우리 책임을 이행하려면 (생태학적으로) 어떻게 해야 하나? 우리는 음식의 중요성에 대해 다음 세대에 (교육적으로) 어떻게 가르칠 것인가? 우리와 다른 믿음을 지니고 있는 다른 이들과 (문화적으로) 어떻게 상호작용을 할 것인가? 결국 무엇을 먹을지에 대한 우리의 결정이 인간적 측면에서 합리적이라는 것을 어떻게 (인식론적으로) 알 수 있는가 라는 문제로 요약할 수 있다.

이 책은 "어떻게 먹어야 하나?"라는 문제에 대한 탐구가 진지한 철학적 관심을 쏟을 가치가 있는 프로젝트라는 전제에서 출발한다. 우선 서문에서는 이른바 '철학'의 의미와 '음식'의 의미에 대해 언급함으로써 이 프로젝트의 틀을 제시하고자 한다.

서문

배관 설비로서의 철학

사람들은 철학을 다른 학문에서 유리된, 특별하고 약간은 고상한 학
문으로, 마치 벽난로 위 선반에 곱게 모셔둬야 할 장식품 같은 것으로
생각하는 경향이 있다. 나는 철학은 배관 설비와 매우 흡사하다고 생
각한다…….

– 메리 미즐리(Mary Midgley, 영국의 철학자) [1]

브루스가 친구 리사에게 보낸 이메일은 애처로웠다. 스페인에서
화려한 휴가를 막 마치고 돌아온 브루스와 그의 동거인인 랜디스는
로스앤젤레스에 있는 작은 집에서 랜디스의 가족 네 명을 접대하고
있었다. 당시 그 집은 공교롭게도 대규모 개조 공사를 하고 있던 중
이었다. "돌아버리겠어. 랜디스의 친척들이 지금 우리 집에 와 있는

데, 잠은 마루에서 자고……. 하여튼 엉망이야. 날씨는 덥지, 하수관은 터졌고, 샤워도 안 돼, 화장실도 못 써! 미칠 지경이야.”

이 장면을 상상하기란 그리 어렵지 않다. 여섯 명의 성인들-여기에는 이 집이 최상의 상태였다고 해도 공간이 비좁았을 미국의 십대 두 명도 포함돼 있다-이 이 집에서 유일하게 사생활과 시원한 샤워가 보장되는 방을 점령하여 그 어디로도 피신할 수 없게 된 것이다. 이 모든 것은 파이프가 파손되는 바람에 엉망이 돼버렸다.

결론은 간단하다. 중요한 것은 배관이다. 문명은 그곳의 시민들에게 깨끗한 물(필수인)을 공급하고 폐기물을 외부로 실어 나르는 (필수 이상인) 능력의 유무에 따라 흥하기도 망하기도 한다. 고대 로마 제국은 광대한 배관 설비 능력을 갖춘 국가로 기억된다. 로마 수로관이 그대로 남아 있는 유적지들은 남부 프랑스의 풍경을 빛내주며 매년 수많은 관광객들이 찾는다. 관광객들은 이런 아름다운 구조물들이 실용적 목적에도 크게 기여했다는 사실에 감탄한다. 사람들이 가장 많이 찾고 입에 가장 많이 오르내리는 명소 중에는 고대 로마의 항구 도시인 오스티아(Ostia, 이탈리아 중부 로마 서남쪽의 소도시. 고대 로마의 외항으로 기원 전 4세기경의 유적이 남아 있다. -옮긴이)의 화장실과 목욕탕도 포함되어 있다. 현대 사회의 중산층에 속한 당신이 만약 어느 추운 날 아침, 한창 샤워를 하는데 갑자기 뜨거운 물이 안 나온다고 가정해보자. 그런 걸로 죽지는 않겠지만 당신은 하루를 짜증으로 시작하게 될 것이다.

배관 시설은 인간에게 매우 중요하다. 인간은 탈수 현상으로 죽지 않기 위해 매일 물을 섭취해야 하고, 쌓인 독으로 죽지 않으려면 인체 내 폐기물을 몸 밖으로 배출해야 하기 때문이다. 우리는 대체로 벽 뒤와 마당 밑 지하에 깔린 고대 로마식의 파이프와 밸브, 수도꼭지와 파이프 연결 시스템을 이용하여 이런 과제들을 수행한다. 배관 시설이라는 기적의 발명품(모든 세속적인 의미에서 이것은 '지금도' 기적이라고 할 수 있다)은 현대의 이면에서 조용히 작동하면서 생명에 관계된 필수적인 필요성(식수)에서부터 하찮은 필요성(라스베이거스에 있는 분수들)에 이르기까지, 이 모두가 언제든지 충족되도록 보장한다. 혼란이나 고장 없이 깨끗한 물이 유입되고 더러운 물이 배출될 수 있는 것은 배관 시스템이 정상적으로 가동되는 덕분이다. 하수도 본관을 쇠망치로 쳐서 구멍을 내버리면 아마 엄청난 오물을 뒤집어씀과 동시에 큰 혼란이 야기될 것이다.

배관 시설 파손이라는 참사를 수습하는 데는 여러 날이 걸리고 큰돈이 들어간다. 그럼에도 우리는 집에 재앙이 임박했음을 경고하는 그 모든 초기의 징후들을 무시하기 십상이다. 사실 대부분의 사람들에게 '회피'는 '가정 수리 공구함'에서 가장 많이 꺼내 쓰는 도구일 것이다. 그 욕실 하수구는 언제부터 새고 있었는가? 당신은 부엌 싱크대 밑에서 물이 새는 것을 언제 처음 알았는가? 마당의 잔디밭에 이 질척질척하고 축축한 부분이 전부터 있었나? 이 이상한 냄새는 뭐지? 걱정하지 말자고. 아무 일도 아닐 거야. 우리는 아무 조치도 취하지 않는다. 사소한 배관 수리 작업으로 시작된 일이 나중에 엄청나게 커지고 큰돈이 들어가는 전면적인 배관 시공으로 이어지는 경우가 많기 때문일 것이다. 반면에 사고가 나도 그냥 내버려두면 상당히 오랫동안 근근이 버틸 수는 있다(브루스와 랜디스가 한 일이 바로 이것이다. 적어도 무더웠던 그날, 그들이 살던 로스앤젤레스의 집에서 하수도 본관이 폭발하는 바람에 집이 한순간에 쑥밭이 되기 직전까지는 말이다). 건물이나 자치단체의 배관 시설과 하수 체계는 매우 복잡하게 얽히고설켜 있어서 시설 전체를 통째로 교체하고 재시공하는 것은 작은 일이 아니다. 매우 절박한 사람만이 그런 대공사를 고려할 것이다.

그렇다면 메리 미즐리는 왜 철학이 배관 설비와 매우 흡사하다고 말하는가?[2] 그녀도 이런 비유가 '가끔은 약간 품위 없게 느껴지기도 한다'는 것을 인정한다. 미즐리는 이 두 영역 사이에서 놀랄 정도로 많은 공통점을 발견했는데, 그중 가장 중요한 것으로 세 가지가 있다. 첫째, 정교한 문화권의 나라에서는 둘 다 "상당히 복잡한 시스템으로 운용되고 있으며 [⋯] 평소에는 잘 인식하지 못하지만 가끔 잘못된다." 둘째, 둘 다 '매우 중요한 사회적 욕구'를 충족시켜주고 있으며, 한 번 잘못되면 복구하기가 힘든데 그것은 "둘 다 처음부터 하나의 시스템으로 설계하지 않았기 때문이다." 셋째, 이런 시스템이 고장 나거나 제대로 작동하지 않으면 완전히 뜯어고치려는 야심찬 시도가 자주 이루어졌다. 하지만 두 경우 모두, 기존의 복잡한 문제들이 너무 광범위하게 퍼져 있어서 전면적으로 완전한 새 출발을 시도하기가 어렵다.[3]

미즐리는 우리가 배관 설비 문제를 가능한 한 무시할 가능성이 큰 것처럼, 철학적인 문제들에 대해서도 그렇게 하기 쉽다고 지적한다. 하지만 철학과 배관 설비 사이에는 한 가지 차이가 있다. 어떤 철학적 학파에 문제점이 생겼을 때는 부엌 싱크대에서 물이 역류할 때보다 그 문제를 묵살하고 훨씬 더 오랫동안 부인할 수 있다는 점이 그것이다. 우리는 그 철학적 문제를 은폐하는 방법을 강구한 다음 문제가 있다는 사실 자체를 부정할 수도 있다.[4] 철학적 문제들은 우리의 생각을 조용히 왜곡시키고 흐리게 한다. 사실 이는 우리 생각을 너무 조용히, 그리고 너무 체계적으로 왜곡시키기 때문에 문제가 있음을 부인하는 것보다 훨씬 큰 잘못을 저지를 수도 있다. 즉, 우리 삶에서 제대로 작동하지 않을 수 있는 철학 체계의 존재 자체를 부인할지도 모른다는 것이다. 이는 우리의 개념에 문제가 있어서가 아니라, 이것이 현실이며 세상이 돌아가는 이치이기 때문이다.

철학적 배관 설비는 우리가 세상과 부딪치고 세상에서 정보를 얻는 방식으로, 무엇이 정당한 문제고 무엇이 부당한 문제인지를 알려준다. 하지만 사람들은 흔히 이것을 눈치채지 못하고 '훌륭한 오래된 상식' 또는 '세상 돌아가는 이치'로 착각한다. 철학적 배관 설비는 우리가 묻는 그 문제들의 형태를 만들고, 나아가 우리가 그것들과 반드시 맞닥뜨리게끔 한다. 이는 다른 질문들을 물어볼 수 없고 상상할 수 없고 성립될 수 없는 문제로 만든다. 예를 들어 여러분이 믿는 어떤 철학적 배관 시스템이 정신을 육체와 확연하게 다른 존재로 규정한다면, 여러분이 떠안게 될 확실한 문제 중 하나는

'이 두 존재가 서로 어떻게 소통하는가?' 하는 것이다. 반면 육체가 죽은 뒤에도 영혼의 존재는 지속된다는 주장을 펼치는 것이 훨씬 쉬울 수도 있다. 즉, 극명하게 다른 이 두 개체는 그렇게 상호 의존성이 크지 않기 때문에 어느 한쪽의 사망이 반드시 다른 쪽의 사망을 초래하지는 않는다는 것이다.

사람들은 대체로 자신들이 배관 설비에 의존하고 있다는 사실을 부인하지 않는다. 반면 철학이 자신들의 삶과 무관하다고 강변하는 사람들은 많다. 더구나 고장난 철학 시스템을 그대로 쓰는 사람들은 동맹군, 즉 그 시스템에 똑같이 집착하는 다른 사람들을 찾을 가능성이 크다. 그런 동맹군의 동의는 그 철학 시스템이 제대로 작동하고 있다는 주장을 그럴 듯하게 만든다. 즉, 숫자가 정당성을 만든다고 할 수 있을 것이다. 철학적 시스템에 관한 한 우리는 우리와 똑같은 방식을 따라 세상을 경험하는 사람들로 주변을 채울 수 있고, 우리의 철학 시스템을 지속적으로 약화시키는 문제들이 우리에게 접근하는 것을 상당히 오랫동안 저지할 수도 있다.[5] 이런 현상이 가장 확실하게 드러나는 곳은 아마도 철학 교수들의 공동체일 것이다. 그들은 생각이 비슷한 동료들이 개최하는 학회에 참석할 수 있고, 학회에 제출할 논문을 쓸 수 있으며, 또 모호하고 전문적인 용어들과 수수께끼 같은 문서 증거들을 사용하여 '보통 사람들'의 견해를 철저히 차단할 수 있다. 여기서 우리가 할 일은 지금 우리의 철학적 이론 체계를 타당하게 만드는 것이다(그리고 지난 수백 년에 걸쳐 우리는 타당성이 상당히 결여된 많은 철학들을 꽤 타당한 철학으로 변모

시켰다).

고장난 철학 시스템을 고수하는 사람들은 또 존재의 측면, 즉 사람들이 '현실'이라고 부르는 측면을 찾으려는 경향이 있다. 그것은 그들이 편애하는 이론 체계를 뒷받침하거나 강화시킨다. 예를 들어 본인이 노력하면 생각은 물리적인 육체와는 완전히 별개의 존재, 즉 정신이 수행하는 활동임을 보여주는 증거를 많이 찾을 수 있다 (반대로, 뜨거운 물이 나오는 수도꼭지에서 물이 새지 않는다는 증거가 많다고 남을 설득해보라).

미즐리는 어떤 사람의 생각에 오류가 있고, 그것이 본인이 인식하지 못할 수 없을 정도로 너무 심하면 "문제의 근원을 내부가 아니라 외부에서 찾는 게 더 쉬워진다."라고 주장하며, "우리의 생각 구조의 잘못된 부분에 관심을 갖는 것은 쉽지 않은 일이다."라고 말한다.[6] 어떤 논리가 개인에게 적용될 수 있다면 한 문명이나 사회 전체에는 더 잘 적용될 것이다. 과학철학 분야에서 신기원을 이룬 《코페르니쿠스 혁명(The Copernican Revolution)》(1957)에서 저자이자 미국의 과학철학자인 토마스 쿤(Thomas Kuhn)에 따르면, 코페르니쿠스와 동시대에 살았던 사람들은 그가 주장했던 과격한 '해결책'보다는 덜 과격한 프톨레미(Ptolemy)의 행성 운동 이론을 대충 수정해서 쓰는 쪽을 원했다고 한다. 코페르니쿠스의 새로운 견해를 받아들이려면 태양과 행성들이 모두 지구를 공전한다는 중요한 믿음을 불가피하게 폐기해야 했기 때문이다. 사람들이 이 기존의 견해에 너무 과도하게 의존했기 때문에 그것을 폐기하면 상황은 절망적으로 복잡해질 게 뻔했다.

철학적 이론 체계를 바꾸거나 크게 수정하는 것은 믿을 수 없을 만큼 어렵다. 벽을 허물어서 한 문화권의 철학 체계의 역할을 수행하는 파이프와 밸브로 구성된 옛 로마 시대의 배관 시설을 노출시키는 것은 너무나 벅차고, 사람을 겸손하게 만들고, 진을 빼는 일이다. 사고방식 중에서 손상된 부분을 없애고, 그것을 우회하는 길을 내거나, (가장 과격한 방식이지만) 한복판에 들어가 이론 체계를 전면적으로 개조하는 작업은 훨씬 더 힘들다. 설사 기존의 개념들, 사고와 믿음의 방식이 우리가 이 세상을 살아가는 데 전혀 도움이 안 될지라도 우리는 차라리 그대로 유지하는 쪽을 택할 것이다. 사실 이 일은 철학이 우리에게 마땅히 제시할 것으로 기대하고 의지하는, 중요한 사명 중 하나다. 우리는 고생하면서도 옛 개념들을 고수한다. 부분적으로는, 그것들을 수선하거나 교체하는 일이 너무 힘들고 화가 나기 때문이다. 요컨대 옛 개념들이 수행하는 역할은 깨끗한 물을 들여오고 폐수를 싣고 나가는 과정만큼 우리에게 중요하다. 그것은 엄청나다고 할 정도로 우리의 삶을 지배하고, 우리가 누구인지 설명해준다. 그것을 없애면 우리는 방향 감각을 잃고, 글자 그대로 사람 구실을 못할 것이다.

한편 철학적 이론 체계를 바꾸는 것이 어려운 이유는 개념들의 범위와 적용 사례가 너무 포괄적이기 때문이기도 하다. 여기서 잠깐 집의 배관 설비, 난방 및 냉방 시설과 전기, 그리고 당신의 신용

카드에 대해 생각해보자. 집에서 잘 가동되던 이 모든 설비가 갑자기, 동시에 고장이 났다고 가정해보자. 우리의 철학적 이론 체계에 위기가 닥치면 바로 이런 상황이 된다. 왜냐하면 철학적 사상, 개념, 견해들(예컨대 훌륭한 사람이 된다는 것은 무슨 의미인가, 인간이 된다는 것은 또 무슨 의미인가, 우리가 살고 있는 이 세계에 대해 무엇을 어떻게 알 수 있는가, 우주를 움직이는 보다 원대한 계획이 있는가 없는가 등에 관한 분석)은 우리 일생생활의 거의 모든 측면에 영향을 끼치기 때문에 그중 하나에라도 의구심을 품게 되면 세상 만사를 혼란 속에 빠뜨릴 수 있다. 만약 여러분이 '품위 있는 인간이 된다는 것은 어떤 의미인가?'라는 문제에 대해 갑자기 깊고 근본적인 의구심을 품는다면 삶이 어떻게 변할지 생각해보라. 이미 그런 적이 있다면, 그때 어땠는지 기억해보라. 일상생활에서 무슨 결정을 내릴 때마다, 필요한 행동을 취할 때마다 이런 상황이 어떻게 우리를 뒤흔들지 상상해보라. 미즐리는 "우리 사고의 바탕을 이루는 양식은 우리가 일반적으로 알고 있는 것보다 훨씬 강력하고, 복잡하고, 위험하다. [⋯] 그러므로 우리는 끊임없이 주의를 기울여야 한다. 어떤 사고방식도 보편적이고 믿음직한 안내자가 되지 못한다."라고 썼다.[7] 우리가 만약 '세계를 떠받치고 있는 개념적 복합체가 항상 기반 밑에서 변화하고 있어서 우리는 그런 변화에 늘 관심을 기울여야 하고, 이것이 일상생활에서 우리에게 도움을 줄 것이라고 전적으로 믿어서는 안 된다'는 사실을 인식한다면, 바로 그런 세상에 철학, 그리고 철학자가 할 역할이 있다는 사실도 인식하게 될 것이다. 우리에게는 철학의 활동이 필요하다. 그것은 우리가 "끊임없이 발생하고, 끊임없이 증가하는 개념적 혼란 속에 살고 있고 […] 그래서 우리는 그런 상황에 대해 모종의 조치를 취해야 하기 때문이다."라고 미즐리는 말한다. "혼동 속에서 사는 데는 한계가 있다."[8]

배관 설비로 인해 브루스와 랜디스가 겪었던 혼란은 랜디스의 가족이 방문한 날 극에 달했다. 그날까지 그 둘은 기능적으로 결함이 있는 하수 시스템이 갖춰진 집에서 살았고, 그런 결함은 그들도 모르고 있었다. 그 집에 어른이 딱 둘밖에 없었을 당시에는 그 결함이 글자 그대로 지하에 머물러 있었고, 그 집의 평범한 사용자들은 그것을 전혀 감지하지 못했다. 하지만 물을 사용하는 네 명의 어른이 추가로 ―문제를 복잡하게 하는 요소가 넷이나 늘었다― 그 집에 들어오자, 하수 시스템은 부하를 견디지 못하고 붕괴되었다. 감지할 수 없었던 혼란은 이렇게 즉각, 그리고 만천하에 드러났다.

개념의 혼란은 가끔 이런 정도의 강도(強度)로 우리 앞에 나타나시만 '천천히 물이 빠지는 욕조'의 형태를 취하는 경우가 훨씬 많다. 그래서 우리는 일상생활에서 별다른 어려움을 겪지 않고, 따라서 혼돈의 원인을 밝혀내고자 하는 의욕도 거의 안 생긴다. 하지만 작더라도 여러 번, 끈질기게 혼란이 발생하면 결과는 드러나게 돼 있다. 결국 오래된 철학적 신념들도 너무 결함이 많다면, 심하게 막힌 하수관을 교체하는 것처럼 다시 파이프를 깔아야 한다.

철학은 어떤 종류의 활동인가? 다시 말해 세상 속에서 살고, 세상을 경험하고, 세상의 일부가 되는 데 필요한 우리의 철학 시스템이 망가지면, 그것을 구성하는 파이프를 어떻게 다시 배치하는가? 또는 고장난 파이프를 어떻게 수리하고 교체하는가? 미즐리는 철학자들—적어도 세상에서 여전히 높이 평가하는, 중요한 업적을 남긴 위대한 철학자들—은 시인과 법률가를 합쳐 놓은 사람과 같다고 주장한다. "그들은 우리가 갈 길을 알려 주는 비전, 그리고 그 길을 가는 데 관계가 있는 일과 관계 없는 일을 정리해줄 수 있는 논리적 끈기를 모두 갖춰야 한다."라고 말한다.[9] 논리적 끈기가 뒷받침되지 않는 비전은 헛된 백일몽에 불과하고, 또 비전 없는 논리적 끈기는 현실적 삶의 행위와 무관하고 수수께끼 같은 스콜라 철학(기독교 교리에 논리적 체계와 철학적 근거를 부여하여 합리적으로 증명하려는 학파 - 옮긴이)에 비견할 수 있을 것이다.

이런 견해에 대하여 철학은 절대적 진리의 보고(寶庫)도 아니고, 거대담론(일련의 역사나 이야기, 그리고 사건 등을 통해서 그 테마가 무엇인지를 결론짓는 이야기 형식 - 옮긴이)의 창조자도 아니다. 필요한 것은 우리의 사상 체계에서 막힌 곳, 부서진 곳, 기타 문제점들을 찾은 다음 그것을 수리하고, 대체하고, 그래도 안되면 기존의 체계를 다시 제 기능을 발휘할 수 있게 할 수 있는 사상적 도구를 만드는 활동이다. 철학자들의 일—시와 법이 할 일, 비전과 끈기 있는 논리가 할 일—이 시작되는 곳이 바로 이곳이고 실제 삶의 문제들이 모여 있는 한복판이, 사상적 혼란이 마치 터진 하수 본관의 내용물처럼 모여 있는 이곳이다.

미즐리는 이런 종류의 철학을 '단지 순수 철학의 부산물, 다시 말해 상아탑 안에서 진행되고 있는 더 고상하고, 더 추상적인 과정의 이차적 산물'인 것처럼 '응용 철학'이라고 불러야 한다는 주장을 일축한다.[10] 그런 철학관은 철학계의 많은 계파들 외에 대다수 일반 사람들의 머릿속에도 정설로 자리 잡고 있다. 이런 철학관은 보통 세상은 물론 실제 삶에서 겪는 문제들과도 아무런 관계가 없다. 이것은 신, 시간, 진리, 아름다움처럼 고도로 추상적인 문제들에 관한 이론적 추측이고 철학적 개념이기 때문에 이것의 일상적인 의미도 논외로 쳐야 한다. 그런 개념들이 실제로 일상적인 세계와 관계가 많다는 사실은 개의치 마라. 가령 아름다움과 '아름다운 것들'에 대한 모든 논의들이 별개의 문제라면, 아름다움에 대한 논의는 무엇 때문에 하는가?

미즐리는 위대한 철학자들, 즉 소크라테스와 칸트처럼 철학계에서 모범적 이론을 세우고 실천한 인물들은 모두 당대에 '드러난 도덕적, 정치적, 종교적, 과학적 문제들 속으로 직접 뛰어 감으로써' 철학적 탐구를 시작했다는 점을 지적한다. 그린 뒤에아 그들은 "추상적 세계의 탐구로 넘어갔다. 그것이 좋아서가 아니라, 이런 중요하지만 뒤죽박죽된 상황의 기저에 깔린 보다 심오한 차원의 혼돈을 정리하는 데는 그 작업이 필요했기 때문이었다."[11] 미즐리도 동의하겠지만, 철학은 궁금증에서 출발한다. 여기서 궁금증은 '나는 오늘 저녁 뭘 먹을지 궁금하다.' '나는 어떤 영양적 충고를 따라야 할지 알고 싶다.'라고 말할 때의 궁금증처럼 매우 현실적으로 궁금해하는 것을 말한다. 그리고 나는 요즘 영양에 대한 대중의 토론이 왜 그렇게 분파적인지, 왜 그렇게 식품에 함유된 음식의 영양소에 대해 토론하고 싶어하는 사람들과 영양을 전체론적 의미에서 생각하고자 하는 사람들로 편을 가르려 하는지 궁금하다. 이런 편파주의가 우리 세상에 존재하는 다른 편파주의, 예컨대 종교나 '가족이란 무엇인가'에 대한 편파주의와 무슨 관계가 있는지, 궁금하다. 실생활에서 부딪히는 개념적 혼란을 탐구하면 보다 크고 깊은 철학적 혼란의 원인을 찾게 될 가능성이 크다.

그런 철학은 추상적 관념으로 시작하지 않으며, 우리의 일상적인 혼란을 바로잡을 실제적인 해법을 제시한다. 실생활의 혼란은 철학의 원인임과 동시에 철학을 위한 '최종 프로젝트'다. 그런 철학은 미국의 철학자이자 작가인 수전 랭거(Susanne Langer)가 새로운 '생성적 사상'이라고 명명한 개념을 창출하는 작업, 즉 익숙한 팩트(사실)들을 새로운 원리로 재개념화하는 작업에 몰두하고, 이것은 다시 또 다른 팩트들을 달리 설명하는 쪽으로 우리를 유도한다.[12] 그녀는 한 저서에서 철학은 '의미들, 즉 보다 넓고 명확하고, 보다 절충의 여지가 있고, 보다 분명한 의미들을 지속적으로 추구하는 과정'이라고 말한다.[13] 랭거의 설명에서 우리는 그녀가 우리 일상 세계와 밀접하게 관련돼 있는 사상의 중요성을 강조하고 있음을 알수 있다. 우리는 의미를 추구하지만, 그것은 그 의미들이 추상적인 (이렇게 될 가능성이 크다) 형태에서 아름답기 때문이 아니다. 우리는 '보다 넓고 명확하고, 보다 더 절충의 여지가 있는' 의미들을 추구한다.

미즐리가 '응용 철학'의 주장을 일축한 것은 초창기 미국의 철학
자이자 실용주의자인 존 듀이(John Dewey, 1859~1952)의 태도를 연
상시킨다. 그는 '순수' 철학과 '응용' 철학의 구분은 응용 과학과 순
수 과학의 구분과 마찬가지로 오래전부터 학계에 재앙적인 결과를
끼쳤던 어느 개념적 오해에서 비롯되었다고 주장했다.[14] 듀이는 '순
수' 과학의 발전은 사실 삶에서 생기는 구체적인 문제들에서 나오
며, 궁극적으로 그것에 다시 연결되어야만 한다고 넌지시 주장한
다. 그는 그런 문제들을 '행동하는 과학(science-in-action)'의 흔한
사례들'이라고 불렀고, '중요한 것은 (과학적인 팩트는) 그것의 사회
적 맥락, 즉 그것이 삶에서 발휘하는 기능을 통해야 이해할 수 있다
는 사실'이라고 썼다.[15]

듀이라면 미즐리보다 한 걸음 더 나아가, 순수 이론화와 응용 이
론화 간의 서열적 차이뿐 아니라 정신과 육체 사이에 존재하는 비
슷한 존재론적 차이, 즉 정신적 존재로서의 인간과 우리가 지금 새
이론으로 설명하는 '외부의' (물질적인) 세계를 명확하게 구분하는
견해도 부정했을 것이다. 세계는 외적 존재라는 개념, 또는 우리 인
간은 세계의 바깥에 있는 존재라는 개념 역시 또 다른 오해이며, 정
신과 육체는 근본적으로 성질이 다른 물체로 인식하는 특정 철학의
산물이다. 대부분의 사람들에게 있어 정신은 '내부'에 있고 세계는
'외부'에 있다는 생각은 상식에 가까워서 '진정한' 세상의 이치라고
여겨진다. 하지만 이런 생각은 사실 어떤 철학 이론 체계의 부산물

이다. 한 대안적 이론 체계, 즉 우리가 이 책에서 지지하는 이론에 따르면 인간은 세상 속에 존재하며, 세상의 일부다. 곡식과 그 곡식이 자라는 땅의 관계처럼 말이다. 인간의 탐구는 인간 정신의 바깥에서 홀로 이루어지는 것이 아니다. 탐구는 그 활동이 발생하는 세상의 일부이며, 그 세상을 바꿀 힘도 갖고 있다.

우리는 이런 철학적 이해 및 세계관을 바탕으로 '철학자는 시인과 법률가를 뛰어넘는 인물이 되어야 한다'고 계속 주장할 것이다. 시와 법은 우리가 그토록 피하려고 하고, 뭔 소리인지 알 수 없는 추상적 관념으로 흐르는 경향이 있다. 시인들이 소와 닭에 대한 소네트(Sonnet, 열 개의 음절로 구성되는 시행이 일정한 운율로 이어지는 14행시 ─옮긴이)를 쓰고, 변호사들이 진짜 땅에 대한 구속력 있는 계약서를 작성해도 할 수 없다. 그래서 철학자들은 제3의 직업, 즉 기본적으로 (이른바 '물질적인') 세계에 관여하고 있는 직업과 밀접한 관계를 맺어야 할 필요가 있다. 그것도 자아/세계 또는 이론/실제의 이분법의 존속을 불가능할 정도까진 아니어도 어렵게 만들 수 있는 정도로 밀접하게 말이다. 이 제3의 직업은 또 이 분야에 실제로 종사하는 전문가들이 우리가 '사려 깊은 실천' 또는 '수공업적 사색'의 특징을 지니고 있다고 평가할 수 있는 방식으로 그들 세계의 일에 몰두할 수 있어야 한다.

이런 직업으로 가장 이상적인 후보는 농부다. 농부는 시인의 비전과 법률가의 논리적 끈기에 더하여 사색과 탐구, 추측은 궁극적으로 곡식의 형태로 (글자 그대로의 의미에서) 지하로 들어가야 한다는 지혜도 갖고 있다. 비전과 논리가 있지만 관념적인 이론 체계는 그것이 세상 속에 존재하지 않으면, (역시 글자 그대로) 인간의 경험적 삶 속에서 인간의 모습으로 구현돼 있지 않으면 가치가 없음을 농부는 안다.

농부는 그들의 활동이 인류의 가장 기본적인 욕구임과 동시에 가장 큰 즐거움의 원천, 즉 음식에 대한 욕구를 충족시켜주기 때문에 후보로서 더욱 적절하다. 먹는다는 것은 자연의 생산물, 땅의 장인들, 창의력, 영양소, 사교성, 숭배하는 마음 등을 결합하는 고도로 통합적인 활동이다, 아니, 통합적인 활동이 될 수 있다. 농부는 창의적일 수도 있고 실용적일 수도 있으며, 욕구나 쾌락 둘 중 하나에 중점을 둘 수도 있다. 하지만 농부가 절대로 할 수 없는 것은 영혼과 육체의 극단적인 구분이다. 농부가 키우는 닭은 절대로 비유적인 표현이 될 수 없다. 농사는 인간의 생존을 위한 활동이며, 또 고도로 창의적인 활동이다. 우리가 농부를 철학자의 세 번째 측면으로 보는 것은 인간의 필요성과 인간의 창의성을 연결하는 바로 이런 핵심적인 연관 관계 때문이다.

철학의 대상으로서의 음식

이제 처음에 제기했던 문제, "우리는 어떻게 먹어야 하나?"라는 문제로 돌아가고자 한다. 우리는 철학이 혼란을 정리하기 위해 만든 사려 깊은 실천 도구라고 이해하고 있으므로, 이제는 이 질문 안의 '음식'에는 바로 그런 의미에서 혼란스러움이 숨어 있음을 알 수 있을 것이다. "우리는 어떻게 먹어야 하나?"라고 묻는다는 것은 우리가 현재 먹고사는 데 있어 어려움을 겪고 있다는 사실을 시인하는 것이다. 지구 온난화, 수질 오염, 사막화와 토양 유실이 이렇게 심각한데 어떻게 먹어야 하나? 슈퍼마켓의 선반과 학교 식당 배식대 앞에는 영양학적으로 형편없는 음식들만 즐비한데, 우리는 어떻게 먹어야 하나? 아니면 시금치, 땅콩, 사과 같은 기본적인 먹을거리가 그렇게 오염돼 있는데, 우리는 어떻게 먹어야 하나? 의료비가

월급을 한참 초과하고 있고 생활비를 절약하려면 싼 식품을 살 수밖에 없는데, 식생활을 어떻게 꾸려가야 하나? 우리는 이 세상에서 만성적인 영양실조와 영양부족에 시달리는 많은 사람들, 혹은 인간을 위한 식품 생산의 재료로 쓰이는 바람에 생존을 위협받고 있는 많은 동물들의 딱한 처지를 언제, 어떻게 고려할 것인가? 이번에는 좀 장난하는 기분으로 생각해보자. 선택 가능한 식품들의 종류와 질이 어떨지 모를 정도로 많고 좋아서 글자 그대로 어디서 뭘 먹어야 할지 모를 경우(오늘은 태국 요리, 아니면 페루 요리? 아니면 집에서 만든 그리운 전통 요리를 먹을까?), 또는 오로지 선택 가능한 음식의 숫자가 많아서 판단을 못 내릴 경우, 우리는 어떻게 먹어야 하나? 우리에게 중요한 어떤 기준에 따랐을 때 우리가 너무 뚱뚱하면, 또는 다른 사람들이 우리더러 뚱뚱하다고 하면, 또는 음식과 건강의 '전문가들'이 준 처방전들이 내가 감당할 수준이 안 되거나 서로 상충하면 어떻게 해야 하나?

현재 미국(필자에게 가장 친숙한 나라를 꼽았다)에 거주하는 사람들의 식생활에는 경제적 혼란에서 환경적, 문화적 그리고 건강 면에 이르기까지 정도의 차이만 있을 뿐 많은 혼란이 내포돼 있다. 지금 여러분을 옭아매고 있는 혼란은 당신 이웃집을 괴롭히는 혼란과 다를지도 모른다. 당신의 경제적 지위, 당신이 속해 있는 인종과 민족 집단, 당신의 성별, 체구, 나이와 건강 상태 등이 모두 우리 문화의 커다란 시스템 내에서 당신에게 가장 직접적으로 영향을 끼치는 혼란(들)의 성격을 규정하는 요소로 작용한다. 당신이 만약 땅콩

알레르기나 지방변증[글루텐 단백질에 대한 알레르기를 앓는 병. 실리악병 (celiac disease)이라고도 한다. - 옮긴이]을 앓고 있다면 식품에 붙어 있는 '정직한 먹을거리'라는 라벨에 신경을 쓸 테지만, 그것은 일상적 식생활에서 충분한 섬유질의 확보만 원하는 사람과는 전혀 다른 방식일 것이다. 당신이 변변치 않은 수입으로 한 가정을 먹여 살리고 있는 가장이라면 접시의 절반을 야채와 과일로 채우는 데 어느 정도의 돈이 들어가는지를 정확히 알고 있을 것이다.

우리는 하루하루를 버티기 위해 이렇게 많은 혼란스러운 상황을 외면하려 한다. 사실 이런 혼란은 우리의 삶에 재앙을 줄 정도로 심각해지지는 않기 때문에 그냥 그런 상황에 대해 생각하지 않아도 사실 그만이다. 통으로 파는 팟타이가 진짜 '정통' 요리인지 아닌지, 누가 신경 쓰나? 이 음식은 '별로' 비싸지도 않고, 아이들도 좋아한다. 당신은 회사에서 집에 도착한 뒤 20분 안에 이 음식을 식탁에 차릴 수 있다. 신경 쓰이는 일을 적어놓은 목록에서 '문화적 정통성에 관련된 혼란'이라는 항목을 지워버려라. 반대로, 여러분이 만약 육식 애호가이고 지금 그 팟타이 요리에 치킨 몇 조각을 넣고 있다면 여러분은 '고기 안전 관련 혼란'에 곱절로 신경을 써야 할 것이다. 집에 아직 어린아이들이 있다면 더욱 그러하다. 이것은 글자 그대로 목숨을 위협하는 결과를 초래할 수 있기 때문이다. 우유는 괜찮을까? 우유 속에 함유된 인공 성장호르몬은 우리 몸에 나쁜 영향을 줄 수도 있고, 안 줄 수도 있다. 이 문제는 두고보는 수밖에 없을 것이다. 앞에서 말한 어린아이들이 있다면, 아마도 사과(아이들 몸에도 좋고 그리 비싸지 않은 간식이다) 같은 것을 사야 할 텐데, 그렇다면 '현지 농산물이면서 유기농으로 재배한 것을 살 것인가, 두 조건 중 하나만 맞아도 선택할 것인가'처럼 타협이 필요한 골치 아픈 문제를 놓고 결정해야 한다. 요컨대 현대 사회에서의 삶은 위험하기 짝이 없는 생각의 싱크홀 앞에서 타협을 시도하는 것이다. 빠져 죽을 만큼 깊은 싱크홀도 있고, 빠져봤자 발만 적시는 싱크홀도 있다.

이 책의 목적은 지금 거품을 내며 수면 위로 떠오른 이런 혼란스러운 상황을 '바로잡는' 것이 아니고 학자들, 의사들, 영양학자들, 요리사들, 농부들이 애써 내놓은 저술이나 작품들을 다른 것으로 갈아치우는 것도 아니다. 우리가 지금까지 언급한 온갖 이슈들의 경우, 해결책을 마련하는 일은 해당 분야의 전문가들이 더 잘 수행할 수 있고, 실제로 이미 그렇게 했을 가능성이 크다. 철학자들이 받는 훈련은 우리의 식품이 재배되고, 가공되고, 수송되고, 요리되고, 처리되는 과정에서 드러나는 구체적인 문제들의 해결에 필요한 어떤 전문직인 지식을 갖추게 하는 훈련이 아니다. 또 우리는 직업을 통해서 식생활, 건강, 영양에 관련된 문제들을 평가할 수 있는 지식을 얻기도 힘들다.

그렇다면 우리의 음식을 둘러싼 혼란스러운 상황을 정리하는 데 있어 철학자들이 무슨 소용이 있나? 이 문제에 답을 얻는 것이 이 책의 임무지만 여기서는 임시 답변을 제시하는 것이 적절해 보인다. 철학의 기여는 몇 개의 상호 관련된 임무들로 구분할 수 있다. 첫째, 철학자들은 우리가 직면해 있는 이런 혼란들에서 개념상의 공통점과 용어상의 공통점들을 찾으려 한다. 예를 들어, 철학자들은 "이질적인 여러 음식 운동들 내에서 비슷한 단어들을 어디서 찾을 수 있을까?"라고 묻는다('정통식의' '지속 가능한' '선택 가능한 범위' 등과 같은 단어들을 얼마나 많은 식품 분야에서 사용하는지 생각해보자). 이 단어들이 서로 다른 맥락에서 사용됨에도 똑같은 개념들이 생성되어 떠오르는가? 우리는 이 단어들의 공통점을 탐구함으로써 무엇을 알 수 있는가? 의미가 연결되는 부분에서 개념이 생기고, 그것은 다양하고 서로 이질적으로 보이는 여러 생각들을 한데 모은다. 발효 전문가인 산도르 카츠(Sandor Katz, 미국의 음식 저술가 ─옮긴이)는 자신의 저서 《발효의 기술(The Art of Fermentation)》(2012)에서 그렇게 서로 다른 관념들의 연결을 자신이 제일 좋아하는 분야의 단어를 사용하여 논했다. 그 단어는 바로 '문화(culture)'다.[16] 이 단어는 '농업'이라는 단어 속에 들어 있다. 이 말은 우리가 우유 같은 식품을 발효시키거나 '상하게 하는' 과정을 가리킨다. 그리고 이 단어는 물론 사람들의 집단을 단결시켜 주는 믿음, 실제, 그리고 세계관, 즉 카츠의 표현을 빌자면 '사람들이 대대로 전해주는 모든 것의 전체'를 가리킨다.[17] 카츠는 이런 여러 분야들은 서로 단절돼 있는 것 같지만 창의성을 발휘하여 (우선 어원을 탐구하는 방법을 써서) 그것들을 연결시키면 다른 방법으로는 알기 힘든, 각 분야의 중요한 특징들을 알 수 있다고 말한다.

사실 문화(culture)라는 말의 어원은 cutlura라는 라틴어인데, 이 말은 '경작하다/재배하다'를 뜻하는 colere에서 파생되었다. 땅과 땅에 사는 피조물들 식물, 동물, 곰팡이류, 균류의 '경작(cultivation)'은 '문화(culture)'에 대단히 중요하다. 우리의 음식을 되찾고 경작 활동에 다시 참여하는 것은 문화를 회복하는 한 가지 방법이다. […] 이것은 발효에만 해당되지 않는다. […] 보다 넓은 의미에서 음식 전반에 관한 이야기다. 지구에 사는 모든 생명체는 음식 또는 먹이를 통하여 자기 주변 환경과 긴밀하게 상호작용을 한다. 그런데 선진 기술의 사회에 살고 있는 인간들은 이 관계를 단절시켰고, 그 결과는 참담했다.[18]

소금

카츠는 '음식 재배'의 활동을 다시 시작하면 실제로 인간 문화를 부흥시키고 인간의 문화, 즉 인간의 창의력, 인간의 경제 체제, 인간과 환경의 관계 등에 다시 활력을 불어넣어줄 수 있을 것이라고 생각했다. 피클에게 우리 사회를 개혁할 힘이 있다는 카츠의 흥미로운 논문에 우리가 동의하든 동의하지 않든, 그의 사상은 '문화'를 새롭고 더 복잡한 시각으로 보도록 우리에게 영향을 끼쳤다.

둘째 임무는 첫째 임무와 관련돼 있다. 철학자들은 공식적으로 진술되지는 않았지만 우리의 다양한 사상 체계에서 영향을 끼치는 기본적인 가정들을 찾는다. 이런 가정들과 우리가 처해 있는 이 혼란스러운 상황은 무슨 관계가 있는가? 우리는 랭거가 고안한 '생성적 사상'이라는 용어를 이용하여 이 두 번째 종류의 일을 수행할 텐데, 특히 생성적 사상들이 합쳐져 '근대', 즉 르네상스 시대부터 19

세기 초까지 유럽에서 유행한 사고방식을 지칭했던 단어의 탄생과정을 중점적으로 되짚어볼 것이다. 우리가 집중적으로 분석하려는 근대의 생성적 사상이나 가정들은 대체로 정신과 육체, 이론과 실제, 이성과 감정 등과 같이 이분법의 형태를 취하고 있다. 그렇다면 이런 이분법적인 가정들에 우리가 다소 부주의했다고 해서 어떻게 우리가 음식과 관련된 혼란스런 상황에 빠지게 되었을까?

철학의 세 번째 임무는 이 두 임무를 바탕으로 하여 이른바 '방향을 재설정하는 것'이다. 즉, 이런 가정과 원리들, 개념들을 중점적으로 분석하여 "우리가 이 작업을 시작하는 어떤 다른 방법이 있을까?"라는 문제를 제기하는 것이다(랭거의 표현을 빌면, 이것 역시 새로운 생성적 사상을 제시하는 일이다). 만약 우리가 가정들이나 논점의 출발점을 다른 것으로 바꾸면 어떻게 될까? 이 세 번째 임무가 우리가 수행할 프로젝트의 핵심이라고 할 수 있다. 이처럼 우리의 연구의 틀을 잡아주는 방향 재설정 문제는 바로 다음과 같은 문제다. 만약 우리가 인간은 굶주린 존재라는 인식하에 철학적 탐구를 시작하면 어떻게 될까? 음식과 음식에 대한 우리의 관계는 인간적 삶의 특징으로서 같은 범주에 묶일 수 없는가? 그렇다면 그것들은 철학이 설명해야 하는 특징들인가? 두 번째 제기되는 방향 재설정 문제는 첫째 문제에서 파생된다. 우리가 인간을 '우연히 육체라는 물질 안에 자리 잡은 정신'(이것은 약간 만화 같은 인식으로, '인간이란 무엇인가?'라는 문제에 대한 근대적 인식을 설명할 때 사용할 수 있는 표현이다.)이 아니라 운명적으로 배(胃)를 중시할 수밖에 없는 존재로 보는 인식하에 연구를 시작하면 어떻게 될까? 이어 우리의 근대적 유산이라 할 수 있는 다양한 이분법적 가정들을 다시 검토하는 다양한 문제들이 나온다. 가령 우리가 만약 음식 만드는 활동, 즉 그런 이분법 하에서는 제대로 이해되지 못했던 활동들을 진지하게 간주한다면, 이론/실제 이분법은 어떻게 재평가할 것인가?

우리는 철학자들의 임무를 설명한 방식을 두 가지 각도에서 관찰할 것이다. 첫째는 가장 중요한 사실로, 우리는 '정식 철학자들'만 철학 연구를 할 수 있다거나 철학적 태도를 취할 수 있다고 주장할 생각은 없다. 오히려 그 반대다. 우리는 철학이란 세상 모든 곳에 존재하고, 그렇기 때문에 모든 철학적 원리를 실천하는 사람들은 물론 일상생활에서 소비자, 가족 구성원, 혹은 공동체의 참여자로 활동하는 모든 평범한 사람들도 늘 철학에 종사하는 셈이라는 견해를 갖고 있다. 또 마땅히 그렇게 되어야 한다. 전문적인 철학자들은 의식적으로, 실질적인 철학적 작업이 반드시 수행되도록 보장하는 것을 자신들의 특별한 책임으로 받아들인다. 이것은 글자 그대로 철학자의 일이다. 이는 이것들이 농부, 식료품 잡화상, 요리사 혹은 식당 손님이 할 일이 아니고, 낙농학자, 농학자, 또는 경제학자의 일도 아닌 것과 똑같은 이치다. 말하자면 이 일은 철학자의 정규직 일이기 때문에, 사람들은 철학자가 지속적으로 이 일을 잘 처리하기를 기대한다. 메이저리그 야구선수에게 항상 공을 잡기를 기대하는 것과 똑같다. 하지만 이런 야구 비유법에 내포된 맹점을 알아야 한다. 첫째, 메이저리그 선수들은 일관되게, 그리고 전체적으로 보아 열 살배기 아이들보다 훨씬 기술이 뛰어나지만, 세상에는 형편없는 플레이를 하는 직업 선수들이나 놀라운 플레이를 하는 아이들도 있다. 이 말은 아마도 어린아이들이 놀랄 정도로 철학적으로 명석한 관찰을 하는 경우가 잦은 철학 분야에서는 훨씬 정당성이 클 것이다(한마디 덧붙이자면, 전문가들이 어리석은 말을 더 많이 한다). 아이들은 그런 관찰 결과를 뒷받침할 세련된 주장을 전개하지는 못하겠지만, 그것 때문에 그 관찰의 장점과 명료성이 빛을 잃지는 않는다.

이 비유법에서 드러나는 두 번째 사실은 어린이 야구리그에서 하는 시합과 메이저리그 시합에는 어떤 연관성/지속성이 있고, 어떤 수준에 올라 있는 선수는 수준이 다른 게임도 똑같은 '야구로서' 알아본다는 것이다. 이 말을 철학에 적용하면, 철학이라는 학문에 몰두하는 모든 참가자들이 야구선수들이 네 개의 베이스와 한 개의 배트로 야구를 한다고 이해하는 것처럼, 철학계에서 벌어지는 활동을 '철학을 하는 것'으로 인식하는 것은 아니라고 말할 수 있을 것이다. 이런 잘못에 대한 책임은 아마 철학이라는 전문적 학문 자체에 있을 것으로 보인다. 그동안 철학은 철학 본연의 활동에 대해 이른바 '집에서는 (위험하니까) 하지 마세요' 식의 태도를 취해온 게 사실이고, 때로는 마치 고상한 의자에 앉아 사색하는 것과 미국 철학 협회에서 하는 회장의 연설은 아무 관계가 없는 양 행동하기 일쑤였기 때문이다. 하지만 우리 생각은 다르다. 우리가 이 책을 쓴 목적은 바로 그런 일상의 철학 활동이 더욱 분명하게 드러나도록 하려는 노력의 일환이다.

사람들이 철학자들의 임무를 이해하는 방식에 대한 우리의 두 번째 고찰은 바로 이것이다. 그동안 우리는 철학에 대한 정의를 내릴 때, 철학의 임무가 '기본적인 진실들'이나 '대단히 중요한 기본 원리들' 또는 '절대적 원칙들'을 밝혀내는 것이라고 정의하기를 가능한 한 피해왔다. 역사적으로 보더라도 철학은 철학자 자신들 또는 이른바 '외부 세계' 사람들에 의해 진리(Truth, 여기서 대문자 T는 이 단어가 진짜 진리임을 말해준다.) 탐구의 수단으로 간주된 경우가 많았다. 하지만 우리는 우리의 혈통이 그 역사의 다른 갈래에 있다는 것을 안다. 철학은 이 말의 그리스 어원을 보면 알 수 있듯이 실제로 '지혜에 대한 사랑'이다. 하지만 '지혜'는 고정되고 변하지 않는 사상을 의미하는 것이 아니고, '사랑'은 피동적인 대상이 아니라 끊임없는 노력이다. 다시 말해 사랑은 영속적인 추구다. 철학이 세상 만사의 의미를 깨닫는 학문이라고 보는 우리의 인식을 뒷받침하는 과정에서, 우리는 그런 여러 의미들이 인식의 발선에 따라 변하기 때문에 항상 잠정적인 성격을 지닐 수밖에 없다는 점을 강조한다. 그렇기에 음식의 철학은 우리의 식습관을 지배하고 있는 고정되고 변하지 않는 도덕적 법칙, 또는 전 세계의 모든 식사 경험을 평가하는 데 사용한 미학적 원칙들을 찾는 작업이 아니다. 여러분이 망가진 배관 설비를 평생 고장이 안 나도록 수리할 수 없는 것처럼, 철학자들도 영원히 변치 않을 개념들을 개발하지는 못한다.

이 책의 구성

《식탁 위의 철학자들》은 "우리는 어떻게 먹어야 하나?"라는 질문을 핵심적인 도구로 사용하여 철학의 주요 분야에서 이루어진 업적들을 재조명한다. 이 질문은 앞에서 언급한 방향 재설정 문제, 즉 "'인간은 굶주린 존재'라는 인식하에 철학 연구를 수행하면 어떻게 될까?"라는 문제의 변종으로 간주할 수 있다. 상상할 수 있듯이, 음식의 철학은 기본적으로는 음식에 대한 연구지만 그에 못지않게 철학적 방법론에 대한 연구이기도 한다. 철학 연구를 음식에 대한 인간의 관심과 욕구의 측면에서 시작하면, 철학을 더 철저히 인간적 삶에 천착하는 학문 활동으로 변화시키는 데 도움이 된다고 우리는 생각한다.

이 책은 철학 분야 중 음식에 관한 문제들에서 발생 가능성이 가장 큰 윤리적 관점을 성찰하는 것부터 시작된다. 1장에서는 '저녁 식탁에 손님들이 잔뜩 들어차 있고 손님들마다 식생활과 관련된 욕구, 요구, 선호 메뉴가 제각기 다른 상황에 부딪쳤을 때 친절한 주인이라면 어떻게 행동해야 하는가?'라는 문제를 제기하면서 저녁 식탁을 둘러싼 중요한 문제들을 분석한다. 환대의 윤리는 주인에게 어떤 행동을 '요구'하는가? 우리는 종종 외면되는 이 미덕을 윤리적 연구의 핵심에 놓고 분석할 것이다. 환대가 본받아야 할 미덕이라면 서양 윤리학의 지배적 방법론이라고 할 수 있는 이분법(선과 악, 옳고 그름, 유익함과 해로움 등)은 가능성 있는 많은 선택지로 대체되어야 하는데, 선택지 중 다수는 긴장 관계 속에서, 다시 말해 서로 충돌하면서 존재한다. 긴장이 무조건, 그리고 항상 문제가 되는 것은 아니다. 그 긴장은 우리가 살고 있는 이 세상의 평범한 특징이고, 절대적이거나 고정된 도덕 법칙에 의존하는 것으로는 해소되지 않는다("식사하러 올 손님들의 다양한 욕구와 요청을 어떻게 해야 다 수용할 수 있나?"라는 문제에는 '정답'이 없다). 오히려 긴장은 우리가 그 상황에 맞춘, 합리적 해결 방안을 창출함으로써 끌어안고 함께 가야 할 동반자다.

　"우리는 어떻게 먹어야 하나?"라는 질문에 대하여 '즐겁게'라는 한 가지 답을 꼽을 수 있을 것이다. 2장에서는 식탁에서 얻는 즐거움이 맛의 성질에 대한 깊은 논의를 통해 삶의 중심으로 등극하는 과정이 설명된다. 생각해보라. 우리는 미술품을 감상하는 능력을 '맛(taste, '맛'이라는 뜻 외에 감식(력), 기호 등의 의미를 나타낸다. – 옮긴이)'이라는 단어를 써서 표현하기도 한다. 하지만 철학자들은 그 능력을 '입'에서 한참 멀리 떨어진 곳에서 찾는다. 미학적 감식력은 냉정한 객관성, 이른바 미학적 거리 두기를 요한다. 그리고 그것이 실생활의 환경과 분리된 곳, 즉 미술관 같은 데서 이루어지면 금상첨화다. 반대로 글자 그대로의 의미에서 맛(감식력)은 당연히 육체적인 행위로, 통상적으로 육체와 관련하여 연상되는 그 모든 신뢰 불가능성을 상징한다. 즉, 맛은 지극히 개인적이고 사사로운 경험이다. 맛은 당장의 중요성을 지니며 우리 일상적 활동의 일부다. 맛에 대한 이러한 탐구는 이 장을 집필한 보다 큰 목적의 수단인데, 우리의 목적은 미술관과 콘서트홀을 핵심적 지위에서 끌어내리는, 다시 말해 미술 및 미학적 개념의 수정을 제의하는 것이다. 우리가 대안으로 제시하는 미술관(觀)은 배경, 예술적 기교, 그리고 이른바 '완결된 경험'의 개념에 초점을 맞추고 있다.

3장에서 우리는 서구 철학의 두드러진 특징을 이루는 또 다른 철학적 이분법, 즉 팩트(fact, 사실)와 가치를 나눈 이분법의 타당성에 이의를 제기한다. 이런 이분법을 "우리는 어떻게 먹어야 하나?"라는 식탁의 문제에 적용하는 것은 다소 억지스럽고 인위적이고 도움이 안 되는 듯하다. 우리는 또 '이해'의 의미를 나타내는 비유적 표현에 있어서 시각이 우월적 지위를 누리는 현상에도 이의를 제기한다. 이 장에서 우리는 "우리는 어떻게 먹어야 하나?"를 변형한 "우리는 무엇을 먹을지에 관한 우리의 결정이 합리적이라는 것을 어떻게 알 수 있는가?"라는 문제를 집중적으로 탐구한다. 답은 "경험적으로, 깊은 생각을 통하여, 현명하게, 사려 깊게 알 수 있다. 맛을 봄으로써."다. 이 문제의 답은 인류 자신이 속한 생리학적 분류 체계에 암호처럼 숨어 있다. 인간을 나타내는 라틴어 학명 '호모 사피엔스'(Homo sapiens)는 인간의 정체성이 맛을 볼 줄 아는 종(種)임을 강조하는 말이다. '사피엔스'라는 동사는 '맛을 보기'와 '생각하기 또는 파악하기'를 모두 의미한다. 다시 말해 '호모 사피엔스'의 구성원들은 자기가 먹는 것을 깊이 성찰하는 종이다. 우리는 어떻게 먹을 것인가? 맛을 보고/검사함으로써, 실험하고 탐구함으로써. 그리고 이 과정을 계속 반복한다. 철학자들은 일반적으로 아는 것을 보는 것, 즉 이미 알고 있는 대상과 적당한 거리를 둔 채 발휘되는 '시각'이라는 감각과 연계한다. 이런 연관성을 감안할 때, 가장 이상적인 상황은 알고자 하는 행위의 주체와 거리를 둔 채 중립적으로 바라보는 관찰자가 대상을 직접적으로, 왜곡 없이, 명확하게 인지하는 상황이다. 맛의 이론 모델을 바탕으로 연구를 지속하면 우리는 전혀 다른 방향으로 나아가게 된다. 맛보기를 통한 탐구는 우리가 거리 두기가 아니라 관심 두기를 첫 번째 특징으로 삼는 활동을 시작해야 한다고 주장한다. 맛보기를 통한 생각하기(보기를 통한 생각하기와 반대되는 개념)는 알기의 주체와 대상 간에 친밀성이 존재한다는 것을 넌지시 주장하는데, 이 친밀성은 객관성, 공평, 거리의 상호관계에 대한 기존의 견해에 이의를 제기하는 물리적인 혼합이다.

4장은 형이상학, 즉 일반적인 철학 분야 중에서 가장 추상적이고, 난해하며, 다소 아이러니하고 기본적인 분야를 다룬다. 이것은 존재의 성질에 관한 문제를 다루는 분야다. "우리는 어떻게 먹을 것인가?"라는 질문에 대해 여기서 제시하는 답은 "마치 우리의 존재가 그것에 달려 있는 것처럼 먹어야 한다."다. 강력하고 잘 자리 잡은 철학적 격언 중에 "존재는 자급자족한다."라는 말이 있다. 우리가 음식에, 그리고 인간이라는 존재가 음식에 얼마나 '의존하고' 있는가 하는 문제에 관심을 기울이면 전혀 새로운 이론적 틀이 생긴다. 그리고 이 변경된 이론적 틀은 존재의 의존성과 상호 의존성을 인정하고, 받아들이고, 심지어 환영한다. 아무리 이것을 위장하거나 은폐하려 해도 우리는 운명적으로 '배가 고프다'. 우리는 음식을 필요로 한다. 그리고 이 말은 우리에게 햇빛과 비가 필요하다는 것을 의미한다. 우리는 지렁이와 개미에 의존하여 흙을 갈고, 박테리아에 의존하여 흙을 비옥하게 만들며, 다른 사람들에게 의존하여 곡물을 경작하고 수확하고, 동물을 도살하며, 식품을 수송하고, 저장하고, 유통시킨다. 이런 현실 인식은 자율성을 최고 정점에 놓고 의존성을 맨 밑바닥에 놓는, 존재에 관한 옛 서열관을 완전히 뒤집는 것이다. 상호 의존성은 더 이상 천한 유형의 특징으로 배척되지 않는다. 우리는 어떻게 먹을 것인가? 오로지 엄청나게 많은 다른, 그렇지만 우리처럼 궁핍한 존재들의 도움을 통해서만 먹을 수 있다.

형이상학의 하부 학문, 또는 흔히 이 말과 동의어로 취급되는 존재론은 사물들의 본질에 대한 일반적인 질문, 특히 "우리가 우리 주변 환경을 가장 잘 이해하고 그 속에서 원활하게 삶을 이어갈 수 있으려면 이 세상을 어떻게 규정해야 하나?" 같은 질문을 우리에게 던진다. 여기에서 궁핍한 존재들에게 도움이 될 답들은 자신을 자율적이고 자급자족이라고 보는 존재들이 필요로 할 대답들과는 확연히 다를 것이다. 이런 사실을 인정하면 "우리는 어떻게 먹을 것인가?"라는 문제에 대한 우리의 탐구는 원점으로, 즉 다시 윤리학으로 돌아온다. 우리 같은 궁핍한 존재들은 어떻게 먹을 것인가? 후한 대접을 받으며 살자. 단, 우리의 삶은 글자 그대로 무수히 많은 타인들에 의존한다는 사실을 확실히 알고 있자.

소금

Part 1
환대는 윤리의 문제다

융통성 없는 만찬주최자가 문제인가,
입맛 까다로운 손님이 문제인가?

"미국에서 여러 사람들이 같이 식사하는 것은 점점 어려워지고 있다."[1] 미국의 언론인 겸 컬럼비아 언론대학원 교수인 제시카 브루더(Jessica Bruder)가 쓴 기사에는 적어도 이렇게 표현돼 있다. 왜 다른 사람과 함께 식사하는 것이 그렇게 어려워졌나? 식품에 대한 기호가 사람들마다 너무 많이 다르기 때문이다. 아무리 경험이 많은 주인도 이 문제에 부딪치면 애를 먹는다. 예를 들어 한 손님은 조개류를 안 먹는다고 하고, 원시인 다이어트(1만 년 전의 수렵·채집민들의 식습관을 모방하는 다이어트 방법으로, 당시의 식습관이 날씬하면서도 건강하고 에너지 넘치는 초기 인류의 유전자를 형성했다는 이론에 바탕을 두고 있다. ─옮긴이)를 신봉하는 또 다른 손님은 육류를 고집한다. 세 번째 손님은 독실한 채식주의자. 한술 더 떠, '이것이 사람에게 가장 위험한 음식인가?'²라는 기분 나쁜 기사를 읽은 뒤 겁에 질려 콩으로 만든 모든 식품을 거부하는 손님도 있다. 손님들의 기호, 음식과 관련된 신념, 특정 음식에 알레르기가 있는지 등을 사전에 파악하는 일은 이제 식사를 준비하는 집주인의 가장 큰 의무가 되었다. 브루더는 책임감 있는 주인이라면 모든 손님들로부터 음식에 관하여 자신이 원하는 사항을 적은 리스트를 받은 다음, 그것에 맞춰 식단을 '설계하는 것이 좋다'고 권한다.

하지만 모든 사람이 이렇게 주장하는 것은 아니다. 덴마크 작가인 아이작 디네센[Isak Dinesen, 《아웃 오브 아프리카(Out of Africa)》 등 아프리카를 배경으로 한 작품을 많이 남긴 덴마크 작가로 탄니아 블릭센(Tannia Blixen)이란 필명으로 알려져 있다. – 옮긴이]이 쓴 작품 중에 《바베트의 만찬(Babette's Feast)》이라는 훌륭한 단편 소설이 있다. 1987년에 영화화된 이 작품은 지금은 고전으로 평가받는다. 이 소설의 배경은 19세기 말인데, 정치적 이유로 고국에서 쫓겨난 뒤 덴마크의 한 외딴 마을에 들어온 바베트라는 뛰어난 프랑스인 요리사의 행적을 따라 전개된다. 대부분의 마을 사람들은 유난히 엄격한 종교 집단의 구성원들이며, 그들의 주식은 '빵에 에일 맥주를 섞어 끓인 에일빵 수프'가 고작이다. 바베트는 프랑스의 복권에 당첨된 뒤, 자신을 환대해주었던 그 마을 사람들에게 당첨금으로 성대한 만찬을 베풀기로 결심한다. 그녀는 만반의 준비를 한다. "음식을 만들 때 무엇을 넣으면 안 되지? 마을 사람들이 먹기 싫어하는 것이 뭘까?"라는 생각을 하지 않는다. 그렇게 오랫동안 에일빵 수프를 만들었는데, 이제 와서 그런 것을 따져봐야 어설픈 타협일 뿐이기 때문이다. 마을 사람들의 음식에서 공통적으로 원하는 맛은 엄격한 기독교 윤리에 맞춰 금욕적이면서, 아무것도 가미하지 않은 맛이다. 바베트가 마을 사람들의 편협하고, 지극히 교조적인 입맛에 맞춰 메뉴를 바꿨더라면 그녀의 예술적 음식 솜씨는 결코 빛을 보지 못했을 것이다. 적응해야 할 쪽은 요리사가 아니라 손님들이다.

손님들이 요리사의 솜씨를 수용할 수 있도록 마음의 시야를 넓혀야 한다는 사실은 만찬장의 또 다른 손님의 등장과 함께 부각된다. 그는 여행을 좋아하고 예전에 바베트가 일했던 파리의 식당에서 실제로 그녀의 요리를 먹어본 적이 있는 군인이다. 뛰어난 바베트의 음식에 그가 보여준 기쁨과 찬사는 다른 손님들에게 처음에는 충격으로 다가온다. 하지만 곧 술기운에 힘입어, 만찬장의 분위기는 황홀한 음식 맛을 인정하고 즐기는 쪽으로 흘러간다. 손님들은 만찬이 시작되기 전에 식탁에 어떤 음식이 나오더라도 맛있다는 표시를 하지 않기로 서로 약속했지만, 그 군인의 기뻐하는 표정과 본인들이 직접 느낀 황홀한 기분에 못 이겨 음식이 주는 기쁨을 만끽한다.

만찬을 여는 주인들은 어떻게 해야 하나? 브루더가 묘사한 상황과 《바베트의 만찬》에 나온 장면의 뚜렷한 차이는 오늘날 만찬의 주인들이 처해 있는 혼란스러운 상황을 잘 대변하고 있다. 이것을 혼란이라고 표현한 이유는 음식 알레르기가 중요한지 안 중요한지 헷갈려서가 아니라 책임의 소재가 바뀌고 있다는 사실을 주지시키기 위해서다. 바베트의 입장에서 보면, 요리사/주인이 내놓은 메뉴에 부합하는 방향으로 마음을 열고 융통성을 보이고 기꺼이 태도를 바꿔야 할 책임은 손님들에게 있다. 오늘날 이런 견해를 지닌 사람을 꼽자면 단연코 음식비평계의 명사인 마이클 폴란(Michael Pollan, 미국의 작가이자 저널리스트, 환경운동가 ─옮긴이)이다. 그는 "개인적인 이유로 특정 음식을 거부하는 태도를 '매너 불량'으로 여기는 프랑스인들의 의견에 찬성한다."³ 하지만 전체적으로 보면 이런 관점은 요즘 퇴조 중이고, 책임과 적응은 점점 더 만찬의 주인이 감당해야 할 몫으로 여겨지고 있다. 현대 서구에서 이런 변화는 일리가 있다. 어쨌든 요즘 사람들은 디네센이 살았던 시대의 사람들보다 음식 알레르기에 대해 훨씬 더 많이 알고 있고 또 우리가 바베트가 살았던, 신앙심 강한 외딴 마을의 주민들보다 그런 알레르기 때문에 훨씬 많이 고생하고 있는 것도 사실이다. 땅콩은 안 좋다. 그것은 확실하다. 게다가 문화적인 면을 많이 배려하는 주인들은 손님들의 음식과 관련된 신념을 존중하려 할 것이다. 이런 의미에서 돼지고기를 주 요리로 내놓지 않는 게 좋은 경우들도 있다. 끝으로 훌륭한 주인이라면 손님들을 '생태학적으로 편하게' 해주려 할 수도 있다. 만약 손님이 유전자 변형 식물, 유제품, 고기, 또는 먼 데서 운송된 식품을 안 좋아하면 그런 식품은 당연히 식단에서 제외해야 할 것이다.

하지만 그저 입맛이 까다롭거나 반대로 미각이 거친 사람들도 있다. 또 당시 유행하는 별미만 쫓아다니는 이들이 있는가 하면 융통성 없이 그저 한 가지 맛만 고집스럽게 찾는 사람들도 있다. 주인이 심혈을 기울여 음식을 준비한 이상 어떤 메뉴가 나오든지 손님더러 예의 바르게, 그리고 타인을 배려하는 마음으로 그냥 받아들이라고 하면 정말 무리한 요구일까?

한쪽에는 입맛 까다로운 손님들이 있고, 반대쪽에는 뻣뻣한 주인들이 있다. 책임은 어느 쪽에 있을까? 알레르기나 아이들의 건강 문제가 관련돼 있으면 취해져야 할 조치는 명백하다. 즉, 손님들은 음식을 준비하는 주인에게 자신들이 앓고 있는 알레르기 정보를 반드시 알려줘야 하며, 손님과 주인 모두 음식에 그런 알레르기 유발 물질이 들어가지 않도록 두 번, 세 번 확인해야 한다.

하지만 이렇게 목숨이 달린 문제가 개입되지 않는다면 책임 소재를 부여하는 문제는 한층 어려워진다. 만찬에 초대받은 손님에게 채식주의 또는 힌두교에 헌신하겠다는 본인의 맹세, 또는 유전자 변형 생물체는 정신적으로 불건전하다는 자신의 신념을 식탁에서 지킬 수 있도록 보장해줄 책임은 누구에게 있는가? 상을 차리는 주부들은 대체로 빠듯한 돈 때문에 유통 체인점으로 갈 수밖에 없는데, 순전히 국내산 식품이 아니면 손을 안 대는 일부 손님들 때문에 평소보다 훨씬 많은 돈을 써야 하는가? 또 손님 중 유일한 원시인 다이어트 실천가가 메뉴에 반드시 육류가 포함되어야 한다고 고집하면 어떻게 해야 하나? 이런 상황은 복잡해지는 것은 물론 자칫하면 예의의 문제로 돌변할 수 있다. 예컨대, 앞에서 언급한 제시카 브루더의 기사는 행사 당일날 만찬장의 안주인에게 연락하여 "우리 중 몇 명은 채식주의자, 또 몇 명은 비건(vegan) 채식주의자(유제품이나 달걀도 안 먹는 극단적인 채식주의자 ―옮긴이)이고, 글루텐 프리 제품(밀이나 기타 곡류에 존재하는 불용성 단백질이 함유되지 않은 제품 ― 옮긴이)만 먹는 사람들도 있어요."[4]라고 통보한 손님들의 이야기를 다루고 있다. 주인은 어떻게, 그리고 어디까지 책임을 져야 하나? 사무실의 보조 직원은 컴퓨터 옆의 사탕단지에 자기네 집 아이들이 왔을 때 먹을 수 있도록 (몇 푼 되지도 않는 그 보조 직원의 돈으로) 간식 거리를 채워놓으라는 동료의 퉁명스런 요청을 존중해야 하는가?

우리가 지금까지 설명한 시대와 장소의 경우처럼, 그 책임 소재 는 손님에게서 주인으로 이동하는 것 같다. 무엇 때문에 그런 변화 가 생길까? 여기에는 오래 전부터 의학적, 정치적, 윤리적 문제들 이 관련돼 있지만 그것만이 이 변화를 초래했을 리는 없다. 우리는 철학적 가정, 특히 철학자들이 오래전부터 '하나(the one)'와 '다자 (the many)'라고 부르는 두 개념의 상호 관계에 대한 가정이 바뀌었 기 때문이라고 파악한다. 바베트의 만찬은 '한 개의 만찬', 즉 통합 된 메뉴로 저마다 다른 손님들의 음식 욕구를 일거에 해결하는 사 례를 잘 묘사하는 반면, 브루더의 기사는 '다수', 즉 자신들의 욕구 를 주인의 의무로 강제하는 개별적 만찬 손님들이 증가하는 현상을 잘 반영하고 있다.

책임 소재의 변화를 논의하려면 불가피하게 윤리학의 영역으로 들어가야 한다. 즉, 우리는 우리의 삶을 '인도하는' 요소들을 분석 해야만 하는 것이다. 손님들이 주인의 기호에 맞춰야 하는가, 아니면 주인이 손님들의 기호에 맞춰야 할까? 이 질문의 변형으로 제시되는 일부의 질문에는 비교적 쉽게 답할 수 있다. 대단히 정당한 반응을 제시하는 것은 완전히 별개의 문제다. 만약 우리의 결정에 정당성을 부여하는 일관되고 통일되며 타당한 방식을 원한다면 '큰 그림'이라는 이슈들, 즉 '일 대(對) 다자'의 관계 같은 이슈들에 관심을 기울여야 할 텐데 그런 연구는 어떤 세부적 학문의 영역도 아니고 사회과학의 영역도 아니다. 구태여 따지자면 후자에 조금 더 가까울 것이다. 이 임무를 맡아야 할 분야는 바로 철학이다. 철학은 우리가 출세를 추구하는 과정에서 자신의 분수를 파악하게 해주는, 생성적인 개념들(generative ideas)을 탐색하고 체계화한다.[5]

윤리학의
'사려 깊은 실천'

윤리학은 철학에서 중요한 영역으로 떠오르고 있다. 다른 생명체들처럼 인간 역시 늘 어떤 맥락 속에서 반응하고 대응해야 하는 상황에 놓여 있기 때문이다. 책임과 더불어 편애, 선호가 윤리학의 주요 내용이다. 인간은 행복한 삶을 가능케 하는 요소들을 규정하는 데 있어 과도한 다양성을 보여주었고, 또 그런 다양성을 깊이 인식하고 있다. 우리는 역사학, 인류학, 사회학적 연구를 통하여 아이들을 키우고, 상거래를 하고, 나라를 체계화하고, '외부인'이라고 규정한 타인들과 교제하는 적절한 방식에 관련하여 시대와 지역을 막론하고 모든 나라, 문화가 현격히 다른 믿음 및 실천 체계를 발전시켜왔음을 알고 있다. 어떤 문화권의 도덕 기준에서는 주인이 정한 메뉴에 묵종하는 손님이 훌륭한 손님인 반면, 만찬의 안주인이 손님한 사람 한 사람의 독특하고 개별적인 욕구에 맞춰 음식을 준비해야 하는 것이 훌륭한 에티켓이라고 규정한 문화권도 있다. 인간은 지능을 갖춘 동물이므로, 이들에게 선택의 여지를 주기 위해서는 엄선한 선택지들이 필요해진다. 선택지를 만드는 일 때문에 가치의 경중에 따라 우선순위를 설정하는 일이 불가피해졌다.

　도덕적 철학, 즉 윤리는 (우리는 이 두 단어를 같은 의미로 쓴다) 이런 가치의 문제를 평가하고, 결국 문화와 관습을 인도하는 방향을 정립한다. 사실 '윤리(ethics)' '도덕(morals)'이라는 말 자체는 각각 '관행'을 의미하는 그리스어(익숙한 언행 양식, 익숙하게 말하는 방식, 익숙한 표현방식을 의미하는 'ethos'에서 파생 −옮긴이)와 '버릇'을 의미하는 라틴어(확정된 관행, 관례, 규칙, 법칙을 의미하는 'mores'에서 파생 −옮긴이)에서 유래했다. 이런 어원 때문에 우리는 윤리학을 '실용적인' 과목으로 간주하려는 유혹을 받기도 한다. 사실 윤리학은 어느 정도 '실용적'이다. 최종적으로 행위, 버릇, 관습으로 귀결되기 때문이다. 하지만 윤리학은 동시에 '실용적인 것'과는 다르고, 또 그것을 능가하는 것이기도 하다. 윤리학은 사람들에게 분별력을 얻을 수 있는 방법을 가르쳐주고, 다른 선택을 제치고 특정 선택을 끝까지 고수하게 하는 중요한 지침을 준다. 요컨대 윤리학을 전적으로 실용적인 학문으로 단정하는 것이나, 또는 전적으로 이론적인 학문으로 낙인찍는 것은 부적절하다는 말이다. 이 깔끔한 양자택일 대조법은 사실 서양 철학사의 중요한 유산인데, 우리가 체험적으로 겪는 상황에는 전혀 들어맞지 않는다. 따라서 이런 관점에서 보면, 우리의 실질적인 삶은 요리 및 기타 '조리술(調理術)'과 비슷하다. 이론과 실천 사이를 끝없이 오락가락하는 대신, 이 같은 음식 위주의 실제는 '사려 깊은 실제'로 더 잘 이해될 수 있다. 이 말은 우리가 흔히 사용하는 이론/실천의 구분을 깎아내리는 표현이다.[6]

윤리학을 더 잘 이해하려면 고대 그리스의 철학자 아리스토텔레스(Aristoteles, 기원전 384~322)가 제시한 영감이 필요하다. 아리스토텔레스처럼 우리 역시 윤리학을 관습과 습관에 관한 학문이라고 본다. 구체적으로 말하면 훌륭한 삶, 즉 유익하고 성공적이며, 의미 있는 삶을 사는 데 도움이 되는 관습과 습관들에 대한 학문이라고 인식하는 것이다. 우리는 어떤 상황에서도 많은 반응들에 직면한다. 배(stomach)를 중시하는 철학자들이 가장 높이 평가하는 반응은 인간의 구체성(具體性)을 (철학이 항상 다룬 주제는 아니다) 감안하는 반응들이다. 아리스토텔레스의 주장처럼 그런 반응들은 좋은 기분, 충분한 숙고, 그리고 많은 대안 중 적절한 선택 등이 어우러진 것들일 것이다. 기대하는 결과는 물론 인간들이 훌륭한 삶을 사는 것이고 말이다.[7]

아리스토텔레스는 인류의 영웅 중 하나지만 음식과 식탁의 관행은 대수롭지 않게 여겼다. 그는 특히 미덕을 논하는 자리에서 음식-환대와 밀접히 관련된 미덕을 무시했다. 그는 스스로 '상대방 의사의 존중'이라고 칭한 관용적 태도를 보였지만, 여기까지만이 이 문제에 대한 접근이었다. 환대 문제를 다루지 않은 아리스토텔레스의 사례는 나중에 모든 철학자들에게 공통적으로 해당되는 사항으로 드러난다. 환대 문제를 간과한 것은 서구 도덕 철학의 역사에서 지적되는 몇몇 큰 문제의 원인으로 지목된다.

윤리학 대 환대:
철학

철학은 환대의 문제를 대수롭지 않게 여겼을 뿐 아니라 종종 이 덕목을 윤리학의 범주에서 철저히 배제하는 우를 범했다. 이런 소외감은 칸트(Kant, 1724~1804)의 사상에서도 엿볼 수 있다. 칸트는 어느 유명한 사고 실험을 통해 윤리학과 환대를 명확하게 대비시켰지만, 이 실험에서 환대 부분에는 아주 작은 관심만 할애했다. 이 실험의 의도는 칸트가 주창한 중요한 윤리적 원칙의 위력을 증명하는 것이었다. 그것은 그가 이른바 지상(至上)명령(categorical imperative, 양심의 절대적·무조건적 도덕률 – 옮긴이)의 한 형태로서, 나중에 '보편화 가능성(普遍化 可能性, universalizability)'이라고 불리게 된다.

칸트는 어렵고 난해한 윤리적 문제를 해결하는 방편으로 이 원리를 제시한다. 칸트는 어떤 도덕적 행위자라도 이런 문제에 부딪히면 어김없이 다음과 같은 단도직입적 질문을 던지라고 가르친다. "나는 내가 지금 의도하는 이 행동이 보편적인 원칙으로 발전하기를 바라는가?" 다른 말로 표현하면, "나는 모든 사람들이 내가 지금 하려는 행동을 의무적으로 하는 세상이 오기를 바라는가?" 이 이론은 훌륭해 보이고, 난처한 상황에서 도움이 될 것 같다. 공정성이 가장 중요하니 말이다. 이런 가르침을 따르면, 우리는 사적 이익 대신 보편성을 담보하는 요소에 주의를 기울이지 않을 수 없다. 하지만 이 이론을 완전히 납득하지 못한 칸트의 반대파는 이와 대치되는 주장을 펼치면서 이른바 '손님의 예'를 부각시켰다.

이 예는 다음과 같이 설명할 수 있을 것이다. 우리 집에 어떤 사람이 손님으로 와 있다. 우리는 이 손님을 해치려는 사람들이 있다는 사실을 안다. 그 사람들이 무장한 채 성난 얼굴로 우리 집에 와서는 우리에게 그 손님이 집에 있냐고 묻는다. 이 상황에서 어떻게 해야 할까? 그들에게 진실을 얘기해야 할까? 상식 차원의 예의범절, 지역적 관습, 그리고 환대의 전통은 손님을 보호하라고 우리를 재촉한다. 하지만 예의범절은 '쉬운 탈출구'의 또 다른 이름일지도 모른다. 아마도 지역적 관습과 전통은 사람들이 합리적으로 생각/행동하지 못했던 지난 시대의 낡은 유산일지도 모른다. 앞에서 얘기한 보편화 가능성의 원리는 지역적 관습과 개인적 선호성보다 상위에 있는 개념이라는 점을 잊어서는 안 된다. 이 원리의 목적은 우리에게 현재의 행동 방식을 보편화했을 때 발생할 수 있는 일을 고려하도록 촉구함으로써 명확한 삶의 지침을 주는 데 있다. 우리는 물론 거짓말하는 것이 보편적인 법칙이 되기를 바라지 않을 것이다. 따라서 이 경우 윤리적 명령은 명확하며, 그에 따른 윤리적 행위가 무엇인지도 분명해진다. 그래서 우리는 단호하게 말한다. "그렇습니다. 여러분들이 찾는 사람은 지금 벽장 속에 숨어 있습니다."

칸트 철학의 장점은 그가 매우 진지하다는 것이다. 그는 재량의 여지를 허용하지 않는다. 명확성, 절대성, 그리고 일관성이 그의 윤리학을 지배하고 있다. 환대의 문제와 관련하여 이런 견해가 시사하는 의미는 명확하다. 즉, 윤리학의 절대 명령은 환대와 관련된 융통성 있는 관습을 능가한다는 것이다. 윤리학은 환대가 아니다. 칸트의 견해에 따르면, 만약 어떤 손님이 위험에 처해 있고 윤리적 원칙을 어겨야 그 손님을 보호할 수 있다면, 손님을 위험으로부터 보호하는 '사교상의 예의 범절'도 피해야 한다는 것이 윤리의 차원 높은 의무라는 것이다.

우리는 그런 개념적 분리를 낳고 '음식 미덕', 즉 환대를 윤리적 고려의 중심에 놓는 이 견해에 이의를 제기한다. 그렇게 하면 우리 자신, 세상에 우리가 서 있는 위치, 그런 세상에 대한 우리의 의무, 그리고 그런 세상에서 우리가 짊어지고 있는 의무에 대한 재검토가 이루어질 것이다. 다른 말로 표현하면, 우리는 철학적으로 재건되는 과정에 돌입할 것이다.

윤리학과 환대:
문학 작품들

사상의 모든 영역이 환대를 거부하는 것은 아니다. 사실 많은 문학 작품에서 손님의 환대는 인간이 살면서 지켜야 하는 핵심적인 덕목으로 다루어지고 있다. 예를 들어, 단테(Dante, 1265~1321)의 《신곡(La Divina commedia)》 중 〈지옥〉편은 손님에 대한 환대를 인간의 의무, 그것의 불이행을 사악한 행위로 묘사하고 있다. 단테는 '나쁜 주인'을 지옥에서 가장 낮은 단계인 제9원(단테는 지옥의 모습을 삼각형을 거꾸로 놓은 모습이면서, 원으로 된 총 9개층으로 나눈 형태로 묘사했다. 밑으로 갈수록 죄질이 나쁘며 맨 아래인 9원에는 사탄이 자리한다. ─옮긴이)에 배정하고 있다. 손님에 대한 의무를 이행하지 않은 사람들은 지옥의 가장 깊숙한 층에서 겨우 한 단계 위에 있는 층에 들어간다. 맨 아래층은 극악무도한 배신자인 유다가 있는 곳인데, 그의 죄는 환대의 의무를 배반한 죄로 해석할 수도 있다.

로마의 시인인 오비디우스(Ovidius, 기원전 43~서기 18)가 《변신이야기(Metamorphoses)》 제8권에서 묘사한 이야기는 잘 이행된 환대의 가치를 보여주고 있다. 이 이야기를 잘 이해하려면 이것이 옛 그리스의 신화에서 아이디어를 얻었다는 사실, 그리고 주인공이자 로마 시대의 주피터 신이 고대 그리스에서는 제우스로 알려져 있다는 사실을 알아두어야 한다. 또 신 중에서 최고의 신인 제우스가 이방인들, 여행자들, 탄원자들의 보호자인 제우스 제니오스(Zeus Xenios)라는 이름으로 불리기도 했다는 사실 역시 주목해야 한다. 이것은 엄청난 사건이다. 그리스 신화의 우두머리 신이 환대에 특별한 관심을 표했다는 것은 우리도 그렇게 해야 함을 의미하기 때문이다.

오비우스의 이야기는 전형적인 방식으로 전개된다. 주피터는 헤르메스를 대동하고 변장한 채 지상에 내려온다(만약 여러분이 신이라면 본래 모습으로 등장해서는 안 된다. 모든 사람들이 전능하신 신에게 잘 보이려고 아첨할 테니까). 그들은 거지로 변장했기 때문에 아무것도 모르는 사람들은 이 신들을 문전박대한다. 그런데 한 노부부만 예외였다. 바우키스(Baucis)와 그녀의 남편 필레몬(Philemon)은 꾀죄죄한 두 손님을 극진히 대접한다. 바우키스와 필레몬은 음식을 제공하는 것이 환대라고 생각하는 사람들이다. 노부부는 손님들에게 푸짐한 식사를 대접하기 위해 집에 한 마리밖에 없는 거위를 잡을 생각까지 한다. 그 마음에 감동한 두 신은 자신들의 정체를 밝힌다.

그런 다음 마을의 다른 주민들에게 벌을 내리고, 착한 바우키스와 필레몬에게는 상으로서 '둘 중 아무도 상대방보다 먼저 죽지 않게 해달라', 즉 한시에 같이 죽게 해달라는 소원을 들어준다.

프랑스의 극작가인 몰리에르(Moliere, 1622~1673)는 사람들이 주 피터가 항상 선한 의도로 행동하는 신이라고 잘못 생각할 것을 우 려했기 때문인지 오류를 바로잡은 개정판을 낸다. 몰리에르의 대표 적인 희극 작품인《앙피트리옹(Amphitryon)》은 그리스의 장군 앙피 트리옹과 그의 젊은 신부의 가슴 찢어지는 이별 이야기를 담고 있 다. 헌데 집에 돌아온 주피터는 바로 그 신부 알크메네에 대해 지 극히 인간적인 욕망의 포로가 된다. 전능한 신이었으므로 절대적인 유혹의 기술을 갖고 있었던 그는 앙피트리옹으로 변장한다. 몰리에 르가 강조하듯이 남편으로 변장하고 침실에 나타나는 것이 항상 아 내의 육체적 욕망을 고조시키는 데 최선의 방법이 아닌 것은 분명 하다. 하지만 이 새로운 결혼의 경우, 알크메네는 앙피트리옹을 간 절히 원한다. 주피터는 음탕하고, 젊고, 아름다운 신부의 애무와 보 살핌을 즐긴다. 집에 돌아온 진짜 앙피트리옹은 "왜 빌써 돌아왔어 요?"라는 아내의 인사에 놀란다. 이때부터 상황은 복잡하지만, 몰 리에르의 능숙한 희극화 솜씨 덕분에 재미있게 전개된다.

이 몰리에르의 희곡에는 신과 변장술, 순진한 보통 사람들 같은 상투적인 요소들이 모두 들어 있다. 하지만 이 요소들은 바우키스 와 필레몬의 이야기와는 확연하게 다른 형태를 취하고 있다. 이 희 극에는 명백하게 환대받을 자격이 '없는' 인물이 나오는데, 그런 이야기를 요소 중 하나로 작품 속에 넣는 바람에 환대의 당황스러운 차원이 드러난다. 우선 이 장의 서두 부분에서 제기한 골치 아픈 문제가 있다. 누가 누구에게 적응해야 하는가. 주인이 손님에게 맞춰야 하는가, 손님이 주인에게 적응해야 하는가? 하지만 몰리에르의 연극은 주인이 맞닥뜨리는 훨씬 본질적인 문제를 드러낸다. 단테는 손님에 대한 우리의 의무를 강조하지만 여기에는 사람을 알아보는 어느 정도의 안목이 필요하다. 어떤 손님들에게는 퇴짜를 놔야 한다. 그렇지 않으면 모르는 사람들이 주피터 같은 대형 사고를 칠 수 있기 때문이다.

이 사건은 이방인을 뜻하는 라틴어 'hostis'가 '적'이라는 의미로도 쓰이는 이유를 설명한다. 이방인을 만나면 어떻게 해야 하나? 환대해야 하나, 경계해야 하나? 이른바 '제우스의 사기(이방인을 환영하라)'라는 말도 있을 수 있지만, 사실 항상 정답을 제시하는 공식은 없다. 하지만 변치 않는 공식이 없음을 인정하는 것은 철학자들에게 있어 절대의무(Prime Directive, TV 시리즈 '스타트렉'에서 행성연합이 가장 중요하게 여기는 최상위 정책을 의미 −옮긴이)를 위반하는 것과 같다. 물론 일부 철학자들은 완벽하고, 합리적이며, 보편적으로 적용 가능한 도덕적 해법의 추구를 목표로 삼고 있다. 칸트를 추종하는 사람들은 틀림없이 쉽게 도달할 수 있는 답이 없는 현실을 개탄하겠지만, 어쨌든 매우 합리적인 윤리학은 도움이 될 것이다. 도움이 되려면 반드시 지침을 제시해야 하고, 지침을 제시하는 데는 훌륭하게 확립된 공식이 엄청난 쓸모가 있다. 재미있는 문학 작품을 내는 데는 도움이 안 될지 몰라도, 명쾌한 도덕적 명령을 제시하는 데는 손색이 없다.

우리의 생각은 조금 다르다. 우리는 환대가 철학에 중요하다고 주장하는데, 그것은 환대가 수요를 낳지만 그럼에도 확실한 해답을 내놓는 쉬운 알고리즘을 따르지 않기 때문이다. 도덕적 행위는 여전히 지침을 요한다. 그러나 지금 이 지침은 절체절명의 격언이 아니라 규제적인 원리의 형태로 제시되고 있다. 그런 원칙들은 전후 사정, 관련된 인물들의 성격, 시대에 대한 주의를 요한다. 전통적 철학의 상당 부분이 개인에게서 그런 책임의 부담을 없애주려고 노력하는 반면, 환대가 지상명령이라는 이론은 개인적 결정과 신념이라는 회피할 수 없는 차원의 문제임을 강조한다. 이런 고려 요소들은 철학자들이 환대를 도덕적인 미덕으로, 음식을 중요한 화제로 간주한 이유를 파악하는 데 크게 도움이 된다. 우리가 확인했듯이 음식과 환대는 공식을 만드는 데 관여하지 않는다. 다행스럽게도 평범한 생활에 더 친숙하고 혼란스럽고 모호하고 모순되는 상황에 불편해하지 않는 시인들과 극작가들은 이것들의 가치를 평가절하하지 않았다. 우리의 사상은 그들에게 큰 빚을 지고 있다.

환대, 음식과 모든 인류

환대 행위를 수행하는 데 가장 중요한 수단은 음식이다. 에릭 패트리지(Eric Partridge, 뉴질랜드 출신의 사전 편찬자 −옮긴이)가 쓴 《어원: 간추린 현대영어 어원사전(Origins: A Short Etymological Dictionary of Modern English)》에서는 어원 'has−'의 기본적인 의미는 관계 유지의 수단으로서의 '음식(피신처와 함께 제공되는)'일 것이라고 추정한다. 틀림없이 바우키스와 필레몬은 환대를 자신들의 미래의 안위를 크게 희생해서라도 손님에게 음식을 제공하는 행위라고 이해했을 것이다. 오비디우스의 이야기도 단테의 작품과 마찬가지로 환대를 진지한 의무로 강조하고 있는데, 두 가지 모두 친구들을 즐겁게 해주는 행위가 접대업과 환대라고 여기는 현재의 실정과는 크게 동떨어진 것 같다. 현대에 볼 수 있는 그런 환대의 평가절하는 음식에 대한 철학계의 평가절하와 밀접하게 관련돼 있다. 철학자들이 식탁 문제를 진지하게 고려하지 않으면 환대는 그들이 선정한 영광스런 덕목 리스트에 결코 오르지 못할 것이다.

철학자들은 삶의 지침이 되는 사상들, 특히 완벽하게 합리적이고 완벽하게 체계적인, 이런저런 행동을 고집스럽게 강요하는 낡은 사상들을 재검토해야 한다. 음식 그리고 음식과 우리의 관계는 이런 재검토 작업의 수행에 필요한 강력한 수단을 제공한다. 살아 있는 모든 것들은 음식을 필요로 한다는 이 (외면할 수 없는) 진리에 진지한 관심을 기울이면, 윤리를 실천하는 방식에도 실질적으로 큰 변화가 생길 것이다.

예컨대 우리는 운명적으로 주린 배를 채워야 하는(stomach-endowed), 인간의 정체성을 인정해야 '이성적' 인간이 되고자 하는 욕구를 '합리적' 인간이 되겠다는 목표로 바꿀 수 있다. '합리적이든 비합리적이든 둘 중 하나'라는 낡은 대립법으로는 여러 조건들이 얽혀 생기는 우리의 복잡한 문제들을 제대로 파악할 수 없다. 우리는 단순히 육체와 정신이 아무렇게나 결합돼 있는 존재가 아니다. 배고픔과 우리가 그 굶주림을 해소하는 방식에 주의를 기울이면 우리 자신을 보다 충실히 이해하는 데 도움이 될 것이다. 우리는 순수한 합리주의를 맹목적으로 숭배하는 입장, 인간을 정신과 육체로 구분하는 개념 위에 성립된 입장에서 한 단계 더 발전할 수 있을 것이다. 이런 기본적이고 철학적인 변화를 이루려면 우리의 마음을 오래전부터 지배해온 한 주된 사상을 바꾸어야 한다. 이것이 바로 흔히 '심신이원론(心身二元論)'이라고 불리는 사상이다. 이 이론은 르네 데카르트(Rene Descartes, 1596~1650, 프랑스의 철학자, 수학자 - 옮긴이)가 창시했고, 영국의 희곡 작가 길버트 라일(Gilbert Ryle, 1900~1976)이 '기계 속의 유령'이라는 개념으로 희화화했는데, '본질적으로 인간은 물질인 육체에 붙어 있는 무형의 정신적 존재'라는 개념에 바탕을 두고 있다.

너무 오래되어 천덕꾸러기가 된
지도적인 사상들

근대 철학이 융성했던 기간(대충 르네상스 시대에서 제1차 세계대전까지 이어진 시대)에 주변 환경과 풍요롭고 감동적이며 반사적인 상호 작용을 활발히 벌이던 인간, 즉 실체가 있고 육신이 있는 피조물들은 인간 삶의 정신적 측면과 생리적이고 사회적인 측면을 구분하는, 이른바 '생각하는 사람들'이라는 개념으로 바뀌었다('생각하는 사람, 즉 사상가'는 '철학자'라는 말과 의미심장한 동의어가 되었다). '사람(man)' (이 성차별적 단어는 중요하다)은 본질적으로 '정신(mind)'으로 여겨지기 시작했고, 또 이 근대의 사상적 틀에 따라 새로운 기술적(記述的) 개념들이 생겨났다. 육신을 지닌 인간이라는 말은 사라졌고, 그 자리에 '이성적(rational) 동물' 내지는 '이성적 행위자(agent)'라는 단어가 들어섰다.

이것들은 모두 새로운 개념들이며 동기유발적 사상을 압축하는 새로운 방식이었다. 인간 본성의 복잡성을 감안하면 이원론은 충분히 실험할 가치가 있는 사상이다. 철학자들은 우리가 인간을 서로 상이하고 궁극적으로 양립할 수 없는 두 개의 요소, 즉 정신과 육체의 결합물이라고 생각하면 문제가 아주 쉽게 풀린다고 말한다. 하지만 정신과 육체의 관계에서 '-과'는 바로 '대(對)'로 바뀐다. 앞다퉈 정신을 높이 평가하려는 학계의 분위기에서 대세는 '정신이 육체와 얼마나 극명하게 다른가?' 하는 점을 강조하는 것이었다. 일단 학계가 이런 방향으로 움직인 이상, 뚜렷한 대조법이 정립되는 것은 불가피했다. 정신 '대' 육체의 대립법은 '이성적인 측면', 즉 지극히 그리고 순전히 인간적인 측면을 '비이성적 측면'과 대비시키는데, 이 말은 '불합리한' 측면이라는 말로 자연스럽게 바뀐다. 정신이 아닌 것은 무엇이든 순수한 인간적인 모습이 아닌 것으로 간주될 수밖에 없는데, 이것은 우리의 집중력을 산만하게 만드는 요소로서 우리를 진실되고, 본질적인 자아의 모습에서 멀어지게 할 뿐이다. 이런 사상 구조에서 인간의 허기진 배와 그 배가 필요로 하는 음식은 제대로 대접받을 턱이 없다.

철학자들은 철학자들답게 이 '기계 속 유령'이라는 접근법을 잘 활용했다. 그리고 그것의 힘은 철학자들이 정신과 이성적인 행동을 표현하기 위해 선택한 대표적인 사례들과 대표적인 인물들 덕에 더욱 커졌다. 철학자들은 예컨대 기하학자 같은 인물에 초점을 맞추는 경향이 있었다. 자, 여기 수학적 공리와 논리로 무장한 채 오로

식탁 위의 철학자들

지 정신력만 써서 답을 구할 수 있는 사람이 있다. 삼각형의 두 각이 주어지면 세 번째 각의 각도는 몇 도인가? 기하학자는 이 문제를 정확하게 풀 수 있고, 심지어 컴퍼스로 실제로 재지 않고도 답을 알아내는 것이 가능하다. 사실 '이상적인 삼각형'의 경우에는 실제로 각도를 측정하는 방법이 자연 그대로의 완벽한 답을 얻는 데 방해가 된다. 기하학은 모형 접근법의 수단으로서 지극히 매력적이었기 때문에 네덜란드의 철학자 스피노자(Spinoza, 1632~1677)는 도덕 철학에 관한 자신의 저서에 '기하학적 순서로 증명된 윤리학'이라는 제목을 붙였고, 책의 내용도 기하학에서 답을 증명하는 형식으로 구성했다.

기하학적 모델을 제외하면, 인간의 행동을 이성적인 정신과 비이성적인 육체로 구분하는 것이 그렇게 쉽지는 않았다. 감정, 느낌, 식욕 같은 문제에는 이원론이라는 생성 사상(generative idea)이 항상 잘 적용되지 않았다. 이런 것들은 완전한 인간의 삶에 필수적인 요소지만, 정신과 육체를 구분하는 낡은 이원론적 틀에서 보면 그저 순전히 육체적인 활동이었다. 이것들은 정말 육체적인 활동이었을까? 이것이 그들이 애를 먹은 부분이었다. 즉, 그들은 우리의 이성적인 자아 내지는 정신을 강력하게 지배했던 것 같다. 감정은 흔히 '정열'과 동일시되어왔는데, 정열은 감정을 오로지 육체하고만 연관시키고 감정이 인간의 진정한 자아에서 가장 압도적인 요소임을 가정하는 말이다. '우리'는 우리의 정열과는 동떨어져 있는 존재로 추정된다. 따라서 정열과 '이성적인' 사고라고 여겨지는 것 사이에는 절대적인 부조화라는 관계가 성립된다. 철학자들은 음식에 대한 욕구, 나아가 성욕 그리고 좀 드물지만 재산에 대한 욕구 등은 모두 우리 인간을 '지배하고' 인간의 생각을 명료하지 못하지 한다고 생각했다. 하지만 인간의 삶에서 이 같은 차원들은 육체적 차원으로 규정되든 정신적인 차원으로 규정되든, 조용히 사라지길 거부했다. 정신-육체라는 정권에 경찰이 있었다면 이것들이 없어져주기를 바랐겠지만.

여기에서 우리는 철학이 어떤 힘을 발휘할 수 있는지를 알 수 있다. 이 정신-육체의 이분법에서 특정 사상이 판세를 장악한 뒤 확산되기 시작한 것이다. 이와 함께 새로운 개념들('이성적인 동물' '순수한 마음' 등)이 등장했는데, 이것은 우리 삶의 영원한 특징, 즉 경험의 다양성을 통합하는 새롭고 빠른 수단이 되었다. 생성적 사상과 개념들은 우리의 환경을 다루는 데 필요한 방향을 제시해준다. 이 사상은 인간의 삶에서 중요한 문제를 파헤치기 때문에 곧 주류 사상으로 부각하고, 아울러 발전을 거듭하는 과정에서 점점 더 한쪽으로 기울어지는 경향이 있다. 그리고 이 사상이 간과한 것은 결국 많은 개념적 혼란과 실질적인 혼란이라는 형태로 우리에게 되돌아온다.

만약 인간이 자신을 육체에 붙어 있는 정신으로 보기 시작한다면 자신의 정체를 '이성적인 행위자(agent)'로 인식할 것이고, 육체는 인간에게 '우연히 생긴', 또는 비본질적인 특징에 불과한 존재가 될 것이다. 또 인간의 감정은 풀거나 해결해야 할 문제가 되면서 서로 상반되는 윤리학 이론 모델들이 (순수하고, 객관적이며, 보편적인) 이성을 강조하는 이론과 ('불순하고', 주관적이며, 지엽적인) '느낌'을 강조하는 이론 사이를 널뛰듯이 왔다 갔다 할 것이다. 이 점은 이 책의 집필 목적상 매우 중요하다. 이런 이론 체계에서는 환대의 문제가 선량한 마음, 연민의 정, 정의 같은 인간의 중요한 윤리적 가치들과는 무관한, 사소한 개인적 행위 정도로 여겨진다.

이렇게 중요한 문제를 묵살하는 짓은 절대로 오래가지 못한다. 많은 삶의 차원들이 허기진 배와 연관되어 있고, 그것에 부수되는 많은 실천적 관습들이 존재한다. 우리는 자신에 대한 중요한 진실, 즉 우리가 '운명적으로 주린 배를 채워야 하는' 피조물임을 '재'인식해야 새로운 생성적 사상에 접근할 수 있다. 그러면 이번에는 그 새로운 사상이 환대와 윤리학의 관계를 재정립할 것이다. 허기진 우리 배를 생각하면 스스로 유령이라고 생각하기는 힘들다. 하지만 이런 정신-육체를 구분하는 사고방식하에서는 음식 문제에 대한 고찰이 반드시 주변으로 밀려날 수밖에 없으며, 분투해봤자 결국 합리성을 강조하는 목소리에 눌려 항복하고 만다. 미국의 음식 역사는 그런 사고방식이 시대를 지배하면 무슨 일이 벌어질 수 있는지를 보여주는 좋은 사례다.

이성적인 요리와 손님
주인의 역학 관계

도나 가바시아(Donna Gabaccia)의 저서 《우리가 먹는 것이 우리 몸이 된다: 전통 음식과 미국인들의 생성 과정(We Are What We Eat: Ethnic Food and the Making of Americans)》(1998)은 미국 음식의 변천사를 다룬 작품으로 이런 상황을 잘 묘사하고 있다. 이 책은 또 음식과 환대의 불가피한 연관성에 관련된 좋은 사례들을 많이 제시하고 있으며, 또 그런 연관성을 진지하게 연구하는 것이 중요한 이유를 잘 설명하고 있다. 19세기에 미국에 온 이주민들에게 기존의 주민들은 당시 갓 태어난 가정학(家政學)이라는 신(新)학문의 이름으로 보편적이고, 이성적이며, '과학적이고', 표준적인 요리(법)를 가르쳐주었다.[8] 이 분야의 선구자인 파니 파머(Fannie Farmer, 1857~1915, 미국의 요리 전문가 겸 작가 -옮긴이)는 '계량 측정의 어머니'라는 별명으로 불리는데, 그것은 그녀의 요리책이 전 시대에 광범위하게 통용되었던 괴상하고 제멋대로였던 계량 스타일을 밀어내고 표준화된 계량컵과 스푼의 사용이라는 새로운 개념을 요리에 도입했기 때문이다. 물론 훌륭한 아이디어다. 그렇지 않은가? 아무튼 당신의 티스푼이 내 것보다 세 배 크다면 당신의 티스푼을 사용해 만든 케이크는 내 티스푼을 사용해서 만든 케이크와 엄청나게 다른 맛을 낼 테니까. 조리법 작성의 체계화와 표준화는 유동성이 점점 커지는 근대 사회, 즉 젊은 여성들이 엄마 옆에 서서 케이크를 적절히 부풀어 오르게 하는 법을 물어볼 여유가 없는 새로운 사회적 환경에 크게 도움이 되는 것 같았다.

하지만 갓 태어난 사상이 주류 사상으로 발전할 때 늘 그렇듯이, 부엌과 식당의 관례를 '합리화하는' 조치는 계량 스푼이 들어 있는 찬장 서랍을 넘어 훨씬 광범위하게 세력을 떨쳤다. 그런 사고방식은 또 이민자들이 구대륙에서 갖고 들어온 불량한 조리법을 바로잡고, 그것을 소박한 옛날식 뉴잉글랜드 요리법으로 대체하는 데노 동원되었다. 왜 뉴잉글랜드식 요리법이 사용되었을까? 간단히 말하면 뉴잉글랜드는 이 나라 (백인들의) 엘리트 지식인층의 고향이고, 따라서 이 나라에서 가장 '이성적인' 조리법의 본고장으로 간주되는 곳이기 때문이다. 기존의 주민들은 이민자들에게 우유를 많이 마시라고 가르쳤으며, 스파게티나 마늘 같은 식품을 멀리하라고 권유했다.[9] 한편, 교양 있는 미국 여성들은 외국인들에게 무엇을 어떻게 먹을 것인지를 가르침으로써, 또 미국 시민이 되는 데 필요한

'가정학'이라는 학문을 개발함으로써 그들을 미국화하기로 작정했다.[10] '이성적인 요리법'은 이민 온 가족들이 사용했던 엉터리 조리법을 밀어냈다.[11] 가정학 보급 운동은 이민자들이 애용하는 조리법의 이성적 변화를 요구했지만, 대부분의 경우 그런 개혁의 핵심에는 분명히 백인우월주의에 따른 의심이 자리잡고 있었다. 마늘처럼 이민자들과 깊이 관련된 재료들도 제거해야 할 주요 타깃이었다. 결국 미국 토박이들은 외국인들(그것도 고약한 입냄새를 풍기는)에게 잡아먹히고 싶지 않았던 것이다.[12] 환대는 그만하면 됐으니까.

많은 사람들이 인정하듯이, 가정학이 권하는 내용이 전혀 쓸모없는 것은 아니었다. 이민자들은 미국 중산층에 진입하면서 '순수한 백인 음식과 순수한 올 핑크(all-pink) 음식을 만들고 접대하는 즐거움'을 함께 누리리라는 기대를 받게 된다.[13] 철학적 개념의 재정립이 필요한 혼란스런 상황이 있다면 단연 '순수한 백인식' 음식 또는 '올 핑크' 음식이라는 말이 첫 번째일 것이다. 이런 단계까지 온 이상, 여기까지 우리를 오게 만든 일련의 가정들을 살펴봐야 할 때가 된 것 같다.

우리가 최초에 제기한 '혼란'이라는 문제, 즉 '편의를 제공해야 할 책임이 주인에게 있는가, 손님에게 있는가?'라는 문제에 관하여 가바시아의 글은 명확한 답을 제시한다. '이성적으로 요리하기' 운동이 펼쳐진 시대에 적응해야 할 쪽은 이방인과 이주민들, 즉 손님들이었다. 주인들, 즉 한두 세대 전에 이주했고 이제는 '진짜 미국인'으로 완전히 이 땅에 정착한 유럽계 미국인들은 표준을 정립했고, 시행했으며, 나아가 잘 준수되고 있는지 감시까지 했다. 노벨 평화상 수상자이자 진보주의자로서 시카고에 헐하우스(Hull House, 1889년 시카고에 세워진 복지시설 −옮긴이)를 창립한 제인 애덤스(Jane Addams, 1860~1935, 미국의 사회사업가 · 평화주의자 · 여류작가 −옮긴이)는 이주민들의 식단을 개혁의 대상으로 보는 학파의 일원으로 분류되기도 했다. 헐하우스는 새 이주민들이 국가의 기본적 구조에 기여해야 할 짐을 안고 있는 공동체 사회에 새롭게 합류한, 현명하고 유식한 구성원들이라는 이념에 바탕을 둔 공동체다.

이 모든 현상은 이성적인 '유령들(여기에서는 주로 보스턴에 몰려 있던 엘리트 지식인층이 이 역할을 수행했다)'이 육체를 지닌 '기계들(여기에서는 '낙후되고' 못 배운 이주민들을 의미한다)'에게 제대로 규칙을 부과하고 있다는 개념에 의해 직간접적으로 형성된 맥락에서 보면 완벽하게 수긍이 된다. 하지만 '순수한 백인식' 음식을 위한 처방들은 이주민들이 전통 요리와 관련하여 갖고 있던 가치관과 충돌하면서 사방에서 끊임없이 문제를 제기했다. 이주민들에게 이런 문제의 제기는 구(舊)세계 때부터 지녀온 식습관('우유는 늘 있어야 한다. 와인과 커피는 우리 조상님들에게 좋았으니 나에게도 좋을 것이다.')을 계속 유지하고 싶은 욕망 때문에 발생한 것이었다. 그런가 하면 '이성적인' 요리법이 장려하는 금욕적이고 소박한 음식에 더 못 참고 짜증을 내는 이들도 있었다. 마늘은 안 된다고? 혹은 같은 맥락에서, 소금이나 약간의 후춧가루 정도는 몰라도 그 이상은 어떤 양념도 안 된다고? 결국 올 핑크 또는 순수한 백인식 음식이 우리가 '창의성'을 발휘할 배출구라는 인식에 아무도 이의를 제기하지 않는다면, 우리는 도대체 인간의 본성에서 무엇을 믿을 수 있는가? 철학자들이 볼 때, 이런 문제들이 제기되었다는 것은 애초에 그런 혼란스런 상황을 일으킨 지도적인 사상을 재검토해야 한다는 뜻이었다.

이원론, 즉 정신-육체를 명확히 구별했던 옛 사상은 그저 인간 삶 중 핵심적인 부분을 너무 많이 간과했다. 그런 만큼, 이 이론은 인간 조건의 왜곡된 모습에 기초를 둔 셈이었다. 음식 문제를 진지하게 다룬다는 것은 인간을 '이성적인 행위자'가 아니라 육신을 지닌 동물로 취급한다는 뜻이다. 그런 움직임이 그렇게 이례적이라고 할 수는 없지만 철학적 골격은 우리가 기억하는 한, 천천히 변한다.

윤리학은 환대다

놀랄 일도 아니지만, 근대 유럽을 지배했던 사상들을 재검증하고 재조정하는 작업의 선구자들은 근대성의 전통 이외의 다른 전통까지 추적해 그 사상들의 뿌리를 밝혀냈다. 앞에서 간략하게 언급했지만, 문학은 철학과 달리 환대 행위에 영광의 자리를 부여한 학문 분야였다. 환대가 진지하게 다루어지는 또 다른 분야는 종교적 전통이다. 서구에서 환대(또는 이와 유사한) 행위에서 윤리학을 발견하는 방식으로 윤리학을 재평가한 주요 인물들은 그것을 히브리 성서(구약성서 –옮긴이)와 기타 유대교 전통 속에서 찾는다. 즉, 그 전통 문화 안에 담긴, 집 없이 떠돌아다니는 유랑민들의 풍부한 문화적 추억담과 그것을 관련짓는다.

프랑스의 도덕 철학자인 에마뉘엘 레비나스(Emmanuel Levinas,

1906~1995, 리투아니아 출신의 프랑스 철학자 – 옮긴이)는 그것을 시도한 첫 번째 인물이었다. 심오하고 난해한 몇 편의 논문에서[14] 레비나스는 정신을 철학이 지향해야 할 핵심적 방향으로 높이 평가하는 철학적 활동(인식론)과 존재 자체를 귀하게 여기는 철학적 활동(형이상학)을 모두 우회했다. 사실 이 두 이론은 근대 서구 철학계를 지배한 철학의 두 가닥이라고 할 수 있다. 대신 그는 철학이 지향해야 할 올바르고 핵심적인 방향이 윤리학이라고 주장했다. 그가 구체적인 말로 마음속에 그린 윤리학은 일대일 대면 관계를 모델로 삼고 있는, '타인들'이라고 정의한 사람들과의 관계에 특히 초점을 맞추고 있다. 관심이 이렇게 형이상학과 인식론에서 윤리학으로 바뀌고, 그것은 다시 레비나스에게 '환대'의 가치를 재평가하는 계기가 되었다. 윤리학과 환대는 이제 각각 독자적 영역을 차지하는 개념이 아니라 상대의 관점에서 파악하는 대상으로 전환되었다. 실제로는 '우리와 비슷한 사람들만 초대하는 것'을 의미하는 종류의 환대와 달리, 레비나스가 말하는 '타인'은 중대하고 불가피한 방식으로 '우리'(누구인지는 상관없다)와는 많이, 그리고 어쩔 수 없이 다른 사람들, 즉 진짜 다른 사람들을 말한다.

레비나스의 철학에 영감을 받은 자크 데리다(Jacques Derrida, 1930~2004, 알제리 출신의 프랑스 철학자 – 옮긴이)는 과감하게 "윤리학은 환대다."라고 선언했다. 이것은 윤리학이 우리가 이 세상에서 살아가는 방식과 관계가 있으며, 환대는 우리의 터전인 이 세상에서 인간이 올바르게 살아가도록 인도하는 데 가장 크게 기여하는 행위기 때문이다. 주인-손님 관계는 패러다임, 즉 훌륭한 삶을 추구하는 우리의 노력이 전개되는 과정을 상징적으로 보여주는 모델이 된다.

히브리 문화에 크게 영향을 받은 또 다른 프랑스 철학자 앙리 베르그송(Henri Bergson, 1859~1941)은 이보다 앞서 도덕을 '열린' 도덕과 '닫힌' 도덕으로 구분하였는데, 이것 역시 환대 같은 인간의 행위를 끌어들여 의미를 설명한 개념이었다.[15] 닫힌 도덕은 사방이 벽으로 둘러싸인 도시에 비유할 수 있다. 이 도시의 주민들이 외부인에 대해 가장 흔히 보이는 반응은 의심과 거부다. 베르그송의 주장을 잘 보여주는 현대판 사례를 들어보자. 미국 기자 안니아 시에자들로(Annia Ciezadlo)는 《꿈 같은 날: 음식, 사랑 그리고 전쟁 체험기(Day of Honey: A Memoir of Food, Love, and War)》(2001)라는 책에서 전(前) 이라크의 독재자인 사담 후세인(Saddam Hussein)의 이야기를 들려주었다. 후세인은 이라크를 전 세계로부터 고립시킴으로써 자신의 권력을 공고히 한 인물이다. 그는 연설에서 "아이들에게 외국인들을 조심하라고 가르치시오."라고 국민에게 명령했다. 이라크 국민들은 회사 또는 자기 자식에게 외국식 이름을 붙이기만 해도 의심을 샀으며 외국인을 만나기만 해도 당국의 조사를 받았다.[16] 반대로, 열린 도덕은 우리와 다른 사람들도 환영하고, 나아가 그런 사람들과의 만남을 자신이 성장하고 발전할 수 있는 기회로 여기는 작은 의욕을 나타낸다. 이런 의식의 전환은 손님-주인 관계에서 우리의 주된 관점을 선한 쪽으로 (이는 서구 윤리학의 본질적인 관점이다) 돌리기 위한 것이다. 그리고 그와 동시에 이는 철학에 새로운 길을 터준다.

기하학자에서 농부로

앞서 살펴봤듯이, 이원론의 핵심 개념은 기하학자라는 상징적인 인물을 항상 동반한다. 하지만 운명적으로 배를 채워야 하는 자아에 초점을 맞추고 있고, 환대 행위에 관련돼 있는 이론 모델은 기하학자와는 다른 상징적 인물을 필요로 한다. 환대의 원형(原型)은 자신의 정신만 갖고는 자기의 일을 완벽하게 수행하지 못한다. 그것은 이성 외의 어떤 것도 요구하지 않기 때문이다. '정신', 즉 이성의 힘에만 의존해 손님들의 욕구를 해소시킬 수는 없다. 육체적인 존재라는 관점에서 생각하지 못할 것이고, 따라서 손님들의 욕구에 공감하지 못할 것이기 때문이다.

물론 '접대 산업' 중 외식업계에는 직무상 '다른 사람들의 편의를 처리해야 하는' 사람들이 아주 많다. 우리는 이런 업계의 내부에서 상징적인 인물들을 많이 찾아낼 수 있지만, 그보다는 다소 의외의 인물이랄 수 있는 '농부'를 대신 지목하고자 한다. 그리고 농부가 환대의 정수를 보여준 사례들을 인용하여, 지금부터 농부라는 인물을 분석하고자 한다. 그것은 기독교에서 원예의 수호성인으로 알려져 있고, 스스로 퇴비가 되었던 포카스에 관한 이야기다.

윌리엄 브라이언트 로건(William Bryant Logan)이 쓴《흙: 지구의 황홀한 피부(Dirt: The Ecstatic Skin of the Earth)》(1995)라는 책에 의하면, 포카스는 서기 1세기 말에(3세기라고 추정하는 학자들도 있다) 흑해를 면한 반도의 마을, 시노페에 살았던 기독교도이자 농부였다. 로마의 병사들이 그를 죽이기 위해 집에 들이닥치자, 포카스는 오히려 그 병사들에게 숙박을 권했다. 병사들은 사실 포카스의 행방을 알려고 그의 집에 온 것이었는데, 정작 그와 마주했으면서도 못 알아봤던 것이다. 병사들은 그의 집에서 안락한 잠과 식사를 즐겼다. 병사들이 잠자리에 들자, 포카스는 정원으로 나가 목 없는 사체가 충분히 들어갈 만큼 큰 구덩이를 팠다. 이튿날 아침, 포카스는 병사들에게 푸짐한 아침을 내접한 뒤 "내가 바로 당신들이 찾는 사람이요."라고 말했다. 그리고 나서 그는 만류를 뿌리치고 정원에 나가 병사들에게 자기 목을 베라고 청한다. 로건은 자신들의 목표물이 용감하게 자신들을 도와준 것에 고마워하면서도, 곤혹스러워하는 병사들의 심리 상태를 상상하고 싶어했던 것 같다.

구덩이를 흙으로 꼼꼼하게 덮으면서 […] 이것은 자신들을 그렇게 정성껏 보살펴주었던 사람에게 그들이 보여줄 수 있는 최소한의 성의 표시였다. 그리고 우리는 그동안 흙에서 자양분을 취해 살았던 자기 몸을 다시 흙으로 돌려보낼 만큼 철두철미했던 포카스의 소박하고 친절한 영혼을 되새겨봐야 한다.[17]

농부들은 사람들 외에 흙, 태양, 비, 곤충, 동물과 식물들, 그리고 경제와 정부 같은 기관들로 이루어진 세상 속에서, 그리고 그 세상을 통하여 음식을 키운다. 세상을 구성하는 이 모든 요소들이 다 똑같이 음식의 성장에 기여하는 것은 아니다. 그래도 상관없다. 왜냐하면 이것들은 세상을 구성하는 요소들이며, 기하학자가 가상 세계의 불완전한 삼각형들을 한 개의 범주로 보듯이 이것들을 '똑같은 범주로 보는 것'은 불가능하기 때문이다. 또 '이 모든 것이 다 주관적인 생각이다'라는 말도 안 통한다. 이는 농부들에게 지극히 터무니없는 개념일 뿐이다. 농부라는 원형을 정립하기 위한 출발점은 이제 정신과 '외부의' 대상이 맞닥뜨리는 개념이 아니라 좀 더 원초적인 개념, 즉 인간이 주변 환경을 다루되 그것을 가장 '훌륭한' 방법, 즉 윤리적으로 시도하는 인간이라는 개념이어야 한다. 상상 속의 삼각형이 사실 실제로 있는 삼각형보다 (순수성과 절대성을 더 많이 줄 수 있다는 의미에서) 더 나을 수도 있지만, 상상 속의 음식은 진짜 음식보다 절대로 좋을 수가 없다.

농부가 기하학자를 대체하는 적절한 개념이 될 수밖에 없는 두 번째 이유는 농부들과 땅의 관계 때문이다. 로건은 이렇게 말한다.

환대는 땅이 지닌 기본적인 미덕이다. 이것은 여지를 만든다. 이것은 나누어준다. 이것은 독을 중화시킨다. 그래서 이것은 사람을 치유한다. 땅이 우리에게 가르치는 것은 이것이다. 만약 당신이 남들에게 기억되기를 바란다면, 자신을 모두 내주어라.[18]

우리는 여기서 땅은 또, 만약 당신이 훌륭한 손님이 되길 원한다면 당신도 반드시 주인에게 보답으로 뭔가를 줘야 한다는 것도 가르친다는 말을 보태고 싶다. 라틴어 'hospes'는 손님과 주인이라는 두 가지 뜻을 모두 지니고 있는데, 이것은 두 개체의 관계(이 주제는 나중에 다시 검토할 것이다)에 내포된 상호적이며 침투적인 성질을 잘 나타내고 있다. 땅은 우리 인간이 자양물을 얻는 작물들을 키워줌으로써 이런 진리를 웅변하고 있다. 하지만 땅 자체에 자양물이 투입되지 않으면, 즉 우리 인간이 땅 '주인'의 노릇을 제대로 하지 않으면 생명을 키워주는 땅의 능력은 크게 고갈될 것이다.

농부를 상징적인 인물로 간주하면 우리 철학 이론의 골격은 크게 바뀔 수밖에 없다.[19] 우선 인간은 실질적으로 완선하게 인식되고 평가받는다. 우리가 '이성적인 행위자'로 격하되는 일은 더 이상 없을 것이다. 이 실질적인 완전성을 잘 나타내는 단어를 찾아내기는 힘들다. 모든 단어들이 '정신은 육체에 들어가 있다'는 개념을 여전히 내포하고 있는 것 같다. 우리가 찾는 것은 미국 철학자 존 듀이가 조심스럽게 주장한 것처럼, '마음'은 육체 내부에서 돌아다니는 어떤 '물건'이라기보다는 어떤 육체적 존재가 진화 과정에서 보여주는 특정한 특징임을 인정하는 용어다.

둘째, 농부들은 본인들이 직접 만들지 않는 많은 요소들에 의존하고 있다. 어떤 면에서 보면 농부들은 주인이 베푼 은혜를 먹고 산다. 주인, 즉 땅은 작물 경작의 노동을 덜 힘들게 함으로써 세상을 지금보다 살기 편하게 만들 수도 있었다. 하지만 인간은 여러 면에서 주인이 제공한 것을 이용하고 그것에 의존하는 손님들과 같다는 사실은 변하지 않는다.

세 번째 변화는 우발적으로 발생하고, 번갈아서 부각되는 손님과 주인의 속성과 관련이 있다. 앞에서 말했듯이 라틴어 'hospes'는 프랑스어의 '오트(hôte)'처럼 손님과 주인이라는 뜻을 모두 나타낸다. 인류학 연구에 따르면, 모든 인류가 다 그렇지는 않지만 상당수는 우리가 모르는 다른 곳에 기원을 두고 있다. 우리가 집에만 틀어박혀 있는 사람 또는 주인이라고 확인한 사람은 단지 잠시 동안 방랑을 중지한 사람일 뿐이다. 사람은 근무지의 이전, 다른 기후에 대한 열망, 사랑하는 이와 함께 살고 싶은 소망 등의 이유로 다시 한 번 방랑의 길을 떠날지 모른다. 여기에 덧붙여 자연재해, 경제 위기, 전쟁 또는 환경적 재난 등 훨씬 더 골치 아픈 이유들도 있을 수 있다. 우리 모두 방랑자이고, 또 언제든 다시 방랑자가 될 수 있다는 사실은 라틴어 또는 프랑스어 형태로 나타난 이 단어의 강력한 특징 중 하나다. 이런 인식에 바탕을 둔 윤리학은 방랑하는 이방인에게 베푸는 관용, 즉 환대의 중요성을 인정할 것이다. 일반적인 의미로 말하면 윤리학은 우리가 지금 만들려고 하는, 그런 친절한 집에 관한 학문이다.

네 번째 달라진 점도 주인과 손님을 동시에 뜻하는 'hospes'라는 단어의 모호한 의미와 관계가 있다. 이 모호성은 중요한 것은 개별적 단위가 아니라 둘 사이의 관계라는 사실을 밝히는 데 도움이 된다. '이성적인 행위자' 이론에서는 '주체(본질적으로, 데이터를 받는 정신을 의미한다)'가 있고, '대상(본질적으로, 정신이 받아들이고 처리하는 데이터를 의미한다)'이 그 옆에 있다. 하지만 hospes라는 단어는 이런 산뜻한 분리를 허용하지 않는다. 이 단어는 한 관계 속에서 서로 보완적 관계에 있는 두 입장, 언제라도 바뀔 수 있는 입장들을 나타낸다. 아직 감이 잘 안 올지도 모르지만, 중요한 것이 있다면 그것은 입장 사이의 관계다.

주체와 대상을 각각 손님과 주인으로 바꾸는 것이 우리의 지식 구조에 마지막으로 이루어진 중요한 변경인 것 같다. 기하학적 수수께끼를 이상(理想)으로 생각하는 '이성적인 행위자'는 어떤 불가사의한 상황들도 최종적이고, 반박의 여지가 없으며, 명실상부하게 확실한 해결책을 위한 칸트식의 원리에 의존하면 바로 해결할 수 있을 것이라고 상상할 수 있다. 그런 신념은 수 세기를 걸치면서 수많은 부모들, 친구들, 증권 중개인들, 정치 지도자들, 외교관들 또는 재판관들의 실제 경험과 들어맞지 않았음이 밝혀졌음에도 우리 모두 달성해야 할 목표로서 확고한 지위를 유지해왔다. 20세기가 시작되면서, 근대 철학에 비판적이었던 학자들은 이런 이상(理想)에 의구심을 품기 시작했다.[20] 확신이 아니라 진리가 철학적 탐구의 올바른 목표가 된 것이다.

이 새로운 시각 안에서, 근대 철학의 유산에 대한 비판적 의심이 표면화되었다. 왜 지나치게 단순화된 상황들이 예외가 아니라 규칙 내지는 패러다임이 되었다고 생각하는가? 왜 우리는 진리보다 확신을 우선시하는 편견적인 사고의 틀에 산뜻하게 들어맞는 방향으로 존재의 복잡성을 해석하는가? 왜 경험에 바탕을 둔 음식 만들기를 버리고 '과학적인' 또는 '이성적인' 요리로 가야 하는가? 왜 환대와 윤리학 사이에 명확한 경계선을 긋는가? 그런 질문들은 우리를 다시 한 번 문학의 세계로 되돌아가게 한다.

허기진 배에 중점을 둔 철학은
문학을 좋아한다

'같이 밥 먹는 행위'를 복잡하게 표현한 말인 합석회식(合席會食)은 옛날부터 환대의 특징적인 행위로 여겨져왔다. 전형적인 방랑자 겸 국외자 겸 이방인인 오디세우스는 새로운 땅에 도착하면 중요한 질문을 던진다. 이곳에도 빵을 먹는 자들이 있는가? 로버트 페이글스(Rober Fagles, 그리스 고전문학의 세계적인 영문 번역가인 미국의 시인·학자 –옮긴이)는 이 말을 '혹시 빵을 먹고 사는 우리 같은 사람들이 있는가?'라고 번역한다.[21] "여기에도 빵을 먹는 자들이 있는가?"라는 말은 사실 일종의 줄임말이라 할 수 있다. 보다 완전하고 정형화된 표현은 내가 곧 만나게 될 현지 주민에 대한 아주 흔한 질문, 즉 "그 사람들은 친절한가?"이다. 그렇다면 여기서 그들은 누구인가? "거칠고, 야만적인 무법자들인가?" 아니면 "낯선 사람들에게 친절하고, 신을 두려워하는 사람들인가?"²² 여기서 약간 변형된 중요한 표현이 나온다. "여기에도 빵을 나눠줄 줄 아는 사람들이 있는가?" 호메로스(Homeros, 고대 그리스의 시인으로《일리아스》와《오디세이》의 작가 – 옮긴이)는 어떤 사람이 완전히 인간적인 삶을 살고 있는지는 그가 얼마나 따뜻하게 손님들을 맞이하는지를 보면 알 수 있다고 명확히 말했다. 그런 환영에는 언제나 식사 대접이 포함된다.《오디세이(Odyssey)》(호메로스가 쓴 고대 그리스의 서사시로, 트로이 전쟁의 영웅 오디세우스의 10년간에 걸친 귀향 모험담이 총 24편으로 구성돼 있다. – 옮긴이)의 각 편에 환대 정신의 모범이 되거나 왜곡시키는 행위의 사례들이 묘사돼 있다.

호메로스의 또 다른 유명한 서사시《일리아스(Illias)》에도 역시 오늘날 자주 인용되는 스토리의 원조 격인 장면이 수록돼 있다. 여기에는 두 명의 전사가 나온다. 디오메데스(Diomedes, 트로이 원정에서 활약한 아르고스 및 티룬스군의 장수 – 옮긴이)는 그리스의 사나운 전사, 요샛말로 하면 아무도 못 말리는 살인 기계다. 글라우코스는 트로이군의 용감한 병사인데, 트로이 전쟁에서 디오메데스와 붙어보기로 결심한다. 디오메데스는 깜짝 놀라 처음에는 글라우코스가 인간으로 변장한 신이며 자기를 잡으려는 덫이라고 생각했다(자기에게 감히 도전할 만큼 어리석은 인간이 있을 턱 없다고 생각했기 때문이다). 그는 글라우코스에게 정체를 밝히라고 말한다. 그 트로이의 병사는 자신은 완전한 인간이며, 벨레로폰[Bellerophon, 그리스 신화에서 천마(天馬)인 페가수스(Pegasus)를 타고 괴물 키메라(Chimera)를 퇴치한 코린트

(Corinth의) 영웅 -옮긴이]의 손자라고 말한다. 디오메데스는 그 말을 듣자마자 전투 의욕을 잃는다. 알고 보니, 그의 할아버지인 오이네우스(Oineus)는 예전에 자기를 찾아온 벨레로폰을 환대하여 20일 동안 그를 접대한 적이 있었다. 이런 환대로 맺어진 유대 관계는 즉시 디오메데스와 글라우코스를 한데 묶어주었고, 두 사람의 적대 관계는 종식되었다. 그들은 도의상 자신들의 조상이 실천했던 환대를 되풀이하지 않을 수 없었다.[23] 되살린 이 유대관계의 상징으로 그들은 갑옷을 교환한다(고대 서양에서 갑옷의 교환은 상호 존경심의 표시로 여겨졌다. -옮긴이).

두 사람의 만남은 다른 결과를 낳을 수도 있었다. 글라우코스는 디오메데스가 처음 자신의 신상에 대해 물었을 때 족보가 왜 중요하냐고 큰 소리로 되물었다. 죽은 조상들은 가을의 낙엽과 같으며, 새로운 세대는 봄에 피는 새싹과 같다. 한 시대가 끝나고, 새 출발이 시작되는 것이다. 디오메데스는 그렇게 어리석지 않다. 얽히고 설킨 관계는 소중히 여겨야 할 창조품이다. 관계의 소멸, 불화, 그리고 이에 따른 증오는 너무나도 흔하다. 우리의 삶에서는 파괴보다 창작이 훨씬 선(善)에 가까우며, 결별, 분열, 분리를 부추기는 것이 아니라 결합을 촉진하는 것이 더 큰 선이다.

우리는 여기에서 데리다의 이론, 즉 환대가 윤리학이라는 이론으로 되돌아가게 된다. 환대를 미덕으로 보는 윤리학은 우리에게 안주하는 마음을 버리라고 요구한다. 이것은 사람들과의 교류, 그렇다, 얽히고설킨 인간관계를 추구해야 할 동기를 부여한다. 호메로스 시에 자주 등장하는 선물 교환 장면은 중요하지만 흔히 간과되는 또 다른 차원의 교훈을 준다. 음식을 선물로 제공하는 행위는 두 사람의 인간관계가 얽히고설키는 과정에서 중요한 역할을 한다. 게다가 손님 자신이 선물이라 할 수 있다. 손님들은 그 존재만으로 주인에게 새롭고 귀중한 선물을 주는 것이다. 아울러 여기에 따른 합병증, 즉 혹시 모를 불편함과 인내의 필요성 같은 골칫거리들도 같이 안겨줄 것이다. 여기에는 새로운 인맥을 형성할 기회뿐 아니라 개인적 성장을 꾀할 수 있는 기회도 있다. 게다가 이제 선물이라고까지 간주되는 방문의 은혜를 받을 사람으로서, 주인은 손님에게 빚을 진 기분을 갖게 된다. 호메로스의 시에 등장하는 인물 중에서 손님에게 작별의 선물을 주는 쪽이 항상 주인으로 설정되는 이유가 바로 이것이다. 그러면 손님과 주인 모두, 상대에게 빚을 진 셈이 된다.

이것은 선물 교환을 내용으로 하는 중요한 행동 양식을 작동시킨다. 선물 교환은 환대의 관습에 중요한 부분을 차지하는데, 그것은 관계가 얽히고설키는 과정을 활발하게 지속시키기 때문이다. 상업적 혹은 계약에 따른 약속과 달리, 환대에 따른 상호 의무감은 오래 지속된다. 계약에 수반되는 약속은 글라우코스가 말한 가을 낙엽의 비유에 딱 들어맞는다. 계약서에 서명한 쌍방은 어떤 서비스나 보상을 제공하기로 합의한 것이다. 따라서 서비스나 보상의 제공이 완료되면 둘의 관계는 더 이상 이어지지 않는다. 하지만 음식을 나눠 먹고 선물을 교환하는 행위는 지속적인 관계가 예정돼 있음을 의미한다. 약간의 불균형은 항상 존재한다. '주고, 받고, 다시 주는' 식으로 이어지는 패턴은 무제한의 과정을 나타낸다. 이런 관계에는 종말이 있을 수 없다. 확고하고, 끝났으며, 최종적인 결정에서 윤리적 문제의 종결을 추구하는 구(舊)시대의 이상은 이제 제쳐두어야 한다. 보다 새로운 맥락에서 보면 환대는 중도를 향해 움직이고 있으며, 환대의 '핵심'은 의무감의 해소가 아니다. 이것은 오히려 우리의 주거 문화를 재정립하는 과정, 즉 환대라는 우리의 이상이 우리 가정에 관련된 행위들을 인도하도록 그것을 체계화하는 끝없는 과정이라 할 수 있다.

호메로스의 시에 나타난 환대와 그것의 문제들

만약 손님이 선물이라면, 그리고 그 자신도 음식이라는 선물을 받는다면 이런 교환이 계기가 되어 각 개인이 엮이는 과정이 시작된다. 감사하는 마음은 선물받은 사람이 어떻게 보답하느냐에 따라 행동으로 나타나고, 이것은 또 누가 이런 은혜를 받을 자격이 있는가 하는 관점에서도 나타난다. 이 점에서 볼 때 호메로스의 시에서 강조된 주제는 감동적이긴 하지만 약간의 한계에 부딪친다. 우리는 이방인이라는 문제를 생각할 때 고민에 빠지게 된다. 호메로스의 시에서 '이방인들'은 누구인가? 그의 시에 등장하는 인물들은 환대의 정신을 실천에 옮기고 있으며, 서로 닮았다. 글라우코스와 디오메데스는 서로 적임에도 많은 공통점을 갖고 있고, 둘 다 가난한 걸인이나 노예, 혹은 '이방인'과는 전혀 닮지 않았다. 디오메데스는 심지어 글라우코스가 신일지도 모른다고 의심한다.

고대 그리스식 환영의 모습은 예전부터 당사자들 간에 존재하던 인간관계에 따라 좌우된다. 이런 인간관계는 공통의 조상, 같이 과업을 수행한 경험, 계급적 유대감, 전 세대에 형성된 연대감의 결과일 수 있으며, 또는 이런 여러 요소가 혼합된 것일 가능성도 있다. 그런 변수들은 호메로스의 사상을 개념적으로 체계화하는 일에 한계가 있음을 나타낸다. 그의 작품 세계에 나타난 사상 체계는 동질성을 추구하는 방향으로 기울어져 있다. 그가 이방인에게 보여준 태도는 칭찬할 만하지만, 그런 태도에는 확연한 한계가 있다. 그 한계는 사건의 전후사정에 묻혀 잘 눈에 띄지 않는다. 이 사상적 '배관 시설'은 대부분의 인물들에게 효과가 있기 때문에 모든 인물들에게 뛰어난 효과를 발휘하는 것처럼 생각하기 쉽다. 아니면 이것이 안 통하는 사람들, 즉 계급, 민족, 인종적 문제 때문에 진짜로, 완전한 '타인들'은 단지 그들처럼 중요하지 않다고 추정된다. 환대를 제공하고픈 충동은 이들에게까지 미치지 못한다. 배관(plumbing)이 통하지 않는 사람들, 호메로스의 작품에서 환대의 손길이 미치시 않고 앞으로도 미치지 않을 사람들, 인간관계 구축을 가능하게 하는 특권층 밖에 있는 사람들의 존재를 우리는 어떻게 드러나게 할 수 있는가?

이 대목에서 데리다가 다시 등장한다. 그는 우리가 타인들의 '다름'을 진지하게 받아들여야 한다고 주장한다. 그렇게 해야만 환대의 진의가 결실을 맺을 수 있다는 것이다. 그는 현재의 상황("이것이 우리가 '환대'를 실천하는 방식이다.")과 미끼의 역할을 하는 모범적 사례, 즉 이상("하지만 이보다 더 나은 방법이 있는가?") 사이의 괴리를 지적함으로써 자신의 논리를 뒷받침한다. 데리다는 이 괴리를 한쪽에 있는 '환대의 대법칙(Law)'과 반대쪽에 있는 '환대의 일반 법칙들(laws)' 사이에 존재하는 차이라고 설명했다. 그에게 대문자 L로 시작하는 '대법칙(Law)'은 모든 사람들에게 항상 환대를 제공하라는 보편적인(이론적으로 실현 불가능한) 지상 명령이다. 하지만 우리가 살고 있는 실제 무대는 소문자와 복수형으로 쓴 '법칙들(laws)'이 지배하고 있다.

이 둘 사이에는 극복할 수 없는 넓이의 큰 격차가 있다. 하지만 이 차이점을 자꾸 강조하는 것이 무의미하거나 악의적으로 비칠 수 있으니 이 환대의 일반 법칙들(해석: 관습, 버릇, 관행 및 실제 법규들도 포함됨)이 없으면 보편적인 요구는 공허하고 무력한 상태에서 벗어나지 못한다는 점을 주목하기 바란다. 그리고 이 보편적인 '대법칙'이 없으면 국지적으로 통용되는 관습은 한 장소에만 정체돼 있고, 맹목적으로 편협하고 부적절한 관습에서 벗어나지 못할 것이다. 대법칙은 보편적 법칙이 없으면 이상적인(해석: 의미 없는) 법칙의 신세에서 벗어나지 못한다. 반면 보편적 법칙들은 대법칙이 없으면 편협하고, 제한적이고, '우리와 남'을 나누는 엄격한 이분법으로 전락되기 쉽다.[24] 전자의 윤리학은 개방적이지만 공허하다. 후자는 구체적 응용이 가능한 개념이지만 너무 편협하여 잘되면 자기 만족으로, 나쁘면 외국인 혐오증으로 흐르기 쉽다. 구체적인 응용성과 개방성을 혼합하면 우리를 인도해줄 새로운 이상(理想)이 나온다. 집 주인들이 자신들의 물리적 거처를 끊임없이 고치고 바꾸는 것처럼, 우리의 윤리적 거처도 주기적으로 리모델링해줘야 한다.

환대 순서의 문제를 진지하게 생각하면 괄목할 만한 변화가 생긴다는 것을 우리는 이제 알 수 있다. 처음 제기한 윤리적 문제의 성격이 약간 바뀌었다. '나는 어떻게 해야 하나?'라는 개방형이고 개별화된 질문에서 이제는 더 구체적이고 모든 사람들에게 공통적으로 해당되는 '우리는 어떤 종류의 가정을 만들고 있는가?'라는 질문으로 바뀌고 있지 않은가. 이 질문에 대답하려면 더 구체적인 차원으로 다시 관점을 옮겨 "우리는 누구와 우리 식탁을 공유하려 하는가?" "우리 식탁에 대한 외부인의 접근을 차단하고 우리만 사용할 것인가?" "집에서 담과 대문이 중요하게 여겨지고 있는가, 즉 그것들을 잠그고 경비원들을 배치할 것인가, 아니면 항상 열어놓고 방문객들을 환영할 것인가? 환영한다면 누구를 환영할 것인가?" 같은 다른 질문들에 먼저 답해야 한다. 이런 질문은 환대가 왜 윤리학적 문제인지를 설명하는 기본적인 질문들이다.

좋은 집은 경계선의 투과성이 심하다. 즉, 경계선에 많은 구멍이 뚫려 있다 할 정도로 허술하다. 환대의 대법칙에 따르면, 집은 전적으로 그래야 한다. 그러나 다른 분야처럼 여기에서도 좋은 태도라 해서 극단적으로 밀어붙이면 실현 불가능한 태도, 심하면 아주 사악한 태도로 변질된다. 투과성이 너무 심하면 우리의 '집'이라는 말에서 연상되는 어떤 의미나 느낌도 모두 사라질 것이다. 그런 집은 남에게 환대를 제공할 기회 자체를 얻지 못할 수도 있다. 고대 그리스 사람들은 이런 사실을 알고 있었다. 그들이 적절한 균형의 달성을 핵심적인 미덕으로 삼았던 것도 이런 이유에서였다. 오늘날 우리는 이 말을 '절제'라는 단어로 번역한다. 하지만 이 말에는 미지근하고 조심스러우며 타협적인 행위라는 의미, 즉 특정 상황에서 선행을 베푸는 노력(이것은 옛 이론 모델의 특징이다)이 보이지 않는다는 의미가 함축돼 있다.

이 같은 환대의 투과성은 완전하게 실행될 수는 없지만, 어떤 안락감이나 자기만족감을 허용하지도 않는다. 이런 요구는 일관되며, 어길 수 없다. 이것은 또 원초적이기도 하다. 보편적인 환대를 실천해야 한다는 데리다의 요구는 일반적인 요구, 즉 이방인들을 반갑게 집 안에 들여야 한다는 권유와는 확연히 다르다. 대법칙/법칙들이라는 선택지, 즉 개방적인 집으로 시작되는 개념과 닫힌 집으로 시작되는 다른 개념은 중요한 대조를 이룬다. 닫힌 개념 체계는 열린 체계가 우세해지면 완전히 돌아서버린다. 우리에게 더 친숙한 닫힌 체계는 일종의 '동심원(同心圓)' 접근법을 반영한다. 여기서 의무는 보편적 환대에 대한 요청이 아닌 의무감으로 시작된다. 처음에 이것은 자신에 대한 의무감에서 출발하지만 우리와 떨어져 있는 거리에 따라 여러 개의 확장된 원으로 표시된다. 이 비유법에는 스토아 학파까지 거슬러 올라가는 고상한 유래가 있다.[25] 닫힌 체계 안에서는 새롭고 더 큰 원을 향한 움직임이 너그러운 마음의 확대로 이해된다. 그런 확대 모델은 편안한 지점, 즉 자신과 사랑하는 이들에 대한 의무에서 시작된다. 그 단계를 지나 이루어지는 각각의 움직임은 남들의 축하를 받을 만한 것들이다. 결국 우리를 전진시키는 것은 사심 없는 마음과 너그러운 마음이다. 우리는 자신이 점진적으로 더 먼 곳에 있는 원으로 진입할 때마다(자신에서 가족으로, 그다음엔 친구, 이웃, 공동체 구성원들, 모든 인류로 확대된 다음 동물들, 식물들에게까지 범위를 넓히고 나중에는 지구에 있는 모든 것에게 너그러움을 베푸는 식이다.), 그렇게 너그러운 마음을 키워가는 자신을 칭찬할 수 있을 것이다.

닫힌 집에서 출발하여 여러 단계의 개방성을 거쳐 가는 사람들에게는 항상 증가하는 '자기만족 등급표'를 권하고 싶다. 우리가 권하는 이 대안에는 안락한 마음이 들어설 여지가 거의 없다. 반대로, 열린 집에서 시작하면 다양한 정도의 죄책감이 있다. 보편적인 대법칙을 지키기는 불가능하고, 따라서 우리는 항상 목표에 도달하지 못한다는 인식이 있다. 지역적인 환대를 현실화하려면, 그리고 실제로 이루어질 수 있게 하려면 보편적인 환대를 실행하고자 하는 마음을 억제해야 한다. 따라서 보편적인 대법칙은 우리가 사는 세계에서 크게 비판받고 있는 감정, 즉 죄책감을 중요시한다. 하지만 '죄책감'이라는 말에 담긴 부정적인 이미지가 씻어내기 어려울 정도인 데다 남에게 도움을 줄 수 있는 우리의 능력을 억제하는 일종의 자기학대를 유발하기 때문에, 그 단어보다는 '결점' 또는 모종의

'결핍'이라는 말을 대신 쓰는 것이 좋을 것이다. 그런 개념들은 동기, 특히 지역에 국한된 환대를 극대화하는 조건에서 효과가 있는 동기를 강조한다.

데리다식 환대의 문제점

이 모든 견해들은 논리적으로 타당하며 호메로스식의 환대가 가지는 한계를 바로잡는 데 큰 역할을 한다. 그 한계는 환대의 대법칙과 환대의 일반 법칙들 사이에 존재하는 격차를 말한다. 환대는 '선'을 실행하게 하고, 세상을 더 새롭게 인식하게 하는 자극제다. 그러나 그 배경에는 몰리에르가 숨어 있다. 외부인들 중에는 '쫓아내야 할' 사람들도 있다. 'hostis', 즉 이방인은 적이 될 수 있다. 우리는 이 대목에서 이와 관련된 라틴어 'hospes'에 담겨 있는 또 다른 모호성을 주목해야 한다. 이 단어가 주인과 손님을 동시에 뜻한다는 것은 두 주체 중 어느 한쪽도 궁극적 우위를 점하지 못한다는 사실을 암시한다. 모든 개인들은 상황에 따라 주인이 될 수도 있고, 손님이 될 수도 있다. 앞에서 살펴보았듯이, 중요한 철학적 이론의 변화는 개별적 단어가 아니라 그 단어들 사이의 관계에 주목할 때 이루어진다. hostis는 이 단어가 취할 수 있는 의미 중 어느 하나를 나타내기 이전에 있는 긴장을, hospes는 또 하나의 고정된 의미를 취하기 전에 생기는 긴장을 암시한다.

데리다의 견해는 환대의 대법칙과 일반 법칙들 사이에 엎치락뒤치락하며 결론 없는 논쟁이 있음을 의미한다. 장점은 드러나는 것에서 나온다. 그것들 사이의 긴장보다 더 본질적인 것은 없다. 여전히 근대 철학이라는 지적 환경에서 사는 우리에게는 이상하게 생각될지 몰라도, 긴장 속의 상호 작용을 넘어 그것의 기초를 이루고 그것을 조화롭게 하는 하나의 기초를 향해 가는 것은 없다.

데리다의 정신에 따르면, 우리는 다른 기본적인 긴장들을 인식할 필요성을 요구할 것이다. 예를 들어 우리가 모르는 방문객에게는 자동적인 꼬리표가 붙어 있지 않다. 그들은 도움이 필요한 이방인들일 수도 있고, 우리에게 해를 끼치려는 적일 수도 있다. 이 문제에 본질적으로 이런 긴장(그 이방인이 잠재적 친구인가, 잠재적 적인가?)이 내재돼 있음을 고려하면, 항상 변치 않고 명확한 답을 추구하는 칸트 철학의 이상이 매력적으로 보이지만 왜 잘못되었는지를 아는 데 도움이 된다. 기본적인 요소가 하나뿐이 아니고 여러 구성 요소들 사이에 조성된 긴장이 중요해지면, 신중한 선택의 필요성은 항상 존재할 것이다(이 말은 그런 선택이 항상 가능할 것이라는 뜻이 아니다. 어떤 때에는 적이 너무 늦게 발견되고, 또 어떤 때에는 잠재적인 친구가 너무 빨리 쫓겨나기도 한다). 환대의 대법칙은 실용적인 이유(집이 꽉 찼다,

돈이 쪼들린다 등)뿐만이 아니라, 이것이 항상 좋은 결과만 낳지는 않는다는 이유 때문에라도 완화되어야 한다. 실제로 인간들이 관여돼 있는 구체적인 상황에서는 사람을 보는 안목과 좋은 선택을 할 수 있는 능력이 필수적이다.

자연적인 환경, 그래서 다소 예측하기 힘든 환경에서 일하는 농부들은 자신들이 안목을 발휘하는 여러 행위가 전적으로 자신들의 책임이라는 사실을 인식하는 데 전혀 문제가 없다. 서리가 내리지 않기를 바라면서 이번 주에 추수를 시작할까, 또는 과일 당도가 더 높아질 테니 다음 주에 할까 하는 등에는 증거, 경험과 전문가들의 의견 등이 도움이 된다. 하지만 알고리즘(유한한 단계를 통해 문제를 해결하기 위한 절차나 방법을 의미 -옮긴이)에 따른 어떤 공식도 확고하고 오류 없는 반응을 낳지는 못하고 항상 위험-책임 소재를 다툴 여지도 남는다. 하지만 전통적인 이론 모델을 추종하는 일부 철학자들은 책임을 피해 달아나는 경향이 있다. 칸트 철학의 영향을 받은 사상가는 보편적인 격언에서 피난처를 찾는다. 회의론자들은 "세상에 표준은 없다." "모든 것이 주관적이다."라고 주장하는데, 두 부류 모두 한 가지 사실에는 동의한다. 이런 특별한 상황에서 올바른 반응을 얻는 힘든 작업은 단순화될 수 있다는 것이다. 윤리학이 환대라면 그런 단순화, 지나친 간소화는 가능하다. 보편적인 요구도 인식되고, 개인적 의무의 필요성도 인식된다. 농부는 기하학자보다 더 훌륭한 이론적 모델이 된다.

출발점으로 되돌아오다

이런 종류의 책임을 떠맡는 행위를 철학 용어로 표현하면 '신중한 판단'이다. 농부들이 경험, 과학, 친구들의 조언에 의존하는 것과 마찬가지로, 신중한 판단은 이성적으로 깊이 생각할 때 가장 잘 이루어진다. 이성적인 숙고는 길잡이 역할을 하는 여러 지침들에 따라 이루어지므로 더 큰 정당성을 갖는다. 환대의 경우, 다음과 같은 여섯 개 요소로 이루어진 평가 기준이 윤리적 존재로서 인간이 사는 삶의 핵심에 적용된다.

1. '훌륭한' 삶은 개방적이고 남에게 친절을 베푸는 삶이다.
2. 환대가 맹목적인 숭배를 강요하는 우상 같은 개념으로 변질되면, 이것은 인간의 다른 어떤 미덕처럼 왜곡될 수 있다.

3. 이런 위험 때문에 아리스토텔레스가 말한 실천지(實踐知, phronesis, 목적과 그 달성 수단을 결정하는 지혜 −옮긴이), 즉 증거와 경험에 바탕을 둔 신중한 판단이 항상 이 혼합체의 일부가 될 것이며, 또 항상 그래야만 한다.

4. 판단을 내릴 때는 이론의 스펙트럼에서 양쪽 끝에 놓여 있고, 비교적 논쟁의 여지가 적은 대표적인 사례의 관점에서 생각하는 것이 좋다. 그렇게 하면 우리는 중도 쪽으로 나아가면서 양쪽에 적절한 비유를 내놓으라고 요구할 수 있다. 현재 우리가 직면한 난해한 문제는 대체로 이론의 스펙트럼에서 볼 때 어느 쪽 끝에 속하는가? 우리는 왜 그렇게 생각하는가이다.

5. 사례 분석에 덧붙여, 우리가 추구하는 행동의 모범이 될 수 있는 인물들을 찾아내는 것도 중요하다. 그렇게 하면 훌륭한 삶은 확정된 규칙에서 적절한 행위를 추출해내는 삶이 아니라, 올바른 인생 모델을 쫓아가는 삶이 될 것이다.

6. 모든 상황을 대상으로 반드시 임계점 테스트를 해야 한다. 경계선에 놓인 사례들이 가장 큰 어려움을 줄 가능성을 감안하여 그것들이 어떤 한계 안에 있느냐, 아니면 그것을 초과하느냐의 관점에서 대안적인 가능성을 분석해야 한다. 숙박과 식사 대접이 이성의 범위를 비이성적이고 과도한 구속으로 변질시키는 시점은 언제인가?

이제 이 장의 서두에서 소개했던 진퇴양난의 상황으로 돌아가보자. 국내산 식품만 고집하는 사람이라도 손님의 입장이 되면 안주인이 차려준 음식에 적응해야 하는가? 아니면 안주인이 손님이 선호하는 음식을 미리 알아보고 그에 맞춰 메뉴를 바꿔야 하는가? 책임은 누구에게 있는가?

우선 손님을 환대해야 한다는 일반 원칙은 우리로 하여금 올바른 태도를 취하게 하지만, 실전에서는 별로 도움이 안 된다. 콕 집어서 얘기하자면, 문제는 '어떤 행동이 적절한 환대에 가장 잘 들어맞느냐'다. 환대가 이루어지는 무대는 손님과 주인이 모두 직접적으로 관련돼 있기 때문에 개방적 성향을 갖고 있다. 환대는 주인과 손님 '모두에 대한' 책임을 동반한다. 이것은 또 한 번, 우리를 멀리 데려가지는 않지만 해결책이 나올 길을 벗어나지 않게 한다. 이것은 적어도 진짜 문제는 손님과 주인 중에서 누가 뜻을 굽히고 상대의 요구를 수용해야 하는가가 아니라, '우리가 지금 이의를 제기하고 있는 구분법에 문제가 있으며, 여기에서 어떤 답이 나올 것'임을 뜻한다. "누가 누구의 의견을 수용해야 하는가?"라는 이 문제의 답은 "경우에 따라 다르다."라고 우리는 생각한다.

해결책으로 한 걸음 더 나아가기 위해, 평가 양식 중 일부를 활성화시키자. 이론의 스펙트럼을 놓고, 양끝에서 출발하여 중용을 향해 논리적으로 접근하는 태도는 자주 도움이 된다. 한쪽 끝(논쟁의 여지가 제일 적다)에는 주인에게 책임을 지우는 유형이 자리잡고 있다. 즉, 손님들이 심한 병에 걸리거나 어쩌면 죽을지도 모를 알레르기에 시달릴 수 있는 경우다. 그렇기 때문에 주인은 손님에게 큰 피해를 끼칠 수 있고, 이런 상황은 메뉴를 수정함으로써 쉽게 피할 수 있다. 논쟁의 여지가 매우 적은 반대쪽 끝에는 손님에게 책임을 지우는 유형이 자리한다. 즉, 손님 중에는 국내산 식품만 고집하는 사람들이 있다. 하지만 접대해야 하는 주인은 예산이 아주 **빡빡하다**. 식탁을 차릴 때 고려해야 할 요소들은 많다. 우정, 사교성, 그리고 아마 주인이 답례할 차례일지도 모른다. 여기에서의 변수는 의기투합하는 정도, 남의 기분 그리고 현지 식품을 고수하려는 마음을 상하게 하지 않으려는 주인의 성품 등이다. 이런 경우, 재료의 원산지에 관한 신조를 고집하는 태도가 다른 고려 사항들을 자동적으로 능가하게 된다는 주장은 미덕보다는 악덕 쪽으로 기울어진 것처럼 보일 테고, 특히나 이것이 주인에게 특별한 경제적 부담을 지우는 경우에는 더욱 그러할 것이다.

그리고 여기엔 경계선에 접하는 사례들도 있다. 딱 한 사람만 독실한 채식주의자 사우스비치 다이어트 [The South Beach Diet, 2003년 미국의 심장병 전문의 아서 애것스톤(Arthur Agatston)이 개발한 다이어트 요법 -옮긴이] 신봉자일 경우에는 어떻게 하나? 이런 상황은 유형상 스펙트럼에서 어느 쪽 끝에 더 기울어져 있는가? 이런 편애성 섭식 습관 때문에 주인은 여러 달 동안 고심 끝에 마련한 메뉴를 바꿔야 하는가? 아마도 아닐 것이다. 하지만 그 채식주의자나 비치 다이어트 신봉자에게 정도의 양보쯤은 이루어져야 할 것이고, 그러면 그들도 주인이 내놓는 음식에 맞춰 고집을 완화하는 약간의 양보를 할 것이다. 임계점 테스트 결과, 어떤 정해진 도를 넘는 양보가 창의적이고 기교를 부린 요리 또는 영양적으로 균형 잡힌 요리, 또는 둘 다를 발휘할 기회를 모색하던 주인의 계획이 수포로 돌아간다는 걸 의미한다면 적응의 수준은 그 순간까지는 가지 말아야 한다.

hospes와 hostis는 이론의 여지 없이 모호한 관계를 묘사하는 어휘들로서, 한쪽에는 이방인적 긴장이 있고 반대쪽에는 주인/손님의 애매모호한 상태가 있는, 지극히 모호한 관계들을 나타낸다. 이런 맥락에서는 실질적이고 신중한 결정이 우리가 취할 수 있는 가장 좋은 조치다. '환대는 곧 윤리학'이라는 이론 모델에는 우리가 책임의 위험과 걱정을 면할 수 있는 궁극적이고 하나로 이루어진 공식이 있다. 여기에는 또 책임에 대한 걱정을 면해줄 또 다른 전략, 즉 회의주의의 영역 속으로 탈출할 수 있는 편안한 도피로도 없다. 문제의 뿌리에는 기하학적 인물의 어떤 변형도 없고, 여러 요소가 뒤섞여 있거나 중도적인 개념도 없다. 대신, 이 hospes/hostis 개념에는 활기차고 생동적이며, 반향을 불러오는 긴장이 있다.

노벨상을 받은 이론 모델

손님-주인 패러다임에서 개인적 고려사항들은 우리를 인도하는 이 상(理想)들과 더불어 필수적 역할을 담당한다. 앞에서 약술한 6단계 평가 패턴에서 개인적 고려사항들은 몇 가지 서로 다른 방식으로 등장하는데 그중 하나는 존경스럽고, 따라서 모범적인 사람을 찾는 것이다. 칸트 윤리학이 개인적 행동이 추상적인 규범에 집착하는 방식에 초점을 맞추는 데 비해(규칙 준수에 바탕을 둔 윤리학 체제의 모범을 지속시키기 위해), 이 환대 모델은 개인들이 '핵심적인 가치들', 즉 훌륭한 삶을 사는 데 가장 중요한 원칙으로 여겨지는 가치들을 삶에서 실천하는 방식에 초점을 맞추고 있다. 핵심적 평가가 선호되는 환경에 사는 이런 사람들은 '남을 감화시키는 사람'이 되며, 따라서 이들의 삶은 남들에게 그대로 모범이 된다. 하지만 이런 것은 좋은 모범과 동시에 나쁜 모범이 될 수도 있음을 명심해야 한다. 즉, 모방해야 할 대상뿐 아니라 피해야 할 궤적이 될 수도 있다는 뜻이다. 중요한 것은 '우리가 이런 모범과 관련하여 자신의 위치를 어떻게 설정하느냐' '우리의 행위와 모범적 인물들의 행위들 간의 유사점이 어디에 있다고 판단하느냐'다. 감화를 주는 사람들은 실제 인물일 수도 있고 가공의 인물일 수도 있다. 환대의 정신을 가장 잘 표현해줄 수 있는 인물의 존재가 음식과 환대를 중시하는 일에 얼마나 중요한지를 고려할 때, 우리 삶의 궤도는 결국 환대를 중심으로 형성돼 있는 실제 인물과 비슷한 사람이 될 공산이 크다.

허기진 배와 환대의 중요성을 인식하는 철학은 추상적인 원칙들만 강조하는 철학으로 남아 있지 않는다. 실제 환경에서 쓸 수 있는 삶의 지침을 얻으려면 상상 속에서 우리 자신을 모종의 연속적인 스토리 안에 위치시켜 놓은 다음, 모범적 인물들이라면 이런 상황에서 어떻게 행동했을지 알아보면 된다. 우리의 모범적 인물인 제인 애덤스(앞서 미국 이주민들의 음식을 설명한 부분에서 언급했던)는 노벨 평화상을 수상한 최초의 미국 여성이었다. 그녀의 스토리는 호메로스와 더불어 우리에게 어떤 기준을 제공한다. 게다가 그녀의 이야기는 호메로스의 닫힌 환대 체계를 바로잡고, 범세계적이면서 우리에게 꼭 필요했던 보완적 수단을 제공한다. 호메로스는 우리에게 허구의 이야기를 들려주는 반면, 애덤스의 이야기는 진짜 사람의 이야기다. 이웃과의 좋은 우호 관계는 그녀의 좌우명이다. 그녀는 쉽게 외부 방관자의 길을 택할 수 있었지만, 결코 그녀를 그런 사람으로 묘사해서는 안 된다. 그녀는 19세기 말 미국에서 여성 교육의 중요성을 깨달았던, 깨이고 유복한 집안에서 태어났다. 흔히 1년간의 유럽 체류가 포함되는 그런 교육은 젊은 여성들에게 사회적 행동을 위한 삶을 추구하도록 하는 것이 아니라, 그들을 세련되게 키우는 것을 목적으로 했다. 즉, 사회적 이슈에 직접 참가하지 않고, 아마도 약간 거리를 둔 채 고상한 관심을 유지하는 정도가 옳다고 가르쳤을 것이다. 요컨대 제인 애덤스는 여러 면에서 미국에 잘 정착한 중상(中上)층 출신의 백인이며, 개신교도였다.

19세기 말의 미국은 또 유럽 남부와 중부에서 이민 온 매우 다양한 민족 집단에게 있어 새로운 본거지였다. 이런 신(新) 이민자들은 제인 애덤스 가문의 사람들과 그렇게 안 닮을 수가 있을까 할 정도로 매우 달랐다. 고상하지도 않았고 중산층 출신도 아니었던 그들은 대체로 가난했고 문맹자들도 많았다. 그런 이민자들은 진보적인 개신교 교리 대신 자신들의 전통 신앙을 그대로 갖고 들어왔다. 대부분의 미국인들은 그것을 야만적인 신앙, 즉 미신 수준으로 전락한 기독교의 변형으로 보았다. 주로 가톨릭이 여기에 해당되었지만 그리스 정교와 러시아 정교, 또 기독교계에서는 흔히 별개의 종교라고 명확히 선을 긋는 유대교도 여기에 포함된다. 심지어 이탈리아계와 아일랜드계 주민처럼 일부 이민자 집단은 완전한 '백인' 취급도 받지 못했다. 그들은 집단적으로 대도시로 몰려 들어가 힘들고 거친 삶을 살았다. 제인 애덤스가 가정을 꾸린 시카고는 흔히

"폭력은 전국 최고 수준에, 먼지 투성이에다, 시끄럽고 무법 천지며, 추하고, 악취 나고, 신도시지만 멋대가리 없이 덩치만 큰 마을 수준이고, 다른 도시들에 비해 사람들이 우글거리는 도시다. 범죄자들에게는 문호가 활짝 열려 있지만, 상인들은 뻔뻔하고, 사교 면에서는 남을 배려하지 않고 거칠다."라고 묘사되었다.[26] 고상한 중산층의 관점에서 보면 신참 이주민들에 대해 불평만 늘어놓는 편이 쉬웠을 것이다. 그들은 무식하고, 폭력적이며, 덜 떨어졌고, 미신을 좋아하며, 무능하고, 술에 절어 사는 사람으로 묘사되곤 했다. 그들이 애들, 그것도 비행 청소년의 길을 갈 것이 뻔한 아이들을 많이 낳는다는 흠은 말할 것도 없다.

제인 애덤스는 우리에게 감화를 주는 사람으로 서 있다. 그녀는 신 이주민들을 이런 시각으로 보지 않았기 때문이다. 애덤스, 그리고 사회적 위치가 비슷한 그녀의 동료들은 그 사람들과 '이웃이 되기'로 결심했다. 여기에는 의식적이고, 구체적 계획이 뒷받침된 실천이 필요했다. 그들은 더럽고, 무법천지인 데다 시끄럽고 악취 나는 동네로 이사했다. 미국의 안정된 주민으로서, 새로운 환경에 들어가 직접 이방인, 외부인, 손님이 되기로 한 것이다. 아울러 특권을 누리는 엘리트층의 일원으로서 그들은 주인의 역할도 하기로 했다.

애덤스가 설립한 시설은 미국 최초의 '사회복지관(대도시 내의 사회적 문제가 있는 지역에서 주민들에 대한 상담·교육 등을 제공하는 공공건물 —옮긴이)'이라 할 수 있는데, 이 프로그램은 영국에서 처음 시작되었다. 애덤스에 의해 '헐하우스'로 명명된 이 시설은 신 이주민들로 이루어진 지역의 한복판에 위치하여, 애덤스와 그녀의 동료들에게 활동 본부 같은 역할을 했다. 동시에 이 시설은 새로 미국 땅에 들어온 이주민들의 집결 장소, 즉 그들이 과도기적 경험과 변신의 과정을 거칠 수 있는 학습소 같은 역할도 담당했다. 헐하우스는 그들에게 영어를 가르치고, 일자리와 거처를 얻는 일을 지원하고, 미로처럼 복잡한 시의 공공시설을 안내해줌으로써 그들이 적응 과정에서 겪는 고충을 덜어주었다. 헐하우스는 또 새 이주민들이 상호 소통 및 새로운 세상에서 사는 데 필요한 유용한 원칙들과 친숙해지도록 지원했다. 애덤스와 그녀의 동료들은 'hospes'의 모호성을 실천한 셈이다. 즉, 그들은 손님이면서 동시에 주인의 역할을 했고, 한 사람과 다수의 모호성을 실천하려 했으며, 신참자들에게 교육을 통해 민주공화국의 원리를 심어주는 한편, 그들이 들여온 전통 생활양식의 연속성도 권장했다.

그렇게 힘든 조건에서 그들은 왜 손님과 주인이라는 어려울 수밖에 없는 역할을 떠맡았을까? 왜 그렇게 힘들여 우호적이고 친절하게, '그리고' 스스로 이방인을 자처했을까? 애덤스는 그렇게 할 수밖에 없었던 많은 이유들을 댔다. 우선 민주주의의 이상을 실현하고자 하는 억제할 수 없는 열망, 남을 돕고자 하는 자연스러운 감정, 인도주의를 강조하는 종교적 전통, 모든 인류는 하나라는 세계관, 동정심의 확산으로 특징지어지는 정의감과 사회적 관계는 본질적으로 상호적이라는 인식 등이 그것이다.[27] 이 모든 이유의 바닥에 깔려 있는 것은 인간의 삶을 방관자처럼 이해하는 태도, 즉 '인간은 정녕 정신적 존재다.'라는 개념에 대한 거부감이다. 애덤스는 "정말 살아 있는 세상에서 살기를 갈망했고, 어중간한 지식인의 삶 또는 그런 사람에게서 비치는 심미적 모습에 만족하기를 거부했다."[28] 그 녀는 자신의 모험적 사업을 인간들의 삶이 폭풍처럼 격렬하게 교류 하는 현장 속으로 깊이 들어간 사업이라고 설명했으며, '정신이 많은 사건과 경험의 압박에 눌려 얌전해지면 그런 경험들이 뭉친 몸 통에서 정신을 떼어내기가 어려워진다'고 주장했다.[29] 애덤스 같은 사람에게는 육체에서 정신을 분리하는 일이 어려웠을지 모르나, 앞 에서 살펴봤듯이 육체/정신 분리의 견해를 실제로 개발했고, 발전 시켰고, 애지중지했으며, 나아가 그것을 생산성 높은 개념으로 만 들었던 일부 철학자들한테는 그렇지 않았다.

애덤스의 견해를 생각해보면 마치 인간적 경험을 시작하는 자연 적인 출발지로서, 신중하고 독립적인 객체(客體)를 무심하게 응시하 고 있는 육체에서 분리된 주체의 역할을 떠맡지 않는 어떤 사람 앞 에 내가 서 있는 것 같다. 그러나 그녀는 우리가 이미, 그리고 항상 '인간들의 삶이 폭풍처럼 격렬한 교류 현장' 속에 있다고 인정했다. 그 폭풍 속에서 우리는 수많은 미덕에 근거를 둔, 다양한 견해를 명 확히 밝힐 수 있다. 그중 상당수는 훌륭하다. 아량, 자비, 신중함, 정 의, 인내는 높이 평가할 가치가 있다. 우리에게는 애덤스가 눈에 띈 다. 훌륭한 삶을 규정하는 한 무리의 미덕 중 환대를 매우 중요한 미덕으로 꼽았기 때문이다. "네, 하지만 그것이 좋은가요?"라는 윤리적 질문이 있는데, 이것보다 더 구체적이고 애덤스의 사상이 깃든 질문을 꼽자면 "네, 하지만 그것이 이웃다운 행동인가요?"가 될 것이다.

환대가 모범적인 미덕이 되면 몇몇 미덕들이 그 뒤를 따라온다. 기존의 '둘 중 하나' 식의 이항(二項) 대립법의 자리에 많은 선택지들이 들어서는 것인데, 긴장은 절대로 그중 하나를 선택한다고 해서 해소되지 않는다. 오히려, 이른바 '사려 깊은 실천'이 가장 좋은 해결 방법이다. 단, 애덤스는 이것을 '경험으로 뒷받침하는 논지'라고 부르고 싶어한다.[30] 아울러 긍정적인 측면과 부정적인 측면, 모두에서 차이점이 발견된다. 제인 애덤스가 살았던 동네의 주민들은 그녀와 함께 어린 시절을 보냈고, 함께 학교에 갔고, 유럽 여행에 동행했던 젊은이들과는 천양지차였다. 하지만 데리다가 주창한 '환대의 대법칙'을 실천하려는 열망이 너무 컸던 애덤스와 그녀의 동료들은 굳이, 미국에는 이방인들이었지만 그녀가 진입한 동네의 소수민족 거주지에서는 내부인인 이 '남들'과 교류했다. 그리고 그들에게 배웠고, 그들을 환영했다.

애덤스와 그녀의 동료들은 신 이주민들의 공동체에서 살기로 선택하는 과정에서 상호 의존성의 개념(앞에서 언급한 '확산되는 긴장'의 변형)을 인식했다. 이것은 사실 그들의 프로젝트에 기본적으로 깔려 있는 핵심 전제였다. 상호 의존의 개념은 모든 사건을 '이것이냐 저것이냐'의 선택을 강요하는 딜레마로 보려는 경향을 일축한다.

그것들을 양립할 수 없는 논리적 모순으로 인식해서는 안 된다. 대신 합리적인 수용안을 창안함으로써, 그것으로 인한 긴장을 처리하고 함께 안고 가야 한다. 합리적인 수용안이라는 칼은 날이 깨끗하지도, 예리하지도 않다. 과거와의 깔끔한 결별을 내포하고 있지도 않다. 대신 양립할 수 없는 견해들을 주무르고, 교묘하게 조종하고, 살살 움직여 어떤 식으로든 합의를 이루는 작업이다. 이것의 결과는 별로 재미없을 수도 있다.

신참자들이 기존 질서에 동화해야 하는가, 아니면 기존 질서가 그들에게 다문화적 '관용'을 베풀어야 하는가? 앞에서 봤듯이, 과학적 요리법을 좋아하는 친구들을 위한 답은 간단하다. 이민자들이 구식 생활방식을 포기하는 것이다. 여기 새롭고, 과학적이고, 진보적이고, 모범적인 조리 모델이 있다. 그리고 모델은 따라 하라고 있는 것이다. 반대로 20세기의 다문화주의자들이 볼 때, 각 민족 집단은 자신의 정체성을 남에게 인식시키고 보존시켜야 했다. 순전히 논리적인 딜레마(해결하기 어렵지 않다.)요, 양자택일해야 하는 문제로 여긴 셈이다.

이에 비해 애덤스는 세상을 더 복잡하게 보았다. 그녀의 의견은 우리가 '합리적인 수용안'이라고 파악한 개념에 좀더 가까웠으며, '사려 깊은 실천'을 통해 형성되었다. "이민자들을 즐겁게 해주는 일에 관한 한, 한 가지 사실은 분명하다. 우리는 그들의 옛 삶에 내포된 어떤 가치든 보존하고 유지하고, 그것들을 보다 나은 형태의 미국식 가치들에 접목시켜야 한다는 것이다."[31] 애덤스는 자신이 시도한 프로젝트가 '실험적인 노력'이라는 세간의 시각을 인정했고, 받아들였다. 논리적 딜레마의 형태로 전개되는 아이디어의 전쟁은 퍼즐과 역설을 좋아하는 사람들에게는 매력적으로 보일지 모른다. 하지만 명확하고 깔끔하게 양립 불가능한 것으로 판명된 개념은 비록 관념의 세계에서는 억지로 만들어낼 수 있을지 몰라도, 실제로 사람이 사는 동네에서는 들어설 여지가 거의 없다. 사실 그녀가 가장 두려워했던 경우는 그녀의 프로젝트가 '융통성, 재빠른 적응 능력, 환경에 맞춰 수단을 바꿀 준비 태세를 잃는 경우'였다.[32] 완벽함, 확신과 이념적 순수성은 불가능했다. 하지만 선의, 정의와 진리는 항상 최우선적 가치였다. 갈등 조정이 항상 좋은 결과를 낳지는 않았다는 것, 그리고 시도되었어야 했던 것은 바로 융통성 있고 실험적인 갈등 조정이었다는 것은 확실하다.

'윤리학이 환대'라는 접근법은 이보다 더 논리적으로 강력한 접근법에 비해 더 지저분해지고 덜 명확해질 것이며, '우리는 어떻게 해야 하나?'라는 실문에 대해 결코 명확하지 않은 답을 내놓을 것이다. 사실 이것은 그 질문을 '우리는 어떤 유의 가정을 만들어야 하는가?'라는 질문으로 변형시킨다. 이것은 인간은 '육신'으로 이루어진 존재라는 이론이 해결해야 할 많은 난제들을 안고 있다는 사실을 간과하지 않는다. 이것은 창의적이고 항상 존재하는 긴장, 즉 보편적 환대성의 대법칙과 환대성의 일반법칙 사이의 긴장에 뿌리를 두고 있다. 앞으로 독자들과 친숙해질 또 하나의 테마이기도 한

이 '긴장'은 해결해야 할 문제도 아니고 한쪽이 완패해야 끝나는 전쟁도 아니다. 우리는 애덤스와 더불어 삶의 복잡한 문제들을 고작 '논리적 신조'로 단순화하려는 시도를 저지해야 한다.[33] 대신, 단순화할 수 없고 상충되는 요소들의 무리들을 접하면 사려 깊은 해결책을 강구해야 한다. 그런 사려 깊은 실천이 잘 이루어진다면 극명하게 서로 다른 집단들이 이웃하여 살아야만 할 때 초래되는 진짜 긴장을 해소하는 데 도움이 된다. 환대가 지켜야 할 윤리적 원칙으로 자리잡으면, 실제 인간들이 역할 모델이 되어 우리의 삶을 인도할 것이다. 이런 의미에서 큰 동정심을 갖고, 선린 우호 관계를 강조하고, 사람들을 서로 잘 지내게 하려고 애쓴 제인 애덤스는 우리의 역할 모델로 손색이 없다고 할 수 있다.

Part 2
예술로서의 음식, 예술과 음식

미학적 식사

국가: 스페인

지역: 카탈로니아

도시: 지로나(Girona)

장소: 초호화 레스토랑인 '엘 세예르(El Celler)'

사건: 음식 평론가 아담 고프닉(Adam Gopnik)에게 주방장이 아직 시험 단계에 있다고 밝힌 음식을 디저트로 내놓았다. 그중에서 '진짜' 디저트, 즉 먹을 수 있는 부분은 세 개의 머랭(달걀 흰자위와 설탕을 섞은 것. 또는 이것으로 구운 과자 ─옮긴이)과 한 개의 흰색 초콜릿볼로 구성돼 있다. 하지만 디저트 경험은 완전히 별개의 문제다. 이 행사는 상당 부분이 대본에 따라 진행되었으며, 여기에는 음향도 포함돼 있다. MP3 파일로 저장된 함성

이 흘러 나왔다. 이것은 바르셀로나 FC의 축구 선수 리오넬 메시가 득점하는 순간 터져 나온 함성을 녹음해놓은 것이다. 세 개의 머랭과 초콜릿볼은 마치 놀이터의 시소처럼 절묘하게 균형을 맞춰 놓여 있다. 디저트는 절반으로 자른 축구공 모양으로 만들었고, 향이 좋은 인조 잔디를 덮은 넓은 접시에 담겨 나왔다.

음성을 듣다가 미리 정해놓은 시점이 되자, 고프닉에게 머랭을 먹으라는 지시가 떨어졌다. 잠시 후 두 번째 머랭을 먹는다. 첫째 머랭보다 향이 강하다. 이어 세 번째이자 가장 향이 강한 머랭을 먹는다. 그가 이 마지막 머랭을 먹자, 시소의 균형이 무너졌고, 어찌 된 것인지 모르겠지만 초콜릿으로 만든 '축구공'이 허공으로 튀어 올랐다가 솜사탕으로 만든 골네트 속으로 들어갔다. 동시에 "메시! 골~~~"이라는 녹음된 고함소리가 터져 나왔다. 고프닉의 기사는 이렇게 시작된다.

여러분은 […] 메시가 느꼈을 법한 기분을 느낀다. 처음에는 발밑에 밟히는 어마어마한 잔디의 존재, 이어 진한 향을 풍기는 머랭은 후천적 기술의 화려함을 상징한다. 마지막으로 패션프루트(passion-fruit, 아메리카의 아열대 지역을 원산으로 하는 시계꽃과의 과일 −옮긴이)로 만든 크림과 사탕가게에서 파는 팝록스 사탕(입안에서 톡톡 튀는 사탕 −옮긴이)의 황홀한 맛은 득점 순간에 느끼는 아기 같은 환희, 어린애 같은 감정 표출을 상징한다.

크림과 사탕은 골네트에 떨어진 뒤 여러분이 먹게 되는 축구공 안에 가득 들어 있다.¹ 이 화려한 레스토랑의 정식 상호는 엘 세예르 드 칸 로카(El Celler de Can Roca)다. 이 식당은 스스로를 '아방가르드(문학·예술에서 전위적인 사상 –옮긴이) 이념에 충실한 자유형 레스토랑. 학계와 깊은 유대 관계를 맺고 있어 시골과 과학의 대화, 전면적인 대화를 옹호하게 된 식당'이라고 소개한다.² 고프닉이 설명하고 있는 것은 미학적이면서 동시에 미각적인 경험이다. 엘 세예르의 요리사들은 의도적으로 창의력을 발휘하려 한다. 이 레스토랑의 요리 스타일은 간혹 '분자요리학(分子料理學, 음식의 질감과 조직, 요리과정을 과학적으로 분석해 새로운 맛과 질감을 개발하는 일련의 활동 – 옮긴이)'이라는 항목으로 분류된다. 이 요리 사조는 식품학과 감각학의 연구결과들을 적용하여 특이하고, 감각이 풍부하고, 흔히 재치 있고, 가끔은 극소수만 즐길 수 있고, 항상 엄청나게 비싼 메뉴를 창안한다.

이곳에서 여덟 개의 시간대를 사이에 둘 만큼 먼 곳에서, 시기적으로는 20~30년 앞서 살았던 앨리스 워터스(Alice Waters)는 스스로 '맛있는 혁명'이라고 이름 붙인 개혁 운동을 시작했다. 그녀는 자신이 일하는 샌프란시스코의 셰 파니스(Chez Panisse) 레스토랑을 본거지로 삼아, 미국 전역에 로컬 푸드 부흥 운동(음식을 만드는 과정에서 장거리 운송을 거치지 않은 현지 농산물의 이용을 장려하는 운동. 지역먹을거리 운동이라고도 함 –옮긴이)을 퍼뜨렸다. 최근 이 운동이 큰 호응을 얻자 워터스는 새로운 목표를 세웠다. 그것은 이 '맛있는 혁명'을 학교 급식소까지 확산시켜 그곳에서 제공하는 음식을 건강하고, 안전하고, 맛있게 만들자는 목표였다.

우리가 갖고 있는 최고의 교육 자산을 아이들에게 이것(좋은 음식을 선택하는 법)을 가르치는 일에 모두 투입하는 것보다 더 '맛있는' 혁명은 있을 수 없다. 그리고 그 방법은 아이들에게 좋은 음식을 먹여 기쁨을 주고, 식품 재료를 책임감 있게 재배하는 법을 가르쳐주고, 그런 식품을 요리하고 다 같이 식탁에 둘러앉아 그 음식을 먹는 법을 가르쳐주는 것이다. [⋯] 음식은 본래의 속성, 예컨대 냄새 같은 것으로 우리를 유혹한다. 음식은 우리를 배고프게 만든다! 갓 구운 빵, 화덕에서 막 꺼낸 따뜻한 토르티야(tortillas, 옥수수 가루나 밀가루로 구운 부꾸미 같은 것. 보통 따뜻할 때 안에 고기, 치즈 등을 넣어 먹음 ─옮긴이)의 냄새를 누가 참을 수 있는가?[3]

워터스는 농부이자, 소설가, 수필가, 음식 운동가인 웬델 베리(Wendell Berry)에게서 감화를 받았다. 베리는 〈식사의 즐거움(The Pleasures of Eating)〉(1989)이라는 수필에서 밥을 먹는 행동이 '농사 행위'에서 산업 행위로 변질된 것을 개탄했다. 그는 독자들에게 자신들이 먹는 음식에서 이른바 '광대한 기쁨'을 키우라고 요구했다. 이 기쁨은 요리에 담긴 음식 재료들이 재배되고 생산된 환경을 이해하고 수긍의 미소를 지을 수 있는 사람만이 누릴 수 있다. 베리는 이 음식에서 우리가 얻을 수 있는 환희, 즉 미학적인 만족은 그 사람

이 그 음식이 재배된 환경을 알고, '그것에 찬성할 때' 가장 크다고 말한다.[4]

따라서 미학적 기쁨은 엘 세예르 레스토랑의 경우처럼 참신성, 창의력, 놀이 그리고 세심한 연출의 결과라고 할 수 있다. 혹은 베리와 워터스의 주장에 따르면, 우리 접시에 놓인 음식의 재료가 재배된 곳을 아는 데서 온다. 이렇게 극명히 다른 견해에도 개념으로만 확립된 사실이 아닌, 중요한 가정 하나가 공통적으로 깔려 있다. 그것은 먹는 행위가 절대로 재미없고, 단순한 생물학적 행위가 되어서는 안 된다는 사실이다. 먹는다는 것은 단순히 우리가 적절한 영양소를 우리 몸의 특정 장기(臟器) 속에 집어넣는 수단이 아니다. 하지만 단순한 생리적 행위의 수준을 넘으려면 '어떻게' 해야 하는가? '땅에서 사람의 배'로 들어가는 음식의 순환 사이클 중 어느 부분이, 미학과 어떻게, 어떤 관련이 있는가? 무엇을 '미학적'이라는 표현이 어울릴 정도로 충만한 경험의 일부분으로서 강조해야 하는가? 그리고 만일 음식이 미학적으로 소중하다면 그것 때문에 음식을 예술로 봐야 한다는 말인가?

세 번째 이야기는 이런 문제들을 더 복잡하게 만든다. 혼잡한 가나의 수도 아크라에서 함께 여행 중이던 리사와 엘런은 어느 날 숙소 여주인이 잔일과 안내를 도맡아줘 편안하게 관광을 즐겼다. 두 사람은 숙소 주인에게 점심을 대접하고 싶다고 말했다. "장소는 당신이 정하세요." 젊고, 유행을 좋아하는 그 여대생이 고른 곳은 그 도시에 새로 개업한 KFC였다. 긴 줄이 가게 밖까지 나와 있는데,

손님들은 대체로 이 미국의 상징적인 외식 브랜드를 처음으로 맛볼 생각에 들떠 있는 가나의 젊은이들이었다. 그래서 외국에 나간 이 미국인들은 가나에 온 지 이틀째 되는 날 전형적인 미국 패스트 푸드 음식을, 아이러니컬하게도 집에 있었다면 별로 찾을 것 같지 않은 음식을 먹자고 줄을 서는 신세가 되었다. 드디어 아주 눈에 익은 가금류 고기와 프렌치프라이가 담긴 접시, 친숙한 맛이 나는 다이어트 코카콜라를 앞에 놓고 자리에 앉았다. 음식에서는 전형적이고 뻔한 냄새가 났고⋯⋯. 그들은 다시 고향에 온 것 같았다. 어디서 무엇을 하든 자신들이 백인이고 비교적 부유하며 미국인이라는 사실을 잊을 수 없게 하는, 이 분주하고 흥이 넘치며 격정적임과 동시에 사람을 주눅들게 하는 도시에서 하룻밤에 안 보냈는데, 또다시 에어컨이 돌아가는 안락하고 익숙한 KFC 매장의 경험을 피할 수 없는 것이다.

이 경험 중 음식 부분은 어떻게 표현할까? 글쎄, 짭짤하다, 바삭바삭하다, 기름이 많이 묻어 있다, 산성의 금속맛이 난다, 음료는 시원하다 등과 같이 늘 쓰는 단어들이 좋겠다. 이 식당은 분자 요리와 전혀 관계가 없다. 동물 보호, 현지에서 조달한 농산물 또는 건강식 등에 관한 우려에도 전혀 해당되지 않는다. 전체적으로 꽤 즐거운 경험인데(프렌치프라이에는 뭔가 있다⋯⋯), 솔직히 말해 짭짤하고 금속 맛을 풍기는 와중에 미학적으로도 매력이 있다.

이 세 가지 사례가 시사하듯이 현대 음식 세계에는 다양한 유행들, 이러저러한 운동과 산업들이 포함돼 있다. 이런 것들은 지금도 공존하면서, 음식을 먹어주는 우리의 관심을 끄느라 거친 몸싸움을 벌이고 있다. 동시에 이들은 각각 독립된 영역을 확실히 장악하는 경향을 지녔고, 아울러 서로 완전히 다른 자기만의 마니아층으로부터 사랑받으며 자기들끼리는 우리가 생각하는 것보다 훨씬 덜 충돌하고 있다(한 예로, 누가 어떤 음식 경험을 하느냐는 문제는 그 사람의 수입에 큰 영향을 받는다). 이러한 현상의 효과를 꼽자면, 음식과 농업 문제를 푸는 이런 다양한 방법들 덕에 각양각색의 음식 개념들, 맛의 개념들, 즐거움의 개념들이 생겨났다는 것이다.

상이한 이런 접근법들의 존재는 음식, 예술 그리고 미학에 관한 이번 장의 골격이 되는 이른바 '음식의 혼란'의 원인이기도 하다. 각 접근법은 특정한 미학적 약속이나 감성, 즉 음식의 미학적 가치와 예술적 가치에 관한 사고방식과 연계될 수 있다. 분명한 사실은 이런 여러 사고방식들은 자신을 탄생시킨 음식 접근법들처럼, 자기들만의 일관성이 없다는 사실이다. 사실 서로 완벽하게 모순되는 경우들도 있다('맛있는 혁명'을 실천하는 초등학교에는 KFC 매장이 없다).

순수주의자들과 이념은 사물을 과도하게 난순화하거나 교리에 따라 선언함으로써 언제든지 모순을 바로잡을 수 있다. 하지만 기질적으로 더 갈등이 심하거나, 이미 여러 방향으로 끌려들어간 사람들에게는 이 일이 약간 더 어렵다. 그 결과는 철학적 혼돈이다.

무엇이 예술을
예술답게 만드는가

이런 혼돈을 이해하려면 이 혼돈을 구성하고 있는 여러 층의 요소들을 꼼꼼히 살펴봐야 한다. 우리는 '예술'이라는 말에서부터 시작하고자 한다. 지난 수 세기 동안 '예술'은 '기예(craft)'와 대조적인 개념으로 설정되면서, 고상하고 명예로운 지위를 움켜쥐었다. 이것은 1장에서 논의한 정신-육체 이원론과 이것에 관련된 이론/실제 이분법을 바탕으로 하여 생성된 철학적 맥락 속에 이 예술이라는 단어가 삽입된 결과다. 이런 점에서 볼 때 예술은 기예와 달리 실용성과는 무관하고, 또 그래야 한다. 미적 감상 외에는 그 어떤 것도 예술작품의 '목적'이 될 수 없다. 예술의 정의가 이렇기 때문에, 음식은 스스로 '예술'이라는 카테고리의 회원이라 주장하기가 힘들다. 음식이 유용성을 띠는 것은 음식의 속성상 불가피하기 때문이다.

이 장에서 소개한 세 가지의 사례 중 음식을 '예술'로 취급하고 그것의 사촌격인 '창의성'을 강조하는 시도가 명확하게 드러난 사례는 그 최고급 레스토랑이다. 다른 우아하고, 또 '우아하게' 비싼 레스토랑처럼, 엘 세예르의 요리사들은 공들인 '요리 작품들'을 창조한다. 그들의 주된 관심은 사람들에게 영양분을 공급하는 속된 임무와는 상당히 동떨어져 있다(사실 이 식당은 영양 공급에 전혀 주안점을 두지 않기 때문에 어떤 손님들은 "호텔로 돌아가는 길에 햄버거 가게에 들러야 할 것 같다."라는 농담을 하기도 한다. 식사를 했는데도 별로 배가 부르지 않기 때문이다).

식당 손님들이 음식에 구현된 창의성과 독창성을 충분히 느끼려면 상당한 수준의 교양을 갖추고 있어야 한다. 식품은 재료일 수 있으나, 예술은 결과물이다. 이 요리사들은 자신의 창작품을 ('한 단계 아래인') '기예'보다 높은 수준에 올려놓았다. 그런 요리사들은 단순한 생물학적 필요성을 충족시키는 수준을 넘는 노력을 기울였기 때문에 손님들도 틀에 박히고, 매일 반복되는 일상에서 벗어나주기를 기대한다. 그들은 맛에 못지않게 시각적으로도 훌륭한 음식을 만들어낸다. 조리물리화학을 전공한 화학자 에르베 디스(Herve This)는 단도직입적으로 이렇게 말했다. "나는 손님들의 배를 채우는 것이 아니라 요리 예술품을 창조하는, 독창적인 요리사를 존경한다."라고.[5]

엘 세예르 레스토랑의 요리가 '예술품'에 매우 근접할 것으로 보려는 경향은 이미 널리 퍼져 있다(식도락가들 사이에서는 확실하게 자리

잡고 있고, 보통 사람들 사이에도 이런 믿음이 존재한다). 이런 현상은 매우 자연스러워 보인다. 전통적 관념에서 볼 때 예술은 어떤 고상한 것, 특별한 경험을 얻을 수 있는 것, 쉽게 말해 미학적인 것을 가리킨다. 이런 종류의 경험은 우리를 (주로 육체적인) 삶의 따분한 현실에서 어느 정도 벗어나게 한다. 음식이 예술이 되려면, 음식은 그 육체에 먹을 것을 넣어준다는 실용성을 최소화하거나 위장해야 한다. 아니면 미학의 영역에 오르려는 노력을 포기하는 것도 나쁘지 않다. 사전적 정의에 따르면, 예술은 어떤 실용적인 개념과도 떨어져 있어야 한다.

철학자들은 다른 모든 사람들이 해결되었다고 여기는 주제에 전문적으로 의문을 제기하는 사람들이다. 이런 성향 때문에 그들은 디너파티에 우리 생각만큼 많이 초대받지 못한다(누가 끊임없이 '왜?' 라고 말하는, 두 살박이 애들 같은 사람들이 디너 파티장의 대화를 주도하기를 바라겠는가?). 그리고 여기서 우리가 말하는 해결된 문제는 "예술이란 무엇인가?"다.

우리가 답이 뻔한 질문을 하는 이유는 우리가 이해하는 철학의 속성과 관련이 있다. 지식의 역사를 바탕으로 하여 발전한 철학에는 한 가지 가정이 전제돼 있다. 어떤 중요한 단어가 있으면, 그 배경에는 특정 시간과 장소에 관련된 일련의 함축적 의미들이 포진해 있다는 것이다. 그런 함축된 의미들이 함께 작용하여 그 단어가 현재 지니고 있는 핵심적 의미를 만들어낸다. 지금 이 주제의 경우,

'예술'은 아름다움, 세련미, 영속성, 공감, 거리감, 미술관 같은 개념들과 연관돼 있다. 이 의미 덩어리는 특정한 종류의 예술을 편애하거나 적어도 특정 예술이 다른 종류의 예술보다 더 중요하다고 주장하는 근거가 된다. 예를 들어 사람들에게 가장 좋아하는 예술가가 누구냐고 물어보면 사람들은 십중팔구 모네, 세잔, 고야, 렘브란트 같은 이름들, 다른 말로 하면 화가들의 이름을 들먹일 것이다. 여기서 철학자들은 묻는다. 회화가 왜 우리가 말하는 '예술'의 핵심으로 올라가 있는가? 고대 그리스인이나 중세 사람들은 예술과 회화를 동일시하지 않았다. 최고 예술의 후보감을 꼽자면 문학, 건축그리고 음악 등이 더 확실할 것이다.

'예술'과 '미학적' 같은 단어들은 일종의 의미론적 환경 속에 뿌리박혀 있다. 철학자들은 사상의 역사에서 수시로 바뀌는 풍경을 추적한 끝에 이중적 인식에 도달했다. 우선, 중요한 단어들이 지금과 같은 뜻을 항상 나타냈던 것은 아니다. 둘째, 핵심 단어들에 관련된 견고한 기존의 의미들을 분석하는 것이 중요하다. 이런 분석을 통하여, 우리는 어떤 단어의 고착화된 의미가 진정한 의미를 파악하는 데 어떤 제약을 가하고 있는지, 즉 이것이 '예술이란 무엇인가'라는 질문의 답을 얻을 가능성을 쓸데없이 억제하는지 아닌지를 알 수 있을 것이다.

확립된 기존의 의미를 재검토하는 이런 철학적 연구와 비슷한 연구는 다른 학문 분야에서도 시도된다. 예를 들어 '원자'라는 단어는 예전에는 명확한 의미, 즉 '더 이상 분리할 수 없는 것'이라는 의미를 나타냈다(어원 분석에 의하면 이것이 정확한 의미다. 즉, 'atom'은 'not'을 의미하는 'a'와 'cut(자르다)'를 의미하는 'tomos'가 합쳐진 단어다). 수백 년이 지나고, 학계의 패러다임이 수 차례 바뀐 지금 '원자'라는 단어는 아직 남아 있지만, 의미론적 배경이 바뀐 탓에 더 이상 예전 같은 의미를 나타내지는 않는다. 그리스의 철학자 데모크리토스(Democritus, 기원전 460~370)는 원자를 존재할 수 있는 가장 작은 입자라는 대단히 중요한 정의를 명문화했지만, 현대에 사는 우리는 아원자(원자보다 작은 입자)가 또 발견되었다는 기사를 신문에서 자주 읽었다 . 데모크리토스에게는 'sub(아래, 밑)'가 없었을 것이다. 'a-tom'은 더 이상 나눌 수 없다. 이상 증명 끝.

우리는 단어의 의미가 변하고 확장되는 경우를 극명하게 보여주는 이 사례를 통하여, 그런 과정이 앞의 사례처럼 노골적이지는 않더라도 '예술'이라는 단어에 영향을 미쳤음을 알 수 있다. 이 단어의 가장 우세한 의미는 인간의 배, 배의 기능, 이와 관련된 행위들이 모두 지적 세계의 언저리, 즉 점잖은 철학적 대화의 영역에서 가장 외곽으로 밀려나 있었던 시대의 유산이다. 그리고 이처럼 단단하게 자리잡은 사고방식을 더 확실하게 떠받치고 있는 것이 정신-육체 이원론이라는 생성적 개념이다.

이런 사상 경향은 다시 인간들을 '외부의' 세계와 대립하는 '정신들'의 집합체로 보는 개념을 낳았다. 여기서 외부 세계는 정신적 집합체인 인간들이 객관적으로, 그리고 사심없이 관찰하는 '대상'

이 된다. 우리에게 지대한 영향을 준 학자인 존 듀이는 이런 견해를 '지식의 방관자 이론(spectator theory of knowledge)'이라고 불렀다. 듀이의 생각처럼, 대체로 우리 자신을 세상의 일부로 간주하지만 사실 엄밀히 따지면 결코 그렇지 않다. '복잡한 인간의 속성을 설명하는 가장 좋고 유일한 방법은 두 객체의 존재를 상정하는 것'이라는 주장을 우리가 받아들이는 한, 이런 '방관자 같은' 태도는 충분히 일리가 있다. 그러면 '정신'이 주요 방관자가 되어서 밖에 있는 주된 관찰 대상, 즉 육체를 바라본다는 논리가 성립되기 때문이다. 이때 정신은 비물질적인 존재이므로 원칙적으로는 자연 세계의 일부가 될 수 없다. 정신에게 부여할 더욱 원초적 지위는 방관자로서의 지위다.

자연 세계와 인간의 관계를 방관자로 파악하는 이론은 다시 우리가 예술을 개념화하는 방식에 어느 정도 영향을 주었다. 앞에서 언급한 것처럼, 이 말의 정의에 관련해서는 아름다움, 세련미, 영속성, 공감, 거리감, 미술관 같은 일련의 개념들이 떠오른다. 우리는 이제부디 이런 단어들을 검토할 것이다.

미술관이라는 근대식 시설은 예술의 대상은 특정한 종류의 '응시'를 위해 따로 챙겨두어야 한다는 개념과 함께 탄생했다. 여기에서, 그런 물건들은 그런 응시 행위를 '더 원활히 하기 위해' 설계된 특별 장소에 갖다놓아야 한다는 결론이 자연스럽게 도출된다('콘서트홀'도 비슷한 경우라고 할 수 있다). '거리감'의 개념은 '미술작품을 응시하는 정신들은 그런 작품들과 분리된 상태에 놓여 있어야 한다'

는 믿음을 반영한다. 왜냐하면 그런 거리감이 있어야 '객관성'이라는 것이 존재할 수 있기 때문이다. 한편, 감상의 개념은 예술 작품들이 특별한 종류의 관심을 기울이는 대상, 즉 우리가 '미학적 감상'이라는 존칭을 부여하는 대상이라는 견해를 극명히 보여준다. 이 장의 서두에서 언급한 관점에서 보면, '쓸모없음'도 고도로 미적인 가치지만 사실 아름다움의 가치는 그것에 내재된 '실용성 없음'이라는 속성에 관련돼 있다. '아름다움'에는 사실 다른 어떤 것도 '필요' 없다. 세련미는 '예술은 우리 인간들의 고상한 능력', 즉 우리가 바로 '정신적 존재'이기 때문에 보유하는 그 고상한 능력에 호소하는 것이라는 가정에서 생겨난 개념이다. 마지막으로 영속성은 아름다운 작품들은 시대를 초월하여 계속 가치를 지녀야 한다는 것이다. 다시 말해 금세 잊어지는 작품은 '예술'이라는 항목으로 분류하기에 격이 떨어진다는 당위성을 나타낸다. 이 말은 예술 작품은 미래 세대들(그리고 멀리 떨어진 지역의 사람들)에게도 호소력이 있어야 하고, 밋밋한 작품은 오래 생존할 수 있는 요소를 가미하여 조작해야 한다는 뜻을 동시에 내포하고 있다.

위의 설명들은 어떤 사상의 흐름 안에서 보면 모두 일리가 있다. 그 사상적 경향은 어떤 일관된 개념의 덩어리를 낳고, '예술'은 그 개념들과 위에서 언급된 연관성을 띤다. 그 일관된 개념 덩어리는 다시 우리가 그것이 쉽게 수용하지 못하는 것을 고려할 때 억제하고 제한하는 요소가 된다. 실제로 서양 이외의 지역에서 제작된 예술 작품 중 상당수가 서양의 미술관에 전시되기 위해 작품 본래의 기능이나 종교 의식에 관련된 요소들을 인위적으로 배제시키고 있다. 서양 예술의 정수를 보여주는 대개의 작품들도 이와 비슷한 신세를 면치 못한다. 다시 말해 고대 그리스 시대의 꽃병들, 중세에 종교 의식에 사용된 물품들, 가구와 그 모든 인공물들이 현재 '공예'의 범주를 벗어나지 못하고 있는 것이다.

방관자에서 농부로

이 같은 이례적 사례들이 계속 쌓인다는 것은 현재 '예술'과 '미학적'이라는 단어들의 의미를 생성시킨 일반적인 맥락을 검토할 때가 되었다는, 다른 말로 하면 '배관시설처럼 조성된 철학적 견해들을 분석해야 한다'는 뜻이다. 우리가 변화를 시도한다고 해서 어떤 새로운 것이 창조되지는 않는다. 그 변화들은 고대 이후 서구 사상을 이루고 있는 여러 사상들을 되짚어보고 용도를 변경하는 새로운 방식을 제시한다. 대안이 될 수 있는 생성적 사상은 틀림없이 간단하고 기본적이다. 적어도 정신 대 육체 학설 같은 역사적 우회가 없다면 그러하다. 우리의 충격적인 사상은 살아 있는 '육식' 접근법으로 시작하되, 거기에는 인간은 본질적으로 배를 채워야 하는 운명을 벗어날 수 없는 존재임을 일깨워주는 요소가 가미되어 있다. 배고품을 아는 인간이라면 자신을 세상의 바깥에 있는 존재로, 즉 팔을 뻗으면 잡을 수 있는 것을 응시만 하고, 초연하고 무관심한 방관자로 인식할 가능성이 거의 없다. 배 채우는 문제를 인간의 주제 파악이라는 과제에 포함시키는 것은 언뜻 단순한 조치로 보일지도 모른다. 아마 그럴 것이다. 하지만 이런 변화가 낳는 문제들은 전혀 간단하지 않다. 사실 우리 좌우명이 '복잡하게 하라.'라고 해도 할 말이 없을 정도다.

문제의 핵심(고의적인 '혼합형 은유')으로 들어가자. 사람의 배는 인간이 단지 방관자일 뿐이라는 한가한 개념을 받아들일 여유가 없다. 배는 (상대와) 상호 작용을 하고 섞는 '행위자'다. 실제로 배의 본연의 기능인 소화는 이런 상호 작용의 예에 해당한다. 배는 주변에서 생산된 음식을 섭취할 뿐 아니라, 쓸모 있는 터줏대감인 박테리아의 도움을 받아 그것을 소화하는 과정도 수행한다. 배고픔과 그것을 해소할 필요성은 사려 깊은 계획, 정성을 쏟은 농사와 결과에 대한 관심 등을 촉진한다. 이 같은 피조물들은 일반적으로 자신을 방관자로 생각할 수가 없다. 아울러 '아름다움과 적당한 거리를 두어야 한다', 즉 '아름다운 것은 미술관에 두고 즐겨야 한다'는 예술과 미학의 개념에 만족하며 살 수가 없다.

1장에서 언급했듯이, 새로운 생성적 이론 모델에 따르면 우리는 근대 철학계를 지배한 인간형을 새것으로 대체해야 한다. 거리를 두고 있는 방관자들과 가상의 삼각형과 씨름하는 기하학자들이라는 개념은 '인간들은 본질적으로 상호 연관성을 지니고 있다는' 새로운 인식과 조화를 이룰 수 없다. 농부, 즉 흙과 수프를 연결시키는 인물이 우리가 선택한 대안이다. 하지만 농부들을 '예술'이라는 단어와 같은 문장 속에 집어넣으려면 당연히 약간의 설명을 해야한다. 예술(추상적이고 이론적이고 개념적이고 정신적인 일)과 공예(구체적이고 물질적이고 물리적인 일)가 확연하게 구별되는 철학계에서, 농부의 일은 전혀 창의적인 일로 취급되지 않는 한 공예 수준의 노동으로 간주된다(이것은 가능성은 낮지만 필요한 조건이다. 최근의 서양식 사고에 따르면 농부는 단세포적인 마인드와 창의력 부재의 상징이고, 최근에 크게 증가한 농부 및 농업에 대한 대중의 관심도 결코 이런 정서를 불식시키지 못했다). 농부들과 예술을 의미 있는 정도로 연관시키려면 우리가 해야 할, 적합한 일이 있다.

그렇다면 인간을 방관자로 보느냐, 농부로 보느냐 하는 이 모든 장광설은 예술, 엘 세예르 레스토랑, KFC, '맛있는 혁명'과 '도대체' 무슨 관계가 있는가? 결과적으로 말하자면 상당히 큰 관계가 있다. "예술이란 무엇인가?"라는 질문과 이것의 동반자격인 "음식은 예술인가?"라는 질문은 정신 중심의 철학, 방관자가 주도하는 철학의 맥락 안에서 제기된 경우, 한 종류의 대답만이 논리적으로 가능하다. 하지만 농부가 주도하고, 배를 채워야 하는 숙명을 중시하는 철학의 맥락에서 이 질문이 제기되면 사뭇 다양한 형태의 답이 나올 것이다. 이 다양한 형태—이것은 매우 중요한 문제다—는 단지 피상적인 학문적 관점을 말하는 것이 아니라, 우리의 일상생활에 영향을 줄 중대한 함축적인 의미를 수반한다.

헤겔, 칸트 그리고 일반적인 사상

그렇다면 배의 운명을 중시하는 사고방식으로 전환하려면 어떻게 해야 하는가? 이 문제는 앞에서 소개한 세 가지 사례로 되돌아가는 것부터 시작하여 풀고자 한다. 각 사례는 만족스러운 경험을 제시한다. 예술에 대하여 우리가 원래부터 갖고 있던 개념 안에서 생각하면, 또 '미적 경험'과 '예술 감상'이라는 핵심 개념을 감안하면 엘 세예르 레스토랑이 단연 수위를 차지한다. 엘 세예르에서 저녁을 먹는다는 것은 음식과 환경의 창의성과 아름다움을 인식하고 높이 평가하지 않을 수 없는 특별한 경험이다. 이곳의 손님들은 이런 특징들은 그 자체만으로도 높이 평가해야 한다는 것을 안다. 다른 두 가지의 먹는 사례는 편안함을 주고(KFC), 윤리적으로 존경스럽지만(맛있는 혁명), 기존의 견해에 따르면 '미학적인 경험'으로 처주기가 곤란하다. 현지 재료로 만든 음식을 먹는 행위와 렘브란트 (Rembrandt, 네덜란드의 화가, 1606~1669 ―옮긴이)의 그림을 보는 행위 는 다르니 말이다.

이 문제를 설명하려다 보니, 음식 대 예술에 관한 그런 관점에는 화려한 지적(知的) 역사가 있다는 것을 알게 된다. 영향력 있는 철 학적 전통이 그런 구획화―미학과 윤리와 감정을 구별한다―를 제 2의 속성으로 자리잡는 학문적 환경을 조성했다. 고대로 거슬러 올 라가는 그 철학적 전통은 미학과 윤리가 필연적으로 서로 밀접하게 연결돼 있다고 보았다. 이 철학은 심지어 가치론(價値論)이라는 어 휘를 사용했는데, 이 말은 '가치의 연구'를 나타내며 윤리학과 미학 을 모두 아우르고 있다. 이 두 학문을 떼어놓으려면 특별하고도 지 적인 노력이 필요하다. 평범한 삶에서 '예술'을 격리시키는 짓은 인 간을 높은 칸과 낮은 칸으로 나누어 취급하는 지적 환경에서는 자 연스러운 행위다.

보다 상세한 설명을 추가해야 할 것 같아, 매우 중요한 19세기 독일 철학자인 게오르크 빌헬름 프리드리히 헤겔(Georg Wilhelm Friedrich Hegel, 1770~1831)의 이론을 소개하고자 한다. 그가 제시 한 기본적인 견해를 바탕으로 하여 '미학'이라 불리는 특별한 영역 이 구축되었다. 그의 설명에서는 '높은'과 '낮은'이 중요한 요소로 작용한다. 물론 '높은' 영역은 우리의 머리와 관련이 있는 정신적인 것, 더 구체적으로 말하면 '마음'을 나타낸다. '낮은 것'은 일종의

'기타 등등' 항목으로, 나머지 모두 ─육체와 불가피하게 관련된 인간의 모든 면을 포함한다. 우리의 목적에 가장 부합하는 사실은 높은 차원의 행위는 보고 듣는 기능과 관련돼 있다는 것이다. 이것은 '방관자로서의 마음'이라는 개념과 가장 밀접하게 연관돼 있는 감각들이다. 그리고 이런 관련성은 이런 감각이 거리감, 분리감과 가장 친숙하다는 사실에 의해 더욱 강화된다.

여기서 '근접성'은 이런 감각들이 원활한 기능을 발휘하는 데 도움이 되지 않는다. 사실 근접성이 너무 강하면 오히려 방해 요소가 된다. 이런 감각은 거리를 둔 채 작동할 때 가장 나은 기능을 발휘한다. 우리를 달라붙고, 끈적끈적하고(우리 솔직해지자!), 더러운 촉각의 영역에 몰아넣는 '나머지 것', 즉 차원 낮은 감각들은 우리의 생득권이라 할 수 있는 상승궤도(발전 경향)에서 우리를 끌어내리는 방해 요소로 이해된다(놀라운 일이 아니다). 이론가인 로라 마크스(Laura Marks)가 지적한 것처럼, '헤겔은 미학이 감각적인 세부 사실에서 보편적인 진리로 격상한 존재이며 오로지 거리 감각을 통해서만 가능하다고 주장했다'. 그는 "냄새, 맛과 촉감은 보통 말하는 물질, 물질의 감각적인 속성들과 관계가 있다."라고 말했다.[6] 헤겔은 일관된 자세로 이런 견해를 단도직입적으로 밝힌다. 이런 이유로 이 (근접한) 감각들은 예술적인 대상들과 관계가 있을 수 없으며, 이 예술적인 대상들은 독립성을 유지하고 '전적으로' 감각적인 관계를 용납하지 않는다."[7]

이보다 더 직설적으로 말하기는 힘들다. 헤겔은 명시적으로 말하진 않았지만 차라리 이렇게 말하는 편이 나았다. "음식은 예술의 지위를 갈망해서는 안 된다."라고. 음식은 촉각, 후각, 미각의 세계에 어울리는 존재로 전락했다. 이것이 보편성이나 초월성의 경지에 도달할 가능성은 없다. 우리는 다카요 기요타 같은 사람이 만드는 경이로운 음식에 혀를 내두를 수 있다. '스시 아티스트'라 불리는 그의 창작품들, 얇게 썰려 나온 김밥을 볼 때 떠오르는 이미지는 '그냥 먹기에는 너무 아름다울지' 몰라도[8] 결국은 먹어서 없어진다. 시각적 아름다움은 스시 예술에서 중요한 요소긴 하지만 그것만으로는 충분하지 않다. 적어도 헤겔 철학의 관점에서 보면 그렇다. 그녀의 작품들은 우리가 먹을 수 있는 한, 이른바 '근접한' 감각(이것은 다음 장에서 자세히 논의할 '먼 쪽의' 감각과 반대되는 개념이다)의 영역에서 벗어나지 못한다. 이 분야, 즉 촉감, 미각, 후각은 현세의 영역의 밑바닥에 가라앉아 있으며, 이런 침체성 자체가 마르크스가 표현한 대로, '감각적인 세부 사실에서 보편적인 진리로 초월적으로 격상될' 가능성을 무산시킨다.

엘 세예르 레스토랑에서 일하는 사람들조차 "시도는 좋았지만 당신은 이해 못하겠죠."라는 말의 뜻을 안다. 이 레스토랑의 유능한 요리사들은 장난을 좋아하고 혁신적일 수 있다. 그들이 만든 요리는 고도로 개념적이고 지적이며, 손님들이 비주얼뿐 아니라 청각적 요소에까지 관심을 기울이도록 만든다. 그들은 심지어 손님들이 '배불리 먹는 것'을 목표로 하지 않았다는 이유로도 좋은 점수를 받고 있으며, 영양분같이 세속적인 주제에는 전혀 관심이 없다. 그들

식탁 위의 철학자들

은 음식을 이용하여 우리를 초월적인 존재의 수준까지 끌어올린다. 그럼에도 그것이 실제로 먹는 행위와 관련이 있는 한, 기존의 예술관을 지닌 사람들에게 그것(요리)은 천한 행동에 지나지 않는다.

정의(定義)상, 사람의 입으로 가치를 평가하는 물건은 객관적이고 심미적인 감상을 위한 '고상한 대상'의 영역에 속할 수 없다. 입과 코도 눈과 귀처럼 머리에 붙어 있지 않느냐, 거기도 눈, 귀와 똑같은 지위를 '누려야 하는' 위치가 아니냐, 하는 말은 신경 쓰지 말기 바란다. 상관없다. 맛을 보려면 입이 그 대상과 접촉해야 한다. 그렇다면 코는? 음, 좋은 질문이다. 코도 눈처럼 거리를 유지한 채 작동하는 '것 같지만', 코가 입과 너무 밀접한 관계가 있어서 그런지 몰라도, 코 역시 인접한 감각(proximate sense)으로 간주된다. 촉감 역시 철저히 먹는 경험에 포함되는 감각이다. 하지만 음식을 물어서 이것이 기껏해야 기예에 지나지 않음을 증명하는 것은 음식과 운명적으로 뗄 수 없는 관계에 있는 입이다. 입은 물론 우리의 배와 직접 연결된 통로기도 하다.

헤겔은 진정한 예술이 도달할 수 있는 상위 영역을 역설하면서, 칸트가 예술에 관해 쓴 유명한 글을 몇 편 소개했다. 칸트에게 '미학'은 하나의 독자적인 영역, 즉 아름다움을 주로 취급하는 독자적인 학문이다. 하지만 칸트는 독특하고 배의 중요성을 배제하는 철학자인지라, 그가 의미하는 아름다움은 일상적이고 평범한 경험과는 거리가 멀었다. 이 문제에는 우리도 참여자로 개입돼 있다. 확실히 농부보다 방관자 쪽인 칸트는 우선 진정한 미학적 판단은 '무심해야 한다'고 주장한다. 이 말은 거리를 두어야 하고, 차분해야 하고, 대상과 떨어져 있어야 한다는 뜻이다. 여기서 바로 우리의 배는 여기에 해당되지 않는다는 것을 알 수 있다. 자기가 하는 일이 직접적으로나 간접적으로 배의 욕구와 관련돼 있는 농부들은 직업의 성격상 이익이 걸려 있으며, 따라서 중립적이거나 차분할 수가 없다.

둘째, 칸트가 보기에 미학적 판단에는 '일종의' 보편성이 있다. 만약 어떤 사람이 X가 아름답다고 주장한다면 이것은 보편적으로 정당한 주장이며, 모든 '이성적인 행위자들'에게 다 해당될 것이다 (이 말은 칸트가 '인간들 그리고 다른 사람처럼 생각할 수 있는 모든 사람들'이라는 의미로 약간 남용한 말이다). 아름답다는 주장은 어디에서나 시기를 막론하고 사실일 것이다. 여기에서도 배는 우리를 다른 방향으로 몰고 간다. 인간들은 오랜 세월과 여러 지역에 걸쳐 다양한 멋을 선보였으며, 숱한 요리를 창안했고, 음식을 대상으로 온갖 종류의 찬사 또는 혐오감을 표출했다. 단맛에 대한 인간의 태생적 선호 같이 지극히 기본적인 맛을 제외한 여러 맛을 놓고 보편적인 공감이 이루어지는 경우는 매우 드물다. 맛에 관해서는 다양한 평가가 나오는 현상이 더욱 일반적이다.

칸트는 일부러 자기가 우리와 다르다는 것을 강조하고 싶었던 것처럼, 미학의 영역에서 음식과 술에서 나오는 모든 쾌감을 배제했다. 게다가 음식이 행여 미학의 카테고리로 은근슬쩍 끼어들어가는 일이 절대로 없도록 하기 위해, 그는 음식에서 '선(善)'과 관련된 어떤 판단도 이루어지지 않도록 했다. 칸트의 생각처럼, '(윤리적으로)

좋다'는 판단이 이 문제에 개입하면 사심 없는 태도는 물 건너갔다고 봐야 한다.[9] 이른바 '맛있는 혁명'이 극찬한 '맛 좋음'이라는 개념은 미학의 카테고리에서 결코 수용될 수 없다. 그것은 이 개념이 전적으로 주인의 관점에서 음식을 '좋게' 만든다는 행위를 내포한, 명백히 도덕적인 카테고리에 속하는 개념이기 때문이다. '좋다'는 말에는 '입맛으로 볼 때 좋다'라는 의미 외에 영양학적으로, 환경적 의미에서, 그리고 사회 정치적으로도 좋다는 의미가 내포돼 있다.

칸트는 우리와 시간적으로 수백 년이나 떨어져 있는 사람이지만 그의 영향은 지금도 계속되고 있다. 한 예로, 적어도 서구 사회의 식자층에서 미학적 감상의 정수(精髓)라고 여겨지는 미술관 견학을 생각해보자. 이런 경험을 해보면 예술에 대한 우리의 사고방식이 칸트식 예술관에 얼마나 큰 영향을 받았는지가 그대로 드러난다. 우리는 미술관에 들어간다. 그리고 그런 행위로 인해 평범한 삶, 삶이 주는 근심 걱정, 삶에 얽힌 '이해관계'에서 벗어난다. 우리가 그림, 조각품, 기타 '미학적' 대상을 보고 감탄한다는 것은 아름다움의 관점에서 그것들을 관조한다는 뜻이다. 심지어 전시되고 있는 감상의 대상들이 꽃병, 코담배 상자, 옷을 비롯하여 진열 목적상 아주 실용적인 물품일지라도 우리는 그것들의 (추상적인) 아름다움에 초점을 맞춰 감상한다. '제대로 된' 미술 애호가들은 그런 물품들은 실용적 측면을 괄호로 묶어 잠시 옆에 치워두어야 함을 안다. 그래야 그 물품들의 '진정한 심미적' 장점을 찾는 일에 전념할 수 있기 때문이다. 그 물품들이 예전에 발휘했던 기능들, 그것들이 한때 '알맞게 수행했던' 목적들은 지금 미술관 관람객들에게서 '심미적 관심'을 끌어내지 못한다. 사실 기능을 깊이 생각하면 감상에 방해가 될 수 있다. 오직 그 물품들의 실용주의적 측면을 무시해야만(설사 인식하더라도 호기심을 충족시키는 정도에 그쳐야 한다.) 그 물품들은 전시하고 감상할 가치가 있다. 다른 말로 하면, 의류와 코담배 상자 같은 것들은 관람객들의 취향에 가장 적합한 예술 형태의 조각과 특히 그림에 근접해야 미학의 영역으로 받아들여질 수 있다.

이런 유의 괄호 묶기 현상은 비서구권 문화에서 나온, 아름다우면서 실용적인 물품들이 서양 미술관에서 전시되었을 때 더욱 뚜렷해지고 정도도 심해진다. 칸트 철학의 관점에서 보면, 미술관 전시라는 행위를 통해 이런 작품들을 '띄우는 것'은 의심할 나위 없이 이것들을 예우하는 처사이며, 이런 물품들이 칸트의 견해가 중시하는 보편적인 미의 특질을 명백히 지니고 있음을 인정하는 것이다. 우리의 관점에서 볼 때, 이런 터무니없을 만큼 심한 괄호 묶기가 성행하는 이유는 그 물품들을 '예술'로 둔갑시키려면 그것들의 존속이 '이해가 되었고' 의미가 있었던 원래의 시대적 배경에서 그것들을 강제로 분리하는 일이 불가피하다는 사실 때문인 것 같다.

예술에 대한 헤겔/칸트 철학은 자신들이 진정한 예술로 간주하는 것과 겉만 그럴싸한 가짜들을 확실하게 구별하는 것이다. 이들의 견해에는 또 '예술 비슷한' 다른 창작품들이 예술 카테고리로 진입하는 것을 허용할지 말지를 결정하는 근거가 제시돼 있다. 예를 들어 예술 작품(의도적으로, 비실용적인 목적으로 만들어진 것에 국한된다.)이라는 독립 카테고리가 없는 문화권에서 창작된 아름답지만 실용적인 물품들, 또는 경위는 모르겠지만 자체의 실용성을 '초월하여' 예술적 공예품으로 둔갑한 물품들이 여기에 해당될 것이다. 예술을 '예술답게' 만드는 요소는 무엇인가? '진정한' 예술의 특징은 다양한 계층의 존재다. 예술 애호가들의 집단은 예컨대 미술관이나 콘서트홀 같은 곳에 격리시켜야 한다. 보편적이고 영적인 세계로 승격할 자리를 만들기 위해서다(헤겔). 제대로 된 '미학적' 경험을 위한 준비 과정으로, 일상생활에 대한 걱정은 잊어야 한다(칸트).

이런 행위들은 방관자 이론에서 파생할 것으로 충분히 예상 가능한 것들이다. 사실 이 부분에서 방관자 철학의 원리는 여러 개념들이 어떻게 상호 작용하고 있는지를 파악하는 데 매우 유용하다. 이 개념의 집단들은 지적인 영역을 중복해서 공유하고 있기 때문이다. 칸트와 헤겔이 역설한 예술관을 선택지 후보로 고려할 수 있으려면, 인생의 조건을 이해하는 지적 환경의 윤곽을 규정하는 데 있어 한 가지 변화가 선행되어야 한다. 그 환경 안에서, 육신으로 이루어져 있고 운명적으로 배의 욕구를 외면할 수 없는 우리 인간은 서서히 배경 속으로 사라져버린다. 그리고 그 자리에 방관자들, 즉 데카르트가 '생각하는 것(thinking thing)'이라고 부른 존재들이 들어선다. 이때부터 인간의 주요 행동은 갑자기 행동이 아니라 '사고(思

考)'가 되었다.

이런 인식 체계(패러다임)가 등장한 점을 고려하면, 사실 '미술가들'의 이름을 얘기해보라고 했을 때 많은 서양 사람들이 화가들의 이름을 열거해도 놀랄 일이 아니다. 그림은 방관자의 입장에 잘 들어맞는 예술 형태고, 미술관이라는 객관적인 영역에서도 무리 없이 수용된다. 그림은 우리를 근접 감각에서 핵심 감각, 즉 시각(적어도 그림을 미학적으로 감상하기 위해 그림을 핥거나 만지거나 냄새를 맡을 수는 없다.)으로 높여주는 고마운 존재로 인식될 수 있다. 그림은 바실리 칸딘스키(Wassily Kandinsky, 러시아의 화가, 1866~1944 –옮긴이)의 그림과 글이 입증했듯이, 순수한 '정신적' 매체의 지위를 갈망할 수도 있다.[10]

우리는 배 문제의 중요성을 중심에 놓는 새로운 생성적 사상, 즉 기하학자-방관자 대신 농부를 인간의 모델로 삼는 개념을 창안할 수 있는지 알아보기로 했다는 점을 잊지 말아야 한다. 우리는 감각을 '높고'(시각) '낮은'(촉각) 것으로, 인간 활동을 고상하고(예술) 저급한(공예) 형태로 구별하는, 낡은 생성적 사상의 맹점을 파헤쳤다. 그리고 우리는 이런 생성적 사상 위에 자리 잡은 예술관, 거리를 둔 채 육신에서 분리되고 감정을 배제한 상태의 감상을 강조하는 개념으로서 그림과 기타 시각 예술을 전형적인 사례로 못박은 인식체계(패러다임)를 분석했다. 낡은 생성적 사상에는 음식을 예술로 보는 그 어떤 견해도 들어설 여지가 없다. 우리는 이제 동원할 수 있는 자원들을 끌어 모아 대안이 될 수 있는 다른 생성적 사상, 즉 음식을 미학적으로 중요하게 간주하고 음식을 예술로 보는 확고한 개념을 뒷받침할 수 있는 사상을 확고히 쌓아야 한다는 사실을 분명히 알 수 있다. 우리는 이제 임무 수행에 필요한 다음 단계로 넘어가, 최초의 진정한 음식 미학주의자라고 불러도 손색이 없는 현대의 사상가, 음식을 의도적으로 그리고 철학적으로 연구하고 논의하기 시작한 한 학자의 사상을 심도 있게 논의하고자 한다.

현대의 철학, 예술, 음식:
캐롤린 코스마이어

20세기의 마지막 수십 년 동안, 기존의 미학 이론은 음식과 철학을 과감하게 논제로 삼은 캐롤린 코스마이어(Carolyn Korsmeyer, 뉴욕 주립대학 버팔로 캠퍼스의 철학과 교수로 미학과 정서 이론, 미각과 음식의 미학적 지위 등을 주로 연구한다. – 옮긴이)라는 학자의 거센 도전을 받았다.[1] 그녀의 저서 《미각 만들기(Making Sense of Taste)》(1999)는 기존의 지배적인 미학 이론 모델, 이 이론의 토대이자 생성적 이론인 마음-육체 이원론, 그리고 이 이원론에서 파생한 감각의 계급 구조론에 간접적이지만 강력한 한 방을 날렸다. 코스마이어는 근접 감각들이 묵살하는 기존의 익숙한 학설에 도전하는 데, 특히 맛을 복원하는 데 지대한 공헌을 했다. 사실 책 제목이 암시하듯이 이 책의 주요 내용은 맛 복원 또는 교화 과정이다. 그녀는 또 "음식은 예술인가, 아니 음식은 예술이 '될 수' 있는가?"라는 문제를 매우 구체적으로 파헤쳤다. 그녀는 음식은 '음식의 준비와 서빙에 관련된 참고문헌, 상징, 표현, 실증 등 실제로 예술품에 해당되는 일부 핵심 기준들을 충족시킨다고 주장한다.[12] 이런 기준들은 미국의 추수감사절 만찬과 유월절(유대교의 축제일) 같은 행사 때 나오는 중요한 의식용 음식을 요리할 때 특히 더 철저히 지켜진다.

그런데 음식이 예술 형태인가 아닌가 하는 문제에 관해서 코스마이어는 신중한 태도를 취한다. 그녀도 우리처럼, 서구 사회가 전통적으로 마음-몸 이원론에서 직접적으로 파생된 견해라고 할 수 있는 예술과 공예의 구별, 순수 미술과 응용 미술의 구별을 강조한다는 점을 주목한다. 하지만 그녀는 결국 과도한 이분법적 태도는 음식을 순수 미술의 작품으로 선언하는 '허풍의 덫'에 빠지지 않음으로써 바로잡을 수 있다고 주장한다. 그녀는 "나는 감각들의 등급을 매긴 전통을 단숨에 없애고 모든 감각들과 감각의 대상을 평준화하려는 것이 아니다. 그러고 싶지도 않다."라고 말한다.[13] 서구 철학의 전통과 이에 따라 미각을 인접 삼삭들 위에 놓는 위계질서를 고려하면 "음식은 순수 미술이라는 카테고리에 들어갈 자격이 안 된다."라고 그녀는 말한다.[14] 코스마이어는 순수 미술의 관념을 보존하면서 '요리 기술을 여전히 하급 예술이나 장식 예술, 또는 아마도 기능적 미술이나 응용 미술'로 간주할 생각이 있는 것 같다.[15] 그녀는 음식에 내재된 어떤 요소나 맛, 냄새 등을 이유로 음식이 예술이라는 주장을 배척하지 않는다. 반대로 역사, 즉 음식과 예술이 둘

다 문화적 행위로 자리잡은 과정 때문에 이런 분류화의 관행을 거부한다.

이 부분에서 코스마이어는 매우 중요한 업적을 이룬다. 코스마이어는 '예술'이라는 항목은 너무 편협하여 그 모든 음식을 미학적으로 모두 망라하지 못하고, 또 그럴 수도 없다고 주장한다. 우리 같으면 음식을 '예술'이라는 카테고리에 집어넣는답시고 음식이 지닌 많은 속성들을 줄이는 몹쓸 짓에만 골몰했을 것이다. 코스마이어는, 문제는 음식보다 '예술'에 관해 특정 해석을 부여한 우리의 철학적 유산 때문일지도 모른다고 주장했다. 아마 '순수예술'이라는 카테고리는 결코 그렇게 순수하지 않을지도 모른다.

코스마이어는 음식에 '예술'의 지위를 부여하기를 거부하는 데 있어 단순히 낡고, 문제가 많은 생성적 사상의 부산물을 거두어들이는 것이 아니다. 그녀는 카테고리의 제한적 성질을 고려하면, 음식에 예술의 지위를 부여하는 것이 우리가 음식을 미학적으로 인정하고 높이 평가할 수 있는 가장 효과적인 행위가 아니라고 주장했다. 일반적으로 미학적 낙오자들만 모아놓은 쓰레기통, 음식이 육체 그리고 가장 지적이지 않은 감각으로 여겨지는 감각과 밀접하게 관련돼 있다는 이유로 팽개쳐져 있는 쓰레기통에서 빨리 음식을 구출하는 임무가 훨씬 중요하다. 이런 구출 작업을 끝내면 우리는 음식이 갖고 있는 훨씬 큰 미학적 잠재력, '예술'의 카테고리를 뛰어넘는 잠재력을 이해할 수 있을 것이다. 미학의 영역 안에서 음식이 차지하는 특정 지위를 인정하고 높이 평가하는 것은 더욱 중요하다. 예술과 음식 모두는 중요한 미학적 의미와 가치를 그것을 경험하는 사람들에게 전달해줄 수 있는 복잡한 '상징 시스템'[16]을 구성한다.

코스마이어는 음식, 그리고 음식을 일상적으로 먹는 경험은 상징적이고 미학적으로 풍요로운 의미를 나타낸다는 사실을 보여준다. 의도적으로 평범한 사례를 들어보겠다. 치킨수프는 비유적으로나 글자 그대로의 뜻으로나 어떤 편안한 마음을 (특정 종류의 상징적 조치다.) '나타낸다'. 이것이 나타내는 비유적 의미의 편안함은 필수적으로 이것이 주는 물리적 편안함과 연결돼 있다. 치킨수프가 비유적으로 우리의 영혼에 아늑함을 안겨주는 이유는 이것이 코막힘 증상과 기관지염을 물리적으로도 가라앉혀주기 때문이다. 이 치킨수프의 경우는 별로 미학적으로 매력적인 사례는 아니지만, 평범한 온갖 종류의 식품들 프레첼(매듭·막대 모양의 짭짤한 비스킷 –옮긴이), 캔디콘, 사과, 덤플링(고기 요리에 넣어 먹는 새알심 –옮긴이), 염장육 등이 미학적 중요성(가끔 미학적으로 큰 중요성을 띨 때도 있다.)을 띠는 방식을 잘 보여준다.

예술 같은 카테고리들의 심오한 문화적 성질을 분석한 코스마이어의 글을 읽으면 미술관 같은 문화 단체들이 흔히 다른 문화권의 작품들, 예컨대 의식, 의례 혹은 일상생활에서 사용하는 다른 문화권의 물품들에 대해 존중을 표한답시고 '순수예술'로 규정함으로써 오히려 그 문화에 폭력을 행사하는 현상에 대해 깊이 생각하게 된다. 물론 그 물품들을 존중하겠다는 의도였겠지만, 다른 문화

에는 없는 카테고리인 '예술'로 분류하는 바람에 실제 결과는 왜곡
된다[지금 이 시대에, 어떤 예술 작품에 성유(聖油)를 발라줄 권한을 가진 사
람들, 즉 미술관의 큐레이터들, 비평가들, 미술가들 등은 흔히 그런 '존경의 표
시'가 이런 물품들이 소속된 문화권에 종사하는 사람들한테는 심각한 무례 내
지는 폭력으로 느껴지기도 한다는 사실을 무시한다]. 의례나 의식에 사용
되는 물품들, 심지어 잘 만들어진 일상품들도 우리가 지지하는 폭
넓은 예술의 의미에서 볼 때 미학적 가치가 있다고 판단할 수 있다.
하지만 그것들이 미술관에서 특별한 응시의 대상으로 진열되는 것
은 별개의 문제다. 음식 문제로 돌아와, 만약 음식이라는 주제를 예
술의 카테고리가 허용하는 관점으로만 이해해야 한다면 우리는 음
식의 지위를 올리기는커녕 오히려 떨어뜨릴 것이다.

예술에 대한 다른 개념

우리는 음식의 미학적 가치를 되살리려 한 코스마이어의 노력을 높이 평가하지만, 인간에게 운명적으로 따라다니는 배의 문제를 논할 때 특정 측면을 인위적으로 배제(괄호 묶기)하는 전통 철학의 이론을 바로잡으려면 그 이상의 행동이 나와야 한다고 생각한다. '방관자' 견해를 핵심으로 한 접근법 선체를 무력화시키기만 하면 '예술' 그리고 '철학' 자체의 의미를 동시에 재고할 가능성이 생긴다. 여기서 나온 중요한 결과 중 하나는 음식을 예술로 보는 새로운 사고방식의 탄생이다. 코스마이어가 보기에 우리가 전통적인 가정들, 그리고 역사적 상황에 의해 확립된 가정들을 받아들이면, 음식을 만드는 행위는 자동적으로 하등 예술의 범주에 들어갈 수밖에 없다. 만약 우리가 (기존의 미학적 카테고리를 이용하여 음식에 '대해' 생각하지 않고) 음식에서 '출발하여' 미학적인 사고를 시작하면 '예술' 자체의 정의에 관한, 확고한 기존의 가정들을 재고하지 않을 수 없을 것이라고 생각한다.

우리는 지금 정확히 어떤 주장을 하려는 것인가? 한 가지만 명확히 해두자. 우리는 사실이 아닌 것을 날조하고 요리의 기술을 최고로 높은 지위에 올려놓으려는 시도는 잘못된 전략이라는 코스마이어의 주장에 동의한다. 우리가 다른 생성적 사상으로 갈아타려는 것은 다른 종류의 조치다. 우선, 굶주린 배의 운명을 벗어날 수 없는 인간의 속성을 강조하면, 우리는 우리 자신을 이 세상 '안에서' 바쁘고, 관심과 흥미로 상호 활동을 하는 존재로 이해할 수밖에 없다. 둘째, 이것은 또 맛(미학적 의미가 아닌 글자 그대로의 맛)의 역할을 핵심적인 역할로 격상시킨다. 우리는 육체를 갖고 있고, 맛을 볼 줄 아는 동물(호모 사피엔스)이다. 우리는 어떤 음식을 경험할 때는 쾌락을 느끼고, 또 어떤 음식을 먹으면 긴가민가 하는 표정을 지으며 또 어떤 음식에는 불쾌감을, 나아가 혐오감을 느끼기도 한다. 이 두 가지 특징, 즉 세상과의 밀접한 연결과 맛 때문에 예술과 음식의 온전한 관계에 대한 기존의 접근법과는 전혀 다른 접근법이 나오는 것이 당연하다.

미학적 경험은 완료적 경험이다

수정된 생성적 사상을 고려하면, 이제 우리의 초점은 더 이상 예술과 공예의 구별을 보존하는 것이 아니다. 그보다는 우리가 존 듀이의 철학에서 차용한 개념, '완료적 경험'이라는 개념이 주된 관심사다. 그런 경험들은 쾌락 또는 불쾌감처럼 단순하고, 즉각적인 느낌('달콤해!' 또는 '써!')을 수반하지 않는다.[17] 그런 경험들은 또 단순히 점멸 스위치('예술임' '예술 아님')를 누르듯이 판단할 수도 없다. 그보다는 여러 요소와 에너지가 겹겹이 쌓여 이루어진, 그래서 정도의 차이가 있는 여러 감정의 집합체를 특징으로 하는 경험이라고 할 수 있다. 완료적 경험은 하나씩 분리되는 것이 아니라 하나의 연속선상에 있다. 이것의 특징으로 '올바르다는 느낌'을 들 수 있는데, 이 감정은 갑작스런 종식이 아니라 여러 요소의 결합체에서 만족감과 함께 나온다. 우리가 제시한 이론 모델은 미학의 전제 조건처럼 어떤 격리된 순수성(미술관, 콘서트홀) 대신 포용성을 강조한다. 게다가 이름 자체가 시사하듯이 정적인 상태 혹은 독립된 물체가 아니라 경험하는 행위, 즉 연결 또는 상호 작용의 과정을 강조한다. 헤겔/칸트 철학에 입각한 예술관이 아름다움, 세련미, 영속성, 공감, 거리감, 미술관 같은 개념들과 연관돼 있는 반면에 우리가 대안으로 삼고자 하는 이론 모델은 '완성체'의 구성 요소로서 결합, 상황, 흡인력, 일시성, 순수성 등을 강조할 것이다.

헤겔/칸트의 접근법은 기본적으로 부정성(否定性)의 기반 위에 성립되었다. 이 이론의 핵심 개념은 'not(아니다)'이다. 이것은 "일상적인 경험에 속해서는 안 된다. 인근 감각과 관련돼서도 안 된다. 유용성이 있어서도 안 된다. 윤리적이지도 않다."라고 말한다. 하지만 우리가 선택한 대체 이론은 'and(그리고)'를 강조한다. 이 이론은 "정말 기분 좋다. '그리고' 유용성이 있다. '그리고' 아름답다; '그리고' 좋다."라고 말할 것이다. 미학적 경험의 최고봉은 이 '그리고' 차원의 가능성을 극대화할 것이다. 희곡이 좋고, 연기가 좋으면 연극은 성공한다. 잘 설계된 빌딩, 시, 그림도 마찬가지다. 훌륭한 요리도 똑같다. 어떤 창의적인 노력도 이런 수준의 성공을 이룰 텐데, 한편으로 이런 창의적인 형태들은 최고 수준의 우수성을 달성하지 '못할 수'도 있다. 어떤 종류의 노력에도 그런 수준의 성공이 보장돼 있는 것은 아니다. 예술과 비예술을 구별하는 엄격한 경계선에 이제 막 투과성 막(透過性 膜)이 생긴 것이다.

이 새로운 이론 모델(대상보다 경험에 초점을 맞추는 이론으로, and의 개념을 강조하는)에서 몇 개의 새롭고 결정적인 개념들이 형성된다. 그중 하나는 '결합'인데, 이것 역시 '그리고'의 의미와 비슷하다. 또 하나의 개념은 '상황'이다. 우리가 지금까지 비판한 예술관이 '심미적 감상'에 몰두할 수 있는 특별한 장소의 창출을 강조한 반면, 우리가 채택한 새로운 관념은 완료적 경험이 실제 생활의 여러 요소들이 융합된 결과라는 사실을 강조한다. 우리의 새로운 예술관은 특정한 종류의 창조된 물품들의 존재나 속세와 동떨어진 듯한, 특정한 종류의 고상한 배경 등을 요구하지 않는다. 이 관념은 어떤 물품이 창작된 맥락이 올바른 상황을 조성하는 한, 인간은 누구나 세속적인 대상—예를 들면 치킨수프 한 그릇—에 뿌리를 둔 완료적 경험을 가질 수 있다는 이해에서 출발한다. 이 관념은 글자 그대로 우리를 자연스럽게 이끈다는 점에서, 방금 온 문자메시지를 확인하느라 또는 상태를 업데이트하기 위해 끊임없이 스마트폰을 들여다보지 않아도 되는 경험을 허용한다는 점에서 대단히 '매력적이다'. 경험 자체는 어떤 동떨어진 순간의 결과가 아니라, 일정한 시간에 걸쳐 펼쳐진 사건이다. 여기서 '일시성'은 일정한 길이의 시간과 그 경험이 펼쳐지는 특정 시대와 기간의 중요성을 시사하는 개념으로 이해할 수 있으며, 이 개념은 헤겔/칸트의 예술관에 뚜렷하게 강조되고 있는, 시공을 초월한 보편성을 밀어내고 그 자리를 차지한다. 마찬가지로, 수백 만 명을 감탄시킨 대상의 앞에 있어도 그런 상황이 실현되지 않는 경우 또한 존재한다. 예를 들어, 혼잡한 관광명소인 시스티나 성당(로마의 바티칸 궁전에 있는 교황의 예배당 - 옮긴이)에 구름같이 몰린 관광객들 사이에서 이리저리 휩쓸리는 모습을 상상해보면 쉽게 이해할 수 있을 것이다.

우리는 '완료적 경험은 일어날 수 있다'를 모토로 삼아야 할지도 모른다. 개중에는 분명히 그런 경험이 발생하도록 하기 위해 계획적으로 만들어진 종류의 물체들도 있고, 그런 경험이 가능하게 하려는 의도로 짜인 종류의 맥락들도 있다. 하지만 이런 것들은 일반적인 경우 중 일부에만 적용되는 특별한 사례일 뿐, 예술 그리고 미학적 특징을 지닌 경험의 조건을 규정하지는 못한다. 어떤 때는 치킨 수프 한 그릇이 완료적 경험이 될 수 있다지만 그것이 평범한 점심 한 끼에 불과할 때도 있다.

이 새로운 예술관이 탄생시킨 두 번째 새로운 개념은 순수예술과 응용예술을 구분하는 낡은 예술관과 관련된다. 우리의 원형적 이론 안에는 여러 형태의 차별과 구분이 그대로 존속돼 있다. 바뀐 것은 특정한 종류의 행동에 우월성이나 순수성을 자동적으로 부여하는 관행, 그리고 가구 제작, 도자기 만들기 또는 직물 짜기 같은 기타 행동을 자동적으로 열등한 행위로 격하하는 관행이다. 순수성(이 말은 철학적 설명을 할 때 가끔 의존하지 않을 수 없는 종류의 허접한 단어다.)은 가장 완전한 종류의 결합을 목표로 하는 예술적 기교를 나타내는 말로 변한다. 물질들의 이 같은 결합은 예술 작품의 제작에만 사용되는 것이 아니다. 이것들은 아름다움, 유용성, 선을 결합하는 여러 결합체다. 예술적 기교에서 중요한 것은 한때 양립할 수 없는 것으로 여겨졌던 여러 가능성을 실을 엮듯 짜맞추는 태도다. 초연한 태도, 순수미 또는 물질적 영역을 버리고 정신적 영역만 좇는 태도는 여기에 어울리지 않는다(이 문제에 관련하여 덧붙이자면, 물질적 영역을 추구하느라 정신적 영역을 버린다는 생각도 중요하지 않다. 이런 두 '실체'를 상이한 존재로 인식하는 관념이 바로 문제의 일부다).

이런 식으로 일부 일반적인 연계성은 조금 수정은 되었지만 그대로 존속된다. 미학적 경험의 핵심적 부분인 내재적 기쁨은 옆으로 제쳐지지 않았다. 완료적 경험의 한 측면은 이것이 즐겁다는 것이다. 하지만 '그리고'의 차원을 상기하면, 정제되지 않은 기쁨이 있는 것처럼 순수한 기쁨도 있을 것이라는 생각이 다시 떠오른다. 혼합물과 결합물이 보여주는 우아미와 그것의 성공 여부가 경험의 완성도를 결정할 것이다. 기쁨을 주는 것이 미학적으로 아름답지 않을 수 있지만, 미학적으로 아름다운 것은 기쁨을 줄 수 있을 것(이 말의 의미상으로)이다.[18] 여기서 다시 한 번 '연합' '그리고'의 차원이 핵심적인 특징으로 부각된다.

인간이 정말 육체에 부속된 정신일 뿐이라고 주장하는 접근법 안에서는 '아니다' 요소가 세상을 지배한다. 그런 관점에서 보면 육체적인 요소가 포함된 즐거움은 '쾌락'이라는 경멸적인 항목 밑으로 들어간다. 그런 즐거움에는 자동적으로 음식이라는 '배 와 입'의 즐거움이 포함될 수밖에 없다. 여기서 자동적이라는 말에 주목하자. 우리는 이것이 바로 실수라고 생각한다. 잘못된 부분은 차별이 시작되었다는 사실이 아니라, 그 차별이 형성된 과정이다. 보다 나은 접근법, 즉 '그리고'의 요소와 더불어 예술성과 순수성을 고집하는 접근법은 차별을 하더라도 다른 방식으로 한다. 이 접근법은 여러 예술들, 다시 말해 많은 형태의 제작 관행을 인정한다.

반드시 순수성이 내포돼 있지 않는 예술 형태들도 있고, 순수성이 없다는 이유로 무시되지 않는 예술도 있다(물론 더 오래, 그리고 더 깊이 순수성을 추구한 역사를 지닌 예술 형태들도 있을지 모른다). 한 묶음으로 같이 엮이기를 바라는 여러 가능성들은 얼마나 포괄적인 성격을 띠고 있을까? 예술 작품을 어떻게 만들어야 그 다양한 요소들을 훌륭하게 결합할 수 있을까? 결합물을 이루는 구성 요소들 사이에 일치하는 점이 있는가? 그 혼합물 속에 아름다움, 의미, 이로움, 실용성 등이 있는가? 그렇다면 순수성도 있는 것이다. 그 이상이다. 여기에는 아름다움, 의미, 좋은 면과 유용성이 함께 엮일 수 있는 정도로 충만한 미학적 경험이 있다는 뜻이다.

참여와 경험의 완료

그런 이론 체계를 요리에 적용하면 놀랄 만한 결과가 나온다. 단순한 재료, 식사 자리의 환경, 같이 식사한 사람들 등의 요소를 연상시키는 한 끼의 정든 음식(comfort food, 옛날에 어머니나 할머니가 해준 음식처럼 마음을 진정시키고 향수와 편안함을 주는 음식 ─옮긴이)은 완료적 경험, 따라서 미학적 경험이 될 수 있다. 어느 추운 겨울날의 저녁식탁에 촛불, 크림을 넣은 포테이토 수프, 집에서 만든 빵을 앞에 놓고 단짝 친구들과 둘러앉아 있는 모습을 떠올려보라. 이에 반해 고급 요리의 세계는 이론적으로나 중요한 미학적 경험으로서 자동적으로 떠오르지는 않는다(하지만 가장 의식적으로, 방관자 이론에 입각하여 예술로 규정될 수 있을 작품을 창조하려고 애쓰는 분야가 바로 이 세계다). 예컨대 어떤 '시식 행사'가 사람들의 배만 채우는 문제에 대한 경멸감을 품은 채 정교하게 만든 요리 작품들로 구성돼 있다면, 그리고 그 요리들이 거리를 둔 감상이라는 원칙에 따라 뒤에 물러서서 성찰한 결과 최고의 '맛'이라는 평가를 받았다면, 그 요리 작품들은 미학적 경험으로 볼 때 핵심이 아니라 주변에 머물 수밖에 없다. 그런 요리 작품들—예컨대 엘 세예르 레스토랑의 제빵사들이 만든 창작품이나 엘 불리 레스토랑(El Bulli Restaurant, 스페인 마드리드에 있는 고급 레스토랑 −옮긴이) 또는 팻덕(Fat Duck, 영국 런던에 있는 고급 레스토랑 −옮긴이) 혹은 프렌치 론드리(The French Laundry, 미국 샌프란시스코에 있는 고급 프렌치 레스토랑 −옮긴이) 또는 기타 우아하고 비싼 고급 식당의 요리사들이 내놓는 신메뉴들은 헤겔/칸트 철학의 잣대로 보면 '예술'의 수준에 가깝다는 평가를 받을 것이다. 하지만 우리의 잣대로 보면 그런 요리는 응용예술과 순수예술의 구별, 고상한 객관성과 일상생활의 구별, 영적인 요소와 영양 문제의 구별에 따라 가치가 달라지는 의미의 지평선상에 남아 있다.

종합적인 경험의 강조는 미적 측면이 이제 전체적인 상황을 함축한다는 우리의 주장을 더욱 강화한다. 고상한 분위기(미술 분야의 '미술관' 개념을 떠올려보자.)에서 어떤 대상을 마주하는 동떨어진 개인의 이미지는 이제 규칙이 아니라 예외가 되고 있다. 이 부분에서 변호사로서 미식(美食) 세계에 관한 글로 명성을 떨친 장 앙텔름 브리야사바랭(Jean Anthelme Brillat-Savarin, 프랑스 정치가·저술가·요리 연구가, 1755~1826 −옮긴이)의 말은 크게 도움이 된다. 그는 '먹는 행위의 즐거움'이 아니라 '식탁의 즐거움'에 관한 글을 썼는데, 여기에는 좋은 친구들과의 우정과 편안한 환경이 포함돼 있다.[19] 저녁식사의 미학은 차례로 나오는 요리들에만 국한되는 것이 아니다.

이제 식탁의 범위를 넘어, "'점점 세게' 그리고 '점점 여리게' 블루스(Diminuendo & Crescendo in Blue)'(1937)라는 듀크 엘링턴(Duke Ellington, 미국의 재즈 피아니스트 겸 작곡가 ─옮긴이)의 전설적인 실황 연주곡을 음미해보자. 이 곡은 〈뉴포트의 엘링턴(Ellington at Newport)〉(1956)이라는 라이브 앨범에 수록되어 있다. 이 녹음에는 현장에 있던 군중과 밴드원들의 소리가 고스란히 담겨 있는데, 두 집단은 각각 상대방을 향해, 그리고 음악이 흐르기 시작한 뒤에는 음악에 반응하여 소리를 냈다. 이 녹음을 듣고 있으면 우리는 공연을 지켜보는 청중 속에 들어가 있는 듯한 느낌을 갖게 된다. 실제로 현장에 있으면서 그 뮤지션들이 움직이고, 소리치고, 군중과 함께 환호하는 모습을 봤더라면, 그러면서 뮤지션들의 몸이 연주하는 동안 어떻게 움직이는지를 인식했더라면 훨씬 더 충만한 경험을 했을 것이다. 인근 감각들을 비롯한 다른 감각들도 우리의 경험에 녹아들었을 것이나. 냄새, 예를 들어 담배, 마리화나, 맥주, 땀, 애프터셰이브 로션, 향수 등에서 나는 냄새도 물론 중요하다. 촉감도 마찬가지다. 군중의 규모가 그 정도였다면 사람들 간의 고의성 없는 밀치기는 불가피했을 것이며, 여기에 음악이 주는 흥분 효과 때문에 좀 고의성이 가미된 충돌이나 몸의 마찰 등도 보태졌을 것이다.

거리를 두고 즐기는, 정신을 중시하는 '심미적 감상자들'이라면 이런 경험을 완성하는 요소 중 상당 부분을 배제할 것이다. 폭발적인 감정의 연속적 분출과 그것의 배경을 이런 음악의 미학적 감상에 부적절한 요소로 도외시하는 것은 큰 실수다. 이른바 '쓸데없는' 함성, 흰 턱시도를 입고 눈을 감다시피 한 색소폰 주자 폴 곤잘베스(Paul Gonsalves)가 무려 27코러스를 독주하는 모습, 맨 앞줄에 있던 여자 관객이 갑자기 무대 위로 올라와 빙글빙글 춤을 추던 장면. 이 모든 것이 '점점 여리게'와 '점점 세게' 블루스를 연주한 공연의 '일부였다'. 이런 요소들을 묵살하는 실수는 결합보다 구분을 더 좋아하는 옛 철학적 세계관의 산물이다.

물론 우리는 이 실황 공연을 집이나 차 안에서 듣거나, 아마 군중에서 나온 잡음을 제거한 음반을 구할 수도 있을 것이다. 그러면 분명히 우리는 아주 고상한 음악적 경험을 할 테지만, 그것은 중요한 것이 빠진 듯한 경험이다. 그것은 핵심에서 겉돌고 어딘가 약해진 듯한 완료적 미학 경험이 될 수밖에 없다. 이 경험이 충만해지려면 군중, 소음, 냄새, 촉감 등이 모두 필요하다. 헤겔/칸트의 접근법에 따르면, 차 안에서 듣는 음악이 괄호 묶기가 가능하고 덜 육체적인 경험이므로 더욱 '미학적인' 경험으로 여겨질 것이다. 아니면 이렇게 표현할 수도 있을 것이다. 헤겔/칸트 접근법에 따르면, 최고로 미학적인 경험은 그런 괄호 묶기로 '질을 향상시킨' 경험들뿐이라고.

군중이 땀냄새를 풍기며 격정적으로 환호하는 아수라장 같은 재즈 콘서트는 절대로 그런 고상한 지위에 올라가지 못하며, 살균 처리된 음반은 바로 그런 사실을 증명할 뿐이다. 우리의 접근법은 이 궤도의 방향을 돌려놓는다.

다수와 훌륭한 것

일반적으로 말해 우리가 제시하려는 식탁 중시 이론은 다른 이론들이 단순화하는 부분을 복잡하게 하는 반면, 그 이론들이 독점하는 부분은 다원화하는 경향이 있다. 아주 좋은 음식은 여러 버전으로 나온다. 조리법이 딱 하나밖에 없는 요리는 범세계적인 요리라고 할 수 없나. 사실 어떤 음식이든 '조리법'이 하나뿐인 경우는 없다. 조리법이 하나밖에 없으면 이것도 역시 창의력을 억제하는 실수다. 대문자 A로 시작하는 예술(Art)의 측면에서 말하자면, 제조 과정에 담긴 복잡성을 왜곡하는 실수가 될 것이다. 발레, 조경술, 재즈, 건축, 요리, 도자기 제작, 패션 디자인, 조각 등도 마찬가지다. 이 모든 것들이 한 개의 이질적 집단을 구성하고 있다.

우리가 고집스럽게 지속하고 있는 이런 다원화 작업에 가치를 어림하는 평점의 포기가 수반될 필요는 없다. '고급'과 '저급'이라는 용어를 사용하는 이분법은 사라지지 않고, 그저 중요한 여러 측면에서 재검토될 뿐이다. 가장 큰 차이는 이런 용어들이 더 이상 특정한 '종류의' 예술에만 부여되지 않는다는 점이다. 예컨대 반드시 미술이 건축보다 '고급' 예술이라고 할 수는 없다는 뜻이다. 다양한 형태의 예술들이 다양한 기능들을 발휘하고 있다. 여러 종류의 예술에 뿌리 박혀 있는 포괄적인 서열화 현상은 더 이상 정당화될 수 없다.

우리는 포괄적인 서열화를 추구하지 않으며, 우리가 구분하는 수단은 순수성/질 등이다. 예술적 업적의 질을 가늠할 때는 예전에 '양립이 불가능한 것으로' 여겨졌던 요소들을 '양립/조화할 수 있는 것으로' 통합하는 공(功)도 포함돼 있다. 이것을 예술적 맥락에서 검토해보자. 파리의 상징적인 다리(퐁네프 다리), 수 야드에 달하는 사암(沙巖) 색깔의 부드러운 천, 그리고 예술품을 창작하는 과정에서 교통의 흐름이 방해받지 말아야 한다는 당위성. 겉보기에 조화를 이룰 수 없는 것 같은 이런 일련의 환경적 요소들이 크리스토 (Christo)와 잔느클로드(Jeanne-Claude)에게 영감을 준 예술적 배경이다. 이들의 작품인 '퐁뇌프 랩트(Pont Neuf Wrapped, 파리의 퐁뇌프 다리 전체를 천으로 둘러싼 이 부부 예술가의 설치미술 작품 ─옮긴이)'와 그 외에 그들이 발표한 수많은 대규모 설치미술 작품들은 우리가 '조화/양립 가능성'이라고 부를 만한 개념을 생생하게 실증하는 사례들이다(크리스토와 잔느클로드의 작품들이 흔히 논란거리가 되고 있는 사실ー 이 작품들이 진정한 '예술'인가 아닌가라는 문제를 둘러싸고 격한 논쟁이 벌어졌다는 사실ー은 우리가 양립 불가능한 요소들을 통합시킬 때 불가피하게 일어나는 현상으로 봐야 한다. 순수성과 논쟁은 양립 불가능하지 않다).

예술가들은 우리가 한때 불가능하다고 믿었던 것들, 또는 결코 생각하지 못했던 것들도 현실에서 일어날 수 있음을 보여준다. 전통적인 정의에 따르면 예술적 기교는 이미 완성된 모델을 나타내며, 이것은 인간의 삶에서 동경의 대상이 된다. 이런 요소들의 통합은 작품들의 배경에 따라 계속 이루어지며, 이것들이 우리가 미학적이라고 부르는 완료적 경험이 이루어지는 조건을 구성하는 요소가 된다.

예술과 기예를 분리하는 구시대적 철학에서는 요리를 기예 이외의 그 어떤 존재로 취급하는 것이 거의 불가능했다. 요리는 예술의 영역으로 진입한 후에야 간신히, 그것도 하급 예술이라는 지위를 차지할 수 있었다. 일부 예술가들이 식탁과 관련된 전형적인 물질들을 이용하여 훌륭한 직품들을 창조한 것은 사실이다. 비비안 르 쿠르투아(Viviane le Courtois)는 식품류를 아름답고 창의적으로 활용한다. 그녀의 작품을 묘사한 어떤 미술관의 설명문은 그런 작품 세계를 암시한다.

전시 중인 초기의 작품들은 그녀가 미국으로 이주하기 전인 1990년대에 주로 완성한 작품들로서 감초 뿌리(약·과자 등의 원료 ー옮긴이)로 만든 설치 작품을 비롯하여 각종 공연, 그리고 사료용 식품, 과일 껍질,

견과류의 껍질 등으로 만든 조각 작품에 대한 사진과 비디오 다큐 등이 포함돼 있다. 2000년대 초에 시작된 〈피클(채소를 식초·소금물에 절인 것 –옮긴이)〉 시리즈에서, 르 쿠르투아는 어머니를 추모하여 200개가 넘는 항아리에 각종 액체와 무작위로 고른 물체를 담아 전시했는데, 당시 돌아가신 지 얼마 안 되었던 그녀의 어머니는 피클을 담은 항아리들을 그 내용물을 다 먹은 뒤에도 오랫동안 보존하는 습관이 있었다고 한다.[20]

이런 경우, 음식은 미학적 작품을 만드는 재료로 사용되었다고 봐야 한다. 여기서 '음식의 성격(foodiness)'은 잠시 따로 제쳐놓아야 한다. 예술 작품을 감상하는 것은 그것을 먹는 행위와는 전혀 다른 차원의 행위다. 우리는 그것을 지켜본다. 그 작품들은 미술관이나 공연장에 적절한 작품으로 여겨진다. 그런 만큼, 이런 유의 작품은 규칙에서 벗어나는 예외 같은 역할을 한다. 심지어 음식을 예술로 간주하는 견해를 신랄하게 비판하는 사람도 그것들을 일반 예술의 카테고리에 넣는 걸 허락할 정도까지 누그러진다. 예컨대 윌리엄 데레저위츠(William Deresiewicz, 미국의 작가이자 문학 비평가 –옮긴이)는 '음식과 예술을 구분해야 한다'는 명확하고 직설적이며 열정적인 주장을 펼친다. 음식과 예술이 모두 우리의 감각을 자극한다는 점은 그도 인정한다. 하지만 그것이……

전부다. 음식은 소설처럼 무슨 이야기를 전하는 것도 아니며, 미술처럼 구상주의 같은 것도 없다. 음식은 체계가 있는 것도 아니며 감정을 표현하지도 못한다. 우리는 사과에 관한 이야기를 할 수 있지만, 사과 자체는 이야기가 아니다. 카레를 이용한 창작물은 어떤 발상의 결과지만, 카레 자체는 발상이 아니다. 음식은 감정을 유발할 수 있다. 하지만 대충, 일반적으로 말하면 그렇다는 뜻이다. 그것도 매우 제한된 범위의 감정들만 여기에 해당된다. 즉, 편안함, 기쁨, 아마도 향수 정도는 가능하겠지만, 예컨대 분노나 슬픔 혹은 기타 수천 개쯤 되는 미세한 감정하고는 관계가 없다. 음식은 느낌을 제공하는 시스템으로는 고도로 발달되었지만, 상징을 나타내는 시스템으로서는 극도로 조잡하다. 마들렌(작은 카스텔라의 일종 ─옮긴이)을 먹는 마르셀 프루스트[Marcel Proust, 프루스트]의 작품인《잃어버린 시간을 찾아서(À la recherche du temps perdu)》에서 주인공은 옛날에 즐겨 먹었던 조개 모양의 마들렌 과자의 맛과 냄새를 경험하는 순간 과거 일들이 생각나고, 그 기억은 잊고 살았던 또 다른 추억들을 불러일으킨다. 이 작품에서 마들렌은 주인공의 과거, 그러니까 '잃어버린 시간'을 되찾아주는 상징으로 사용되었다. ─옮긴이]는 예술이지만, 마들렌 자체는 예술이 아니다.[21]

방금 언급했듯이 그런 기준 때문에 르 쿠르투아 같은 예술가들이 무조건 배제되는 것은 아니지만, 이 장의 서두에서 제시한 사례들은 자동적으로 그렇게 된다. 미국 리즈 대학의 철학과 교수이자 학자인 애론 메스킨(Aaron Meskin)이 지적했듯이, 순수한 예술 작품을 만드는 데 음식을 재료로 사용하는 것은 일반적으로 허용되고 있다.[22] 헤겔/칸트 이론 모델에서도 음식과 예술은 서로 교차하지만, 그것은 식품이 예술작품의 재료로 사용되는 경우에 한해서다.

우리의 가치척도도 그렇게 쉽게 배척하지 않는다. 이것은 다양한 예술이 지닌 순수성을 근거로 하여 판단하는 게 어떻겠냐고 우리에게 권고한다. 우리는 자기가 먹고 자란 음식을 비판하는 마크 와인가드너(Mark Winegardner, 미국의 소설가 – 옮긴이)의 행동에 동참하는 데 아무런 문제가 없다. 그가 어렸을 때 집에서 했던 요리는 '반쯤 해동된 햄버거 1파운드를 냄비에 넣은 다음, 그 고기가 튀겨지는 동안 캠벨(미국에 있는 세계 최대 수프 회사 – 옮긴이)사에서 나온 버섯크림 수프, 크래프트 푸드사의 마카로니 앤 치즈(Macaroni & Cheese) 혹은 참치 통조림의 첨가 여부를 결정하는 것이었다.[23] 이런 음식이 유쾌한, '그리고' 맛있는, '그리고' 영양가 있는, '그리고' 먹음직스러운, '그리고' 창의적인 음식일 리가 없다.

와인가드너가 말하는 요리들은 쉬운 표적이다. 그런 음식이 '높은 품질'을 갖추지 못한 점을 지적하는 것은 우리가 잘 쓰는 속담처럼 '식은 죽 먹기'다. 이보다 더 어려운 경우들은 어떨까? 이 장의 서두에서 언급된 요리라면? 우리가 새로 채택한 생성적 사상에 적용하면 그런 요리들은 어떻게 봐야 할 것인가? 놀라운 대답들이 나올지도 모른다. 우리의 견해를 간단히 정리해보자. 세상에는 많은 형태의 예술이 있다. 예술과 기예의 구분은 모호해졌다. 뛰어난 예술품과 어설픈 예술품의 차이는 질(fineness)의 차이고, 질의 특징은 예술적 기교와 경험의 결합이다. 예술적 기교의 질은 예술가가 예전에는 혼합할 수 없는 것으로 여겨졌던 여러 요소들을 어떻게 통합하느냐에 달려 있다. 경험이 '미학적인가' 아닌가는 그 경험이 여러 요소들을 한데 모으고 그것들을 어떤 최고의 결실을 얻는 방향으로 조직화하여 하나의 '완결된 경험'을 낳는지 아닌지에 달려 있다.

그렇다면 열린 식사 경험은 이런 척도로 쟀을 때 얼마나 유익할까? 엘 세예르에서 내놓는 요리에서는 세련미, 재능, 창조성이 확연히 드러난다. 이것은 있을 것 같지 않은, 즉 겉보기에 불가능한 듯한 것들도 가능해질 수 있다는 점을 시사한다. 하지만 이것이 우리에게 주는 종류의 경험은 미술은 미술관에서 즐겨야 한다는 관점과 대체로 일치한다. 식당의 손님은 곧 펼쳐질 구경거리 앞에 서 있는 단 한 사람의 감상자다. '미학적' 경험이 별도로 있다는 이론 모델은 여전히 세상에는 구경꾼들을 위해 마련한 장면들이 있으며, 자신들은 그런 장면에 걸맞은 '미학적' 태도를 취한다는 구경꾼들의 이론이다. 사실 복수형으로 표시한 구경꾼들이라는 말은 과장된 표현일지도 모른다. 이와 같은 경우 미학적 상황은 구경거리와 그것을 마주한 단 한 명의 구경꾼에 국한될 수도 있다. 즉, 합병이 아니라 괄호 묶기가 두드러진 특징이 된다. 일상의 사건, 다시 말해 경험이라는 측면에서 보면 구경꾼의 태도가 어느 정도의 비중을 차지한다는 말은 그만큼 결합성 요소들이 줄어들었음을 의미하고, 또 그 사건의 '미학적' 측면 역시 함께 줄어든다. 실용성, 즉 기능적 측면은 배경 속으로 사라지는 반면, 아름다움(혁신, 놀라움, 상징 같은 찬사를 받는 디저트를 통해서 드러난다.)이 무대 전면에 등장한다.

앨리스 워터스의 '맛있는 혁명'에 나오는 음식은 어떨까? 이 음식은 우리가 '미학적'이라고 재정의하고 있는 요소, 즉 '결합'에 분명히 부합한다. 여기에서 기능적인 측면은 그런 요리가 왜 유용한지를 나타내는 중요한 증거로서 윤리적 문제를 삽입한 데 잘 드러나 있다. 아울러 이 혁명은 일상적인 행사로서의 경험에 주안점을 두고 있다. 이 경험은 음식의 재료를 재배할 때 쏟은 정성, 가치에 대한 성찰, 먹는 즐거움에 대한 관심, 또 자기 손으로 직접 요리를 해본 데서 오는 유능한 요리사의 작품을 감상하는 능력의 증가 같은 요소들과 불가분의 관계에 있다.

지금까지는 좋다. 그러나 여전히 중요한 문제가 하나 남아 있다. 실제 요리하는 과정에 투입되는 예술적 기교, 작품의 질은 어떨까? 앨리스 워터스는 자기 레스토랑에서 질이라는 요소를 빼버렸다. 어떤 비평가가 지적했듯이, 그런 식당은 상당한 가처분 소득을 올리는 사람들만이 갈 수 있다. 하지만 이것이 큰 저해 요소가 되는 것은 아니다. 고도의 질을 보장하는 예술적 능력과 부(富)는 항상 함께한다. 교황의 후원이 없었다면 시스티나 성당의 천장은 결코 빛을 보지 못했을 것이다(미켈란젤로가 교황 율리오 2세의 후원과 부탁으로 1508년부터 4년에 걸쳐 로마 시스티나 성당의 천장에 수많은 걸작 종교화를 그린 것을 의미한다. ─옮긴이). 고도의 질을 삶의 현장에서 실현하는 일은 아마도 반드시 모종의 후원을 필요로 할 것이다.

이보다 심각한 장애물은 맛있는 혁명에서 '예술적 기교'의 측면이 강조될 것인가의 여부다. 개혁가들, 특히 윤리적 이슈를 전면에 내세우고 싶어하는 사람들은 자기들만의 '분리 후 괄호 묶기' 방식을 채택함으로써 일종의 금욕적 태도에 쉽게 빠져들 수 있다. 팥죽, 두부, 기타 채식주의자용 주요 식품이 맛있다는 것을 굳게 믿는 채식주의자들에 대한 농담이 이 현상을 잘 설명해준다. 일단 도덕적 처방이 내려지면 맛에 대한 관심은 뒷전으로 밀려날 수밖에 없다. 이런 경우, 우리는 어떤 경험을 놓고 윤리적 차원에서 크게, 하지만 맛과 아름다움 그리고 새로운 수준의 동반 가능성에 오른 기회 등에 대해서는 작게, 자기만족적인 축하 유혹에 빠지기 쉽다. 도덕적 금욕주의는 항상 유혹으로 다가온다. 쾌락과 아름다움을 불신하는 이 철학은 우리가 이해하는 '미학적 개념'을 언제라도 뒤집을 수 있는 지속적인 위험 요인이다.

가나의 KFC 매장에서 얻은 경험은 미적 가치는 차등세로 움직이는 잣대 위에 존재하며, 아울러 지금 쟁점이 되고 있는 문제는 단일한 예술적 '물품'이나 단일한 미적인 '주제'가 아니라 전체적인 상황이라는 사실을 보여 주는 훌륭한 사례. 예술적 기교의 측면에서 보면 KFC의 에피소드가 기준에 미치지 못하다는 점에는 거의 의심의 여지가 없다. 음식의 질은 매우 낮다. 그곳에서 나오는 음식은 정형화돼 있고, 반복해서 만들 수 있으며, 미숙련 기술자들도 비교적 쉽게 만들 수 있는 것들이다. 경험으로서의 사건이라는 측면에서 생각해봐도 권할 만한 것은 많지 않고, 재방문의 빈도를 높여줄 조건을 갖추기에 이렇다 할 만한 것도 없다. 환경은 예측 가능하며, 특별히 안락하지도 않고 긴 대화를 나누기에 도움이 되지도 않는다. 사실상 모든 것이 효율성과 음식물 섭취의 속도를 높이고, 다음 손님들을 모실 공간을 확보하는 데 필요한 신속한 퇴장을 유도하기 위해 설계되었다고 봐야 한다.

이런 식당 체험의 경우, 미적인 척도에서 조금이라도 도움이 되는 것이 있다면 그것은 이를테면 힘들게 보낸 하루, 낯선 곳에서 겪는 일상적 고생, 객지의 식당에서 주문하는 데 따르는 혼동, 집에 대한 그리움, 식당의 멋진 인테리어, 일반적인 편안한 기분 등 전체적인 사건 속에 실재하는 요소들이다. 다른 말로 하면 배경, 장면 그리고 전체적인 맥락이 미학적 가치의 세계로 들어가는 발판이 된다. 여기에서 중요한 것은 앞서 말한 것처럼 맥락, 즉 전후사정이다. 완료적인 것은 현재 경험되고 있는 것을 말한다. 미학적 경험은 아무리 작은 경험이라도 모든 것이 다 빠져 있지는 않다. 우리의 배를 세상에 대한 철학적 견해를 개발하는 데 주요 요소로 삼으면, 뚜렷하게 구분하고 깨끗하게 배제하는 태도는 부적절해진다. 그럼에도 우리가 사건에 부여하려는 의미는 아름다움, 실용성, 쾌락 그리고 이로움이 합쳐진 환경을 조성하는 데 기여할 수 있다. 다른 말로 하면 KFC에서 식사를 한 사건은 미적 경험이 될 수 있다.

우리의 철학적 마인드가 '정신은 육체라는 몸통에 갇힌 채 돌아다닌다'는 생성적 사상에서 온전한 인간이라는 세계관(우리 식으로 표현하자면 '배'의 존재를 잊지 않는 개념)으로 옮겨 가면, 여기에 관련된 많은 개념들의 의미도 여기에 맞추어 바뀔 것이다. 우리는 앞에서 '미적인 가치'를 새로운 맥락 속에서 성찰하면 이 말의 의미 역시 방관자 접근법이 지배하는 분야에서 나타냈던 의미에서 필연적으로 바뀐다는 것을 알았다. 이전의 철학계는 우리에게 일련의 명확한 구분법을 강조했으며, 그것은 그 분야의 가장 큰 장점이었다. 그 분야의 약점은 그 구분이 점점 단단해져서 이제는 확고한 양극이 되었다는 점이다. 우리의 접근법은 구분들을 모두 다 배제하지는 않되, 다만 그것들을 새로운 맥락에서 재해석하는 것이다. 우리는 음식은 예술이 될 수 없다는 관점을 간단히 일축한 데레저위츠의 견해에 찬성하지 않을 것이다. 하지만 "만약 세상 전부가 예술이라면 아무것도 예술이 아니다."라는 그의 경고에는 동의한다.[24] 우리는 배경, 예술적 기교, 그리고 완료적 경험의 통합을 강조하고, 질을 핵심적 요소로서 보존하기를 강력히 주장하며, 지속성의 개념으로 짐멸 스위치의 개념을 대제함으로써 알찬 대안적 이론을 개발하고자 한다. 우리의 대안적 이론은 구 이론의 가장 좋은 점을 보존하는 한편, 예술과 미적 가치의 의미를 우리의 평범한 일상적 경험과 조화시키고, 우수함을 추구하는 우리의 정신에도 충실하고, 비서구권에서 나온 공예품에도 개방적이고, 배고픔을 느끼고 요리를 즐기는 인간 본연의 지위를 환영하는 방식으로 재정립한다.

Part 3
맛보기, 검사하기, 알기

우리에게 좋은 것 알기

'먹는 행위'는 엄청나게 복잡한 과제가 될 수 있다. 꽤 좋은 슈퍼마켓이 있는 큰 도시에서 보통 정도의 수입으로 그럭저럭 살고 있는 4인 가족이 먹을 식료품을 사러 나왔다고 가정하자. 가족의 1주일 치 식료품 구입비를 들고 나왔는데, 어디에 얼마씩 써야 할까? 식비의 대부분을 과일과 야채 구입비로 써야 할까? 그렇다면 이 식재료들을 날것으로 사야 할까? 아니면 통조림으로 만든 것, 또는 냉동시킨 것, 아니면 이것저것 섞어서 사야 할까? '유기농' 제품만 사야 할까? 할인 쿠폰으로 살 수 있는 것만 사야 할까? 다른 식구들이 먹고 싶어하는 식품도 있을 텐데 그럼 그것들은 어떻게 해야 하나? 그들은 뭘 좋아하지? 그들이 먹기 싫어하는 음식에는 어떤 것들이 있었나? 식품 재료를 수확하는 노동자들이 건강상의 위험을 겪는다는 데, 어떻게 해야 하나? 다시 말해, 우리는 식품의 구입을 선택할 때 그 노동자들의 근로 조건과 그들이 받는 임금의 수준을 고려해야만 하나? 우리가 한 가지 방향, 예컨대 방목한 가축의 육류와 유기농으로 재배한 신선한 야채를 구입하는 쪽으로 결정하면 우리의 식료품 바구니는 초고가 제품으로 가득 차게 될 것이다. 식비 예산의 대부분을 이런 상품들이 차지하게 되면 구입 목록에서 무엇을 빼야 할까? (한창 자라고 있고 늘 배고픈) 우리 아이들에게 충분한 음식, 충분한 칼로리를 보장할 수 있나? 비용을 줄이고, 음식 재료의 산지를 확실히 알아야 한다며 자기 집 마당에서 채소를 재배하거나, 빵을 집에서 매번 직접 만들 수 있겠는가? 정규직 직장을 계속 다니고 아이들과 노는 시간도 그대로 유지하면서 이 모든 일을 다 할 수 있을까? 그리고 노조에 가입한 노동자들, 또는 당신이 수시로 점검할 수 있고 철학도 일치하는 현지의 협동 농장에서 재배한 식품류들을 계속 구입할 것인가? (아마 당신은 직장에서 하루 월차를 내서 그 농장을 둘러볼 수 있을 것이다.)

이것은 절묘한 균형을 요하는 행동이다. 좋은 친구가 있다면 "잘 알아보고 최선의 결정을 내리게."라고 선의의 충고를 해줄 텐데, 사실 말은 좋지만 이것도 그 흔한 '너무 좋으면 오히려 믿기 어려운' 시나리오 중 하나일 뿐이다. 우리가 추구하는 것이 우리가 먹을 음식에 대한 '정보'라면 이것은 주변에, 그것도 많이 널려 있다. 여러분은 아마 지금까지 언급한 모든 정보를 하나도 남김없이 다 찾을 수 있을 것이며, 아무리 작더라도 우리 입에 넣고자 하는 모든 음식에 대하여 자세히 알 수 있을 것이다. 원산지, 가격, 상대적인 영양가, 그리고 이런 요소들이 다른 물건의 구입에 미치는 영향 등에 대해서 말이다. 이런 정보를 수집하는 노력은 분명히 도움이 된다. 하지만 이 모든 정보를 다 '갖고 있다고 해서' 당신이 지금 당장의 쇼핑에서 '해야 할 행동'을 다 알게 되는 것은 아니다. 여기서 두어 개의 문제가 등장한다. 우선 정보의 축적('정통해진다'는 의미)과 안다는 것은 다르다. 아는 것과 현명한 것이 다른 것과 마찬가지다. '현명해지려면' 흔히 다양한 요소 사이에서 균형을 잡고 절묘하게 타협하는 능력이 필요하다. 식품에 대한 데이터를 더욱 많이 수집한다고 해서 "우리는 어떻게 먹어야 하나?"라는 질문에 대해 우리가 더 좋고, 더 완전하고, 더 온전한 대답을 제시할 수 있는 것은 아니다.

올바른 먹을거리를 정하는 일은 상당히 버거운 과제로 느껴진다. (흔히 무서울 정도로) 홍수같이 쏟아지는 정보는 의사결정 시에 도움이 될 수도 있지만, 그만큼 그 과정을 경직시킬 수도 있다. 인터넷의 확산, 활빌한 대인 식품 운동들, 원활하게 돌아가는 현대식 공업 식품 체계 같은 요소들이 강력하게 결합한 덕분에 서구인들은 이제 우리 입에 집어넣으려는 초코바나 복숭아, 스테이크 또는 에너지 드링크 등에 대해 엄청나게 많이 알게 되었다. 이쯤에서 정정해야 할 것 같다. 우리는 엄청난 양의 정보, 데이터, 잡다한 지식, 논평, 광고, 소문, 의견 등을 수집할 수는 있으나 그것들이 음식, 또는 우리가 '어떻게 먹을 것인가'에 대한 답을 아는 데 조금이나마 보탬

이 될지는 전혀 별개의 문제다.

이 장에서 우리는 질문 '어떻게 먹어야 할지를 어떻게 알 수 있는가?'의 답을 구할 것이다. 이 질문은 일종의 이중 질문, 즉 질문 속에 질문이 들어 있는 것으로, '우리는 어떻게 먹어야 하나?'라는 문제 자체에서는 한 걸음 비껴나서 우리가 앞으로 인식론을 다루게 될 것임을 의미한다. 인식론은 철학자들이 지식에 대한 이론을 연구하는 학문에 붙인 이름이다. 우리의 접근법은 인식론에 내재된 개념들과는 다르며, 음식에 대한 우리의 성찰로부터 바로 결론이 나올 것이다. 우리가 배, 입과 관련되어 있고, 느낄 수 있으며, 냄새를 맡을 수 있고, 부엌에서 바쁜 움직임을 요한다는 음식의 속성을 진지하게 다루면, "우리는 어떻게 알 수 있는가?"라는 질문의 답은 당신이 인간이 '외부의 세계'와 유리벽을 사이에 놓고 떨어져 있는 '몸뚱아리 없이 생각하는 존재'라는 말을 믿는 척할 때 얻을 수 있는 대답과 많이 다르다. 우리는 이런 분석 작업을 실행하는 과정에서 그런 역사를 만든 매우 기본적이고, 많이 알려져 있는 이분법적 이론을 점점 더 깊이 파고, 그 이론들에 대해 회의적인 태도를 취하게 될 것이다. 우리는 또 "'응용 철학'은 인간의 일상적인 경험, 즉 배를 채우는 일을 철학적으로 성찰하는 행위를 지칭하는 용어로는 적절하지 않다."라는 메리 미즐리의 말이 왜 옳은지를 이해할 수 있을 것이다.¹ 이것은 논리의 출발점이 된 가정에 오류가 있었음을 암시한다. 즉, 한쪽에 이론이나 방법론이 있고, 다른 한쪽에는 마치 상처에 소독약을 바르듯이 그 이론이나 방법론을 적용하는 '대상물'이 있다는 식의 가정을 말하는 것이다. 음식과 관련된 경험과 행위들, 이를 테면 농작물의 재배, 수확, 요리, 먹기 같은 행동은 이론과 그 '적용 대상'을 상황을 왜곡하지 않은 채 분리하는 것이 어려운 가운데 발생한다.

인식론에 대한 우리의 새로운 접근법이 기존 이론과 두 번째로 다른 점은 시각을 다른 모든 감각보다 우위에 놓는 구식의 감각 위계질서를 무력화한다는 것이다. 2장에서 언급했듯이, 우리의 접근법은 이 위계질서를 '미각을 다른 모든 감각보다 우위에 놓는' 위계질서를 일종의 단순무식한 조치로 한꺼번에 뒤집는 것이 아니다. 대신, 우리는 감각들 사이의 협조, 실제 맛보기 경험이 실증하는 감각들의 협조 지향적 속성을 강조한다. 우리의 맛보기 경험은 혀를 쓰는 감각, 즉 미각뿐 아니라 모든 감각들을 다 동원하는 경향이 있다. 우리가 맛보는 사람들과 검사하는 사람들 사이에 존재하는 어원학적 관련성을 알 수 있게 된 것은 맛에 대한 이 같은 우리의 관심이 준 선물이다.

사실 '아는 것(knowing)'에 대한 우리의 조사에 길잡이 역할을 할 활동은 바로 검사하기/맛보기다. 인류의 아종(亞種)을 일컫는 라틴어 이름은 이런 활동의 의미를 두 배로 잘 보여준다. 알고 보니 인간은 단순한 호모 사피엔스가 아니다. 아주 엄밀히 말하면, 인간은 호모 사피엔스 사피엔스다. 농담이 아니라, 이 말은 음식이 중심적 위치에 있음을 인정하는 이름이다. 철학자들은 흔히 인간을 지칭하는 라벨로서 '이성적인'이라는 말을 더 좋아하지만, '사피엔스 (sapience)'라는 말을 더 원뜻에 가깝게 해석하면 인간은 '맛을 보는 종족'이라고 해야 할 것이다.[2] sapiens라는 말은 동사 sapere에서 파생되었는데, 이 말은 '생각하거나 알아차리다' '또는' '맛을 보거나 냄새를 맡다'라는 뜻이기 때문이다. 따라서 어원학적 연구에서 '우리는 어떻게 먹어야 할까?'라는 질문의 답이 나온다. 그 답은 바로 우리 인간의 생물학적 분류 체계 속에 암호처럼 숨어 있었다. 실험적으로, 깊게 생각하고, 현명하며, 사려 깊게 먹어야 한다. 직접 맛을 봄으로써.

팩트와 가치:

이 장의 서두에서 언급한 음식을 둘러싼 난맥상은 철학이라는 지극히 본질적인 문제에 내포된 온갖 특징들을 모두 갖추고 있다. 이 혼란은 우리를 덮쳐 갈등의 늪에 빠뜨렸다. 우리에게는 해결해야 할 일련의 경험적 문제들이 있다. 즉, 그것은 얼마인가? 누가 생산했는가? 그것은 어떤 농법으로 재배뇌었나? 원산지는 어디인가? 우리 식구들이 저것을 먹을까? 저 식품의 영양적 성분은 어떨까? 맛은 좋은가? 등이 그것이다. 하지만 이런 경험적 질문에 대한 대답들은 윤리적, 미학적, 환경적, 혹은 건강에 관련된 기본적인 신념, 인식체계 또는 기본적 가정들에 따라 달라지는 것 같다. 그러니 적어도 그런 신념에 바탕을 두고, 어떤 경험적 문제가 제일 중요하고, 또 단지 지엽적인 문제들은 무엇인지 정해야 할 것이다. 게다가 그런 신념들이 서로 모순되는 경우들도 있다. 다양한 윤리적 주안점들이 '가장 올바른 진리'라는 자리를 놓고 경합한다. 게다가 윤리적 신념은 환경적 신념들에게 도전하고, 환경적 신념들은 미학적 신념들에 도전하며, 이 모든 신념들은 평범한 옛날 맛, 특히 자동차로 대륙 횡단 여행을 떠난 사람들이 여행을 떠난 지 열다섯 시간이 지난 밤에, 고속도로 휴게소에 있는 미니마트에 들렀을 때 생각나는 그 옛날 맛과 치열한 갈등을 벌일 수도 있다.

이 모든 신념들이나 인식체계들이 패권을 놓고 서로 경합하거나 영토 확장 경쟁을 펼칠지도 모른다. 우리의 삶에서 무엇이 무엇을 지배해야 하는가? 가정의 훌륭한 부양자는 제한된 예산 범위 내에서 건강에 좋고, 맛있고, 배부른 음식을 얻고 싶어하며, 그것도 다양하게 제공하려고 한다(한 음식 학자가 말했듯이 우리는 물론 건강의 측면에 주안점을 둘 수 있지만, "감자와 당근으로 얼마나 많은 요리를 해먹은 후에야 어쨌든 'KFC도 그렇게 나쁘지 않군.'이라고 중얼거리며 치킨을 먹을 것인가?"[3]).

우리는 철학을 이용하여 음식을 둘러싼 혼란을 정리하고자 하지만, 이 문제에 진지한 관심을 쏟으면 이 혼란의 상당 부분은 관심사들을 놓고 어떻게 우선순위를 매겨야 할지, 심지어 우선순위를 매긴다는 게 어떤 의미인지조차 모른다는 사실에 원인이 있다. 여기가 바로 앞서 언급한 인식론적 '배관 설비' 중에서 구멍난 파이프가 문제를 일으키는 부분이다. 앞서 언급한 인식론은 보기에 좋고 이상적인 '알기'의 조건을 설정했지만, 식료품에 관한 대중적인 판단을 앞두고 난처해하는 쇼핑객에게는 별로 도움이 되지 않는다. 고대 그리스의 철학자 플라톤(Platon, 기원전 427~347)은 '지식(knowledge)'과 '의견(opinion)'을 명확하게 구분할 것을 강력하게 주장함으로써 이 '보기에만 좋은' 철학을 계속 굴러가게 만들었다. 뒤이어 데카르트는 지식의 두 가지 기준을 제시했다. 지식은 명확하고 뚜렷해야 한다는 것이다. 칸트는 진정한 지식은 '의심할 여지가 없는 것이어야 한다', 즉 절대적으로 확실해야 한다고 주장했다. 결국 깔끔한 구분으로 나타난 이런 인식론적 실천이 영국의 철학자이자 역사가인 데이비드 흄(David Hume, 1711~1776)이 가장 명확하게 체계화한 이론, 즉 팩트(fact, 사실)와 가치(value)의 구분(이것은 정말 메울 수 없는 골이다.)으로 이어졌다. 이런 구분의 결과, 팩트는 객관적 지식의 영역으로 들어간 반면, 가치의 영역은 주관적 판단에 관련된 영역으로 정해졌다.

식료품 쇼핑객은 자기 장바구니에 무엇을 넣을지를 고민할 때마다 이런 명확한 이분법에 도전한다. 그들의 당혹감은 절대적으로 확실한 지식과 단순한 의견의 이분법으로도, 명확성과 명료함의 의미를 참고해봐도 풀리지 않는다. 팩트와 가치의 기본적인 차이점에 주의를 기울인다 해도 설명되기 어렵다. 쇼핑객이 고민하는 문제는 부분적으로는 '알기'에 대한 문제다. 하지만 이것은 또 부분적으로 가치 판단의 문제인데, 이것은 대단히 중요하다. 우리가 살면서 부딪히는 대부분의 다른 문제들처럼 이 문제도 복잡하다. 토마토에는 영양분이 많다. 방목해서 기른 닭의 계란은 비싸다. 이 포장

치킨은 유통기한이 끝나는 날인데도 판다. 할인 판매 중이다. 이 근대는 이번 주에 값이 내렸지만 식구들 중 두 사람이 근대를 안 먹는다. 치토스(옥수수가루를 튀겨 만든 치즈 맛의 스낵. 펩시콜라 사의 자회사인 프리토레이 사의 제품 ─옮긴이)는 싸고 대단히 맛있다. 이렇게 평범한 생활 속에서 관찰한 점을 생각하면 학구적인 철학의 세계에서는 대체로 이런 사고를 하지 못한다. 우리는 그런 점들을 팩트와 가치라는 두 개의 깡통 속에 깔끔하게 분리해 투입하고는 많이 무신경해진다. '토마토가 영영분이 풍부하다'는 말은 사실적인 진술일 수도 있고, 가치평가적인 진술일 수도 있다. 그뿐 아니라 이 말의 사실적 차원도 가치평가적 차원도 혼자서는 성립하지 못한다. 영양분이 풍부한 상품은 그 외에도 많다. 값도 하나의 요소지만 식단 짜기, 몇몇 식구들의 거부감은 물론 즐겁고, 맛있고, 유쾌한 식사를 하겠다는 욕망도 또 다른 요소다. 이렇게 보면 식료품 바구니에 채울 식품을 선택하는 일은 대단히 복잡하다.

식품을 둘러싼 이런 혼란은 또 철학적으로도 매우 유용하다는 것이 밝혀졌다. 이런 혼란 때문에, 우리는 오직 인식론적 질문(즉, "'우리는 어떻게 먹어야 할까?'라는 질문에 우리가 정확히 답했다는 것을 우리는 어떻게 알 수 있는가?")의 가치적 차원을 매우 진지하게 성찰함으로써 이 문제에 답을 제시할 수 있음을 깨닫게 된다. 그동안 관찰한 결과, 인식론은 항상 윤리학 및 미학과 교차한다. 사람들은 일상 속에서 이런 접속을 상당히 무미건조하게 받아들이는 것 같고, 직업적 철학자들은 이것을 전적으로 별개의 문제로 간주하는 경향이 있다. 하지만 일반 사람들은 대체로 깔끔한 것을 좋아하기 때문에 복잡한 요소들이 서로 교차하거나 겹치면 신경이 쓰인다.

20세기의 분석 철학(철학 연구에 있어서 언어 분석의 방법이나 기호 논리의 활용이 불가결하다고 믿는 이들의 철학을 총칭하는 말 – 옮긴이)의 전통을 이어받은 철학자들은 팩트와 가치로 나뉜 양극단(철학자들이 '팩트-가치 구분'이라고 부르는 개념)의 문제를 'is'와 'ought'의 문제로 정형화했다. 그들은 "마땅히 어떻게 되어야 하는가?(What ought to be the case?)"라는 질문의 답은 "실제가 어떠한가?(What is the case?)"라는 질문의 답에서는 도저히 구할 수 없다고 주장했다. 이른바 존재-당위 오류(is-ought fallacy, '~이다'라는 관찰 사실에서 '~여야 한다'라는 결론을 이끌어낼 수 없다, 즉 존재로부터 당위가 도출되지 않는다는 흄의 법칙에 따라, '~이다, 따라서 ~여야 한다'라고 혼동하는 오류 – 옮긴이)가 잘 보여주듯이 '당위성'의 문제와 '존재'와의 문제는 본질적으로 다르다. 이 문제를 엄격하게 구분해서 생각하지 않으면 반드시 좋지 않은 결과가 발생한다. 언제나 그렇듯이, 이 오류는 지금 변호 중인 견해에 딱 들어맞는 사례들을 제공한다. 예컨대 우리는 "돼지는 고통을 느낄 수 있고, 고도로 계발된 지능을 가질 수 있다."('존재' 진술)와 같은 관찰 사실을 근거로 하여 "돼지를 다른 돼지 앞에서 도살해서는 안 된다."('당위성' 진술)라고 주장할 수는 없다. 분석 철학자들은 '순수하게' 인식론적인 주장에서 도덕적 주장을 도출해서는 안 된다고 주장하는 등 사실과 가치 사이에 틈이 있는 점을 강조하는 경향이 있다.

많은 분석 철학자들은 팩트와 가치가 본질적으로 다르다고 믿는다. 그 이유 중 하나는 팩트는 객관적, 즉 이성주의에 합당한 기준을 만족하는 탐구의 결과라고 인식하기 때문이다. 반면에 가치는 주관적인 것, 즉 사람의 내면적이고 개인적인 선호에 바탕을 둔 것, 따라서 어떤 표준에 의해 정당화되지 않은 것으로 여겨진다. 객관적인 주장은 (대개) 대중적으로 옳다고 인식되고, 재현될 수 있으며, 관점에 따라 달라지지 않는 것으로 이해된다. "물은 해수면에서 보통 압력하에 놓일 때 100℃에서 끓는다."라고 주장하면 이 말은 누구라도 (올바른 장비를 갖추고 올바른 장소에서 실험하면) 동일한 현상을 재현하고 관찰할 수 있다는 뜻이다. 반면에 "뉴욕의 급수 시설에서 나온 물은 미국 내에 있는 다른 어떤 공공 급수원에서 나온 물보다 맛이 좋다."라는 말은 맛을 보는 특정인의 기호에 따라 상대적으로 다른 결과가 나올 수 있는 주장, 즉 '미학적 주장'이다. 한쪽 주장은 사람에 따라 다른 결과가 나올 수 있는 반면, 또 다른 주장은 일반화될 수 있다. 이것이 팩트/가치 이분법을 신봉하는 사람들이 믿는 견해다.

많은 분석주의 철학자들은 도덕적 문제에도 똑같은 시나리오를 적용할 수 있다고 생각한다. 단지 미학적 판단만 주관적인 것(다시 말해 '맛'의 문제)이 아니라 도덕적 판단도 마찬가지라는 점이다. 미국의 윤리학자인 찰스 스티븐슨(Charles Stevenson)은 이런 견해를 최대한 수용하려 했다. 그는 나중에 '우우/만세' 윤리학 이론이라고 불리게 되는 한 이론을 보급하였다. 스티븐슨의 견해에 따르면 "물을 낭비하는 것은 나쁘다." 같은 주장은 단지 "물 낭비! 우우(낭비하는 소리 – 옮긴이)!"라는 말을 상세하게 풀어 쓴 말에 불과하다. 말하자면, '나쁜'이라는 형용사를 사용함으로써 당신은 남들에게 우리처럼 생각하라고 (그리고 행동하라고) 부추기고 있을 뿐이다. 당신은 남들에게 특정 견해를 취하라고 유도하고 있다. 이성에 호소하지도 않고, 정당성도 제시하지 않고, 도덕적 주장을 뒷받침할 근거도 제시하지 못하면서 말이다. 만약 이 깔끔한 분류법이 적용되면, 즉 윤리적 주장이 주관적이고, '주관적'이라는 말이 '인식하는 사람의 생각에 달려 있다'라는 뜻이라면, 여기서 다른 어떤 결과가 나올 수 있겠는가? 존재에서 당위를 끌어낼 것인가? 그렇다면 "우우!"다. 존재–당위 이분법? 만세!

앞서도 언급했지만, 이 이론의 선구자는 데이비드 흄이다. 그는 '감정/정서(그는 이것을 우리의 심장과 결부시켰다.)'와 '추측/진실 확인(머리와 관련됨)'을 구분하는 더욱 자세한 설명을 내놓았다.[4] 철학자가 이성과 감정의 팀워크를 높이 평가하는 경우는 절대 없다. 그들은 식료품 가게에서 그런 팀워크가 얼마나 큰 효과를 발휘하는지 개의치 않는다.

앞에서도 강조했지만 인간과 음식 간의 관계를 깊이 성찰해보니 주관적/객관적, 정신/육체, 그리고 이론적/실제적 같은 케케묵은 이분법의 부적절성과 부정확성이 드러난다. 팩트/가치 구분법도 마찬가지로 별로 도움이 안 된다. 음식 만드는 활동과 이 과정에서 드러나는 관계들은 맥락, 즉 여러 요소들이 중첩되는 맥락, 상호 연관성과 상호 침투성의 맥락, 상호 영향력 교환의 맥락 등의 관점에서 봤을 때 가장 실효성 있게 이해할 수 있다. 팩트에는 항상 가치가 내포되어 있다. 가치는 현재 진행 중인 활동과 현재의 관심사와 무관하게 아무데서나 불쑥 나오는 것이 아니다. 그런데 가치에도 반드시 팩트가 담겨 있다. 가치가 세부적 팩트, 결과에 결코 관심이 없는 것은 아니다. 물론 우리는 항상, 인위적으로 우리의 의도를 억제할 수 있다. 상황에 따라 우리는 지금 우리가 검토하고 있는 '팩트들'은 '가치 중립적이어야 한다'고 명시할 수 있다. 하지만 깔끔한 성격의 사람들이 이렇게 행동한다면 그것은 100% 안전한 피난처를 찾는 행위(직업적 철학자들이 이런 유혹을 느낀다는 것은 공공연한 사실이다.)지만, 일상적인 관행을 열심히 따르는 평범한 사람들의 사고방식과는 거의 관계가 없다.

리사는 언젠가 밭에서 매우 크고 아름다우며 아주 신선해 보이는 버섯을 발견했다. 한 이웃사람이 자신은 그것이 주름버섯, 또는 그런 종류 중 하나일 것임을 '거의 확신한다고' 말했다. 그는 이를테면, '결정적인 증거'라고 볼 수 있는, 몇 가지의 특징을 여러 개 나열했다. 아마도 그는 그 버섯을 실제로 먹어보기 전에 또 다른 이웃사람에게 의견을 들어보는 것이 좋지 않겠느냐고 권했을 것이다. 그 두 번째 이웃은 은퇴한 식물균학(植物菌學) 교수로서 길 아래쪽에 살고 있었다. 그 집 주차장 입구에 서서 그와 간단히 대화를 나 눈 결과 리사는 그것이 식용버섯임을 알게 되었다. 말버섯인지 주 름버섯인지 확실치는 않지만, 분명히 먹을 수 있는 버섯이라는 것 이다. 그는 조용히 말했지만, 자신감이 넘쳤고 단호했다. 그는 이 특정한 균류 식물과 이것과 조금 비슷하지만 '사람 죽이는 천사 버 섯(destroying angel mushroom, 광대버섯)'이라는 기분 나쁜 이름을 가 진 버섯(독성이 매우 강하다.)을 구별하는 방법을 가르쳐주었다. 그의 충고는 '포토벨로 버섯(양송이의 일종 –옮긴이)처럼 다루어라'였다.

이 사람의 입을 통해 과학 지식, 즉 그 버섯은 먹어도 괜찮다는 말이 나왔다. 버섯 사진이 요리 계획서와 함께 친구들에게 이메일 로 보내졌다. 뜨거운 무쇠 프라이팬에 고급 버터 한 덩어리를 넣고 튀겼더니 맛이 훌륭했다. 그러나 전체적인 식사 분위기를 표현하자 면 약간 겁이 났다고 말하는 게 맞는 것 같다. 밤에, 미약하고 일시 적이었지만 복통이 있었고, 그로 인해 순간적으로 두려움에 휩싸였 다. "그래, 이 버섯 요리는 맛있어. 하지만 목숨을 걸 만큼 그랬나?"[5]

이렇게 자세히 서술한 이야기는 먹는 경험이 우리와 세계 사이의 괴리를 줄일 수 있는 정도, 즉 먹는다는 행위가 우리와 먹히는 물건 모두를 어떻게 변화시키는지를 보여준다. 이것은 엄청나게 즐거울 수도 있지만, 본인이 충분한 정보를 갖고 있지 못하면 동시에 매우 불안할 수도 있는 경험이다. 이런 경험은 깔끔한 성격의 철학자들 을 망상에서 깨어나게 한다. 아무도 우리의 입속에 들어가는 것의 안전을 보장하는, 완벽하고 절대적인 정보를 '결코' 갖고 있지 못하다는 점이다. 우리는 절대로 우리가 우연히 접한 식재료들로 인해 불행해질 수 있는 확률을 0으로 낮출 수 없다. 예컨대 버섯 같은 경우엔 전문가들조차 틀릴 수 있다. 어떤 식물균학 교수가 실수로 독성 버섯을 먹고 죽었다는 유명한 (그리고 비극적인) 이야기는 여러분도 여러 번 들었을 것이다. 이보다 현실성은 더 있지만 극적 효과가 적은 이야기도 있다. 예를 들면 지금 '몸에 좋다는 이유로' 우리가 주기적으로 먹는 어떤 음식이 지금부터 5년 후엔 몸에 해롭다고 지목되는 경우가 있을 수도 있다. 사실 이것은 약 10년에 한 번쯤 상한 달걀을 먹는 것과 비슷한 경험이다. 하지만 우리는 먹어야 한다. 그리고 먹는 과정에서 육체적인 경험치는 매우 독특한 방식으로, 우리 자신을 취약한 존재로 만들게 된다. 이것이 우리 인간이 일상적으로 행하는 가장 위험한 짓(아마 자동차 업계에 종사하는 사람들에게는 운전에 이 영예를 돌릴 것이다.)이라는 말은 아니다. 이 행동은 틀림없이 우리 인간이 친숙하게 행하는 행동 중의 하나이며, 이것의 친숙성이 위험을 현실화하는 요소라는 말이다.

먹는 행위가 만약 탐구 행위의 비유적 표현 또는 직역으로 기능한다면, 그것은 탐구 행위가 우리에게 탐구자로서의 인간이 지닌 취약성, 혹은 이런 표현을 좋아할지 모르지만 침투성을 상기시켜주기 때문이다. 이것은 탐구를 어떤 '객관적인' 관찰자, 즉 '거리를 두고 무심한 관찰자가 수행한 명확하고 확실하고 지식을 낳는' 일로 간주하지 않도록 유도한다. 오히려 상상 속의 탐구를 우리에게 위험을 감수하라고, 마음을 열고, 확실성이 우리가 원하는 것보다 적더라도 행동해야 한다는 것을 배우라고 명령하는 진행형 활동으로 여기게 만든다.

"이 버섯은 식용이다."라는 말은 일반적인 인간의 지식 활동을 연구하는 데 훌륭한 출발점이 된다. 이 말은 또 팩트와 가치가 어떻게 뒤섞여 있는지를 잘 보여준다. 버섯의 식용 가능성은 여기에 중요한 함축적 의미가 없으면 팩트라고 분리하기 어렵고, 단순히 중립적 물질에 가해진 주관적 견해로밖에 볼 수 없다. 이것은 인간, 즉 '인간으로서의' 인간은 '사물에 관심이 있고,' 사물에 노력을 투자하며, 무엇보다 궁핍하다. 우리가 "우리는 어떻게 먹어야 하나?"라고 질문할 때 우리는 서로 타협이 오고가는 일상이라는 세상 밖에 놓여 있는 횃대에 앉아 묻는 것이 아니다. 개개인의 삶이 뒤섞인 세상과 단절된 횃대에서 던지는 질문이 아니란 뜻이다. 우리의 허기진 배는 우리를 계속 주변 환경과 닿아 있게 하고, 물건을 사게 한다. 그리고 그 환경은 우리의 욕구와 관련해 중요한 방식으로 반응한다. 우리는 탐구 방법과 설명적 가설 같은 지식의 다른, 팩트의 문제를 처리할 때도 우리의 궁핍한 현실과 호기심, 결과에 대한 투자 같은 문제, 요컨대 우리에게 '가치 면에서 중요한 것들에' 대응하고 있는 것이다.

모든 인간은 알고자 하는 욕망을 갖고 있다고 했던 아리스토텔레스의 선언은 맞는 말일지도 모른다. 철학자들은 그동안 대체로 이 선언에서 '알기' 부분에만 신경을 썼을 뿐 '욕망' 부분은 무시해왔다. '아는 것'은 가치 부여하기, 즉 '갈망'의 결과이며, 다시 그것의 원인이 된다. 음식과 인간의 관계는 '알기'와 '가치 부여하기'를 분리하고 구별해야 할, 별개의 활동으로 간주하는 것이 얼마나 엉성하고 부정확한 견해인지를 알 수 있게 해준다.

우리의 전통적인 철학 역시 인간의 배와 배의 활동들을 일부러 무시했다. 그렇게 함으로써 명확성과 확실성의 측면에서 모범적인 많은 인간 활동 가운데서 지식에 대한 이론 모델을 찾고자 했다. 이런 이론 모델을 찾는 것은 물론 가능했으나, (많은 사람들이 인정하지 않지만) 그것들은 보편적인 인간의 삶이라는 측면에서 봤을 때 이상하고 이례적이었다. 당연히 이례적인 사례들이 연구하기는 더 쉽다. 철학자들의 입장에서 보면 덕분에 더 복잡하고 더 어려운 상황들을 놓고 판단하지 않아도 되기 때문이다. 이런 사례들은 알차고, 결정적인 결과를 낳는다. 하지만 이런 사례들이 이른바 '출세지향적인 학문들', 즉 인간이 탐구해야 하는 모범적 학문으로 선택되어야 하는 이유는 아니다.

천문학, 기하학, 물리학은 우리가 문제에 맞닥뜨렸을 때 어떻게 사고(思考)해야 하는지를 실증적으로 보여주는 훌륭한 사례들이다. 일을 추진하는 의욕 —우리는 정말 큰 성과가 나올 것 같은 연구 영역을 택함으로써 인간의 탐구를 더 발전시키려 했다— 은 좋을지 몰라도 이런 분야들의 속성이 다른 분야에도 똑같이 있을 것이라고 가정하는 것은 위험하다. 우리가 잘 알듯이, 데카르트는 기하학을 자신의 출세를 위한 탐구 형태로 선택했다. 따라서 '진정한' 지식을 좇는 모든 탐구 형태는 기하학의 이상과 비슷해야만 했다. 여기에서 드러나는 이례적인 속성들은 본보기로 간주된다.

기하학에는 깔끔한 성격 유형들이 좋아하는 특별한 속성들이 있다는 점만큼은 인정해야 한다. 동시에 기하학은 지식이 작동하는 방식을 보여주는 실례로는 그다지 쓸모가 없다. 마찬가지로 우리는 가치와 무관한 사실의 영역이 있음을 보여주는 사례를 발견할 수 있을 수도 있는데, 그런 팩트들은 흥미로울 것이다. 그것은 그 팩트들이 사실과 가치가 서로 관계를 맺고 있는 (혹은 맺고 있지 않는) '진짜' 방식을 보여주기 때문이 아니라, '이례적이기' 때문이다. 우리는 이례적인 것이 출세에 도움이 된다고 생각하려는 충동을 억제해야 한다. 이것은 철학자들에게는 위험한 유혹이다. 우리의 지위를 배고픈 존재로 여기는 것은 이런 유혹을 최소화하는 데 도움이 된다.

예를 들어 당신이 이런 전후 사정을 전혀 모르는 어떤 사람을 붙들고선 "우리는 어떻게 먹어야 할까요?"라고 묻는다면 다음과 같은 말로 귀결되는 질문이 돌아올 가능성이 크다. "그런 질문을 통해 진짜 무엇을 알고 싶은 겁니까?" "방법을 묻는 질문치고는 이상하군요. 그것을 묻는 의도가 뭡니까?" 어떤 윤리적 원칙들을 보존하려는 것인가요? 어떤 종교적 계율을 지키기 위해서인가요? 어떤 미학적 목표를 달성하려는 것인가요? 어떤 경제적 목표를 관리하려고 그러나요? 어떤 건강의 필수 요소들을 홍보하려는 것입니까? 이처럼 '어떻게……?'로 시작하는 질문은 표면적으로는 경험을 묻는 질문 같지만, 답은 항상 "당신이 지금 뭘 하려는 것인가에 달려 있다."일 것이다. 그것은 결국 '당신은 지금 무슨 일을 중요하게 여기는가?'라는 문제로 되돌아온다.

평범한 말들도 팩트 차원의 개념과 가치 차원의 개념들로 엮여 있는 다양한 예가 될 수 있다. 예컨대 "저녁식사가 늦었다."라는 말은 단순한 설명(시계의 시간으로 봤을 때 저녁이 나온 시간)과 가치 평가(결과적으로 겪은 불쾌한 저녁식사 경험)가 결합되어 있는 주장이다. 일단 식사를 차리는 행위가 어떤 프로젝트의 맥락 속에서 일어난 사건이라면, 늦게 식사가 나왔다는 '팩트'는 가치평가적 '결과'로부터 깔끔히 분리시킬 수가 없다. '형편없는' '눅눅한' '신선한' 같은 말은 이와는 성격이 다른 사례들을 제시한다. 이런 말들은 서술적 특징들이 가치평가적 특징들과 얼마나 쉽게 뒤섞일 수 있는지를 보여준다. 만약 어떤 사람이 "당신이 어제 저녁 가본 레스토랑은 어땠어요?"라고 물었을 때 "가보니까 양만 많은 뷔페 식당하고 비슷했어요."라고 대답했다고 치자. 이 대답은 엄격히 말하자면 팩트를 설명하고 있지만, 그와 동시에 가치평가적 대답이라고도 할 수 있다. "맛이 그렇게 뛰어나거나 고급 식당이라고 할 수는 없지만 적어도 배는 가득 채울 수 있는 곳"이라는 말의 준말이기 때문이다. 철학자들은 그러한 흔한 표현 방식을 무조건 헷갈리는 말이라고 평가절하하지 말고, 잘 포착하고 또 이해할 수 있어야 한다.

순수성, 확실성, 완벽한 '알기'의 기반 위에 세워진 꿈의 세상에서 벗어나야 현실 세계, 사람들이 먹어야 살 수 있는 곳에 살고 있는 우리의 상황을 이해할 수 있다. 우리는 정화되고 산뜻하고 명백한 연역적 사례를 드는 대신, 일상에서 쉽게 맞닥뜨릴 법한 상황들을 소개함으로써 논의를 시작하고자 한다. 이런 상황에는 대체로 다음과 같이 서로 교차하는 세 가지 요소가 내포돼 있다. 행동해야할 필요성(쇼핑 카트를 어떻게 채워야 하지?)과 시간적 제약(이것은 앞으로 1시간 안에 끝내야 한다.), 마지막으로 연역적 확실성이 떨어지는 결론(유기농이지만 더 비싼 당근을 사는 것이 더 나은 선택이라고 확신할 수 있을까?)이 그것이다. 필요성, 시간적 제약, 불확실성. 이것은 우리가 일상에서 겪는 대부분의 상황에 공통적으로 내재돼 있는 요소들이다. 무엇이 가장 좋은지를 결정하는 것은 (1)그 상황, (2)시간, 필요성, 불확실성이라는 세 가지 전제 조건, (3)사용할 수 있는 재료 그리고 (4)마음 속에 그리고 있는 요리 등에서 나온다. 인식론(認識論)에 따르면 그런 상호 연관성을 인정하는 것보다 더 좋은 출발은 있을 수 없다.

감각들도 계급이 있다

백문이 불여일견이다

"너는 그 사람의 맛이 이상하지 않니?" 한 광대를 걸신들린 듯 잡아먹고 있던 한 식인종이 옆사람에게 말한다. 모든 식인종 개그는 밀어두고, 당신이 방금 입에 넣은 음식의 맛이 원래의 맛인지 혹은 '이상한 맛'인지를 판단하는 것은 상당히 중요한 평가적 문제다. 간혹 이 문제는 "수프가 너무 짜지 않니?" "샐러드에 마늘을 조금 더 넣어야 하지 않을까?" "이 요거트는 충분한 시간을 갖고 발효된 걸까?" 같은 질문은 기호의 문제가 된다. 아마 이 문제는 우리의 윤리적 계율이나 종교적 계율, 혹은 기타 우리가 고수하는 계율이 지금 침해되고 있다는 불안감을 불러일으킬 것이다. "무슨 돼지고기 같은 냄새가 나지 않니?" "이거 가짜 오리(mock duck, 향료용 허브인 샐비어와 다진 양파를 속에 넣은 돼지고기 요리 −옮긴이)니, 진짜 오리니? 입안에서 진짜 오리고기 같은 '느낌이 나서' 그래." 어떤 때는 "우유가 상했나?" "이 요리에 밀이 들어가나?" 같이 건강이나 안전에 대한 우려로 나타나는가 하면, 또 어떤 때는 글자 그대로 목숨이 달린 문제가 되기도 한다. "이 나이프로 정말 땅콩버터를 찍어 먹었어?" "새우 냄새가 나는 것 같은데?" "너 '정말' 버섯을 구분할 줄 알아?" 실제로 우리는 혀와 (특히) 코, 그리고 눈의 협동 작업에 의존하여 사물을 '파악한다.' 실제로, 항상 말이다.

'철학적으로' 말하면 이것은 별로 대단한 문제가 아니다. 2장에서 논의했듯이 우리는 감각들의 위계질서를 정한 이론을 물려받았는데, 그에 따르면 인접 감각들(미각, 촉각 그리고 약간 논란이 있지만 후각이 포함된다.)은 진정한 '알기'의 원천, 또는 전달자로서 신뢰하기 어려운 것으로 여겨진다. 신뢰할 수 있는 '알기'는 (인체 중앙에서) 면 쪽의 감각들, 즉 시각과 청각의 전유물이다. 이런 감각들에는 더 큰 객관성이 들어설 여지가 있으며, 그 이유는 무엇보다 우리가 지금 문제가 되고 있는 사물을 만져볼 필요가 없기 때문이라는 것이다. 칸트는 '인접 감각과 면 감각은 그 감각 경험이 우리의 마음을 대체로 그 사물 자체로 끌어들이는가, 아니면 우리 자신의 감각 쪽으로 끌어들이는가에 따라 나뉜다'고 말하며, 후자의 경우에만 객관성이 보장된다고 덧붙였다.[6] 감각들이 우리에게 지식을 제공할 수 있는 정도에 한해서만, 우리는 특정 감각이 우리에게 진정한 지식을 제공하리라고 믿을 수 있을 뿐이다. 나머지는 우리를 —여기에서 플라톤 철학에 입각한 팩트/의견의 깔끔한 구분법이 또다시 적용된다— 단순한 의견의 영역으로 인도한다.

평범한 언어에 관심을 기울이면 우리는 영어에서 생각이나 아이디어의 교환 또는 그와 비슷한 행위를 먹는 행위와 연관시킨 표현들을 많이 찾을 수 있을 것이다. 그런 비유적 표현들은 사상이란 것이 정말 우리 마음의 일부가 될 수 있으며, 그것도 무섭고 불편하고, 속을 뒤집어놓고, 골치를 아프게 할 수 있는 방식으로 그렇게 될 수 있다는 사실에 대해 주의를 환기시키는 경향이 있다. 음식을 잘못 먹으면 무서울 수 있는 것과 똑같다. 우리는 예컨대 어떤 개념이 '삼키기 어렵다(difficult to swallow, 여기서 swallow는 '삼키다'는 뜻 외에 '사실로 받아들이다'는 뜻으로 쓰였음 —옮긴이)'는 식으로 이야기하고, 어떤 사람이 거짓말을 (물고기처럼) 곧이곧대로 믿는다는 식으로 이야기한다. 우리는 '갈고리 줄, 봉돌'의 개념에 (물고기처럼) 쉽게 속는 사람이 있다는 것을 안다. 당신은 평소에 어떤 아이디어가 'sticks in my craw[나를 괴롭히다, 화나게 하다'를 뜻하는 관용표현. 직역하면 '모이주머니에 (먹이가) 걸리다'는 뜻 —옮긴이]'라는 표현을 쓸 것이다. 여기서 craw는 새의 모이주머니, 즉 새의 식도에 있는 작은 주머니로서 소화시키기 전에 먹이를 잠시 저장해두는 곳이다. 우리는 어떤 생각을 더 입에 맞게 또는 '더 삼키기 쉽게' 하려면 그 생각들을 '씹어야 (chew over, '곰곰이 생각하다'를 뜻하는 숙어 —옮긴이)'한다고 말한다. 또 우리는 자주 친구들과 함께 '비계를 씹는다(chew the fat, '오랫동안 수다를 떨다'라는 관용표현으로 옛날에 에스키모들이 고래의 지방이나 비계 조각을 추잉껌처럼 씹으며 담소를 나눈 것에서 유래했음 – 옮긴이).' 우리는 속을 뒤집어놓는 생각을 stomach('목으로 넘기다' 외에 '즐기다'라는 뜻이 있음 – 옮긴이)할 수 없으며, 이 말은 우리가 그 생각을 하면 lose our cookies('과자를 잃다'는 뜻 외에 '토하다'라는 뜻이 있음 – 옮긴이)한다는 말이다. 우리는 싫어하거나 관심이 없는 물건을 '우리의 차가 아니다[not our cup of tea(내 기호에 맞는 사람 혹은 물건)]'라고 표현한다. 반면에 흥미가 끌리는 생각은 '마음에 든다(go down well)'. 어떤 것이 '감칠맛'이 있는지 의심스러우면 더 쉽게 소화시키기 위해 '사탕발림을 한다(sugarcoat)'고 한다.

먹는 행위를 이용해 생각을 나타내는 표현이 매우 분명하다는 것은 명백하다. 하지만 많은 서양의 철학자들은 탐구에 관한 강좌에서 보는 행위를 압도적으로 많이 거론했다. 철학자들은 흔히 시각에 관련된 비유적 표현을 써서 지식을 습득하는 행위를 묘사하곤 했는데, 이런 식의 표현법은 지금도 많은 토속적 표현과 관용표현에 남아 있다. 예를 들어 우리가 "I see what you mean(무슨 뜻인지 알겠어)."과 같은 말을 얼마나 많이 쓰는지 생각해보라.

시각을 결정적인 감각으로 이용하는 것은 순진하거나 공평한 행위가 아니다. 이것 때문에 몇 가지 특징이 '알기'의 개념 속에 구축되었다. 시각은 우리에게 탐구 대상에 가까이 가도록 강요하지 않는다. 사실 시각은 우리가 관찰 대상에 너무 가까이 접근하면 작동을 멈춘다. 우리는 코끝에 무엇이 묻어도 볼 수가 없음은 물론 입안에 들어가 있는 것에 대해서는 더더욱 그렇다. 이와 반대로 약간 거리를 두고 떨어져 있는 것은 그것이 우리 손이 닿지 않는, 두꺼운 판유리 뒤에 있더라도 매우 뚜렷하게 볼 수 있다. 우리는 세상과 적당한 거리를 두고 세상 일에 훼방을 놓지 않으며 살 수 있고, 그런 단절 때문에 세상 일을 객관적으로 바라볼 수도 있다. 우리는 특정 과학 분야에서 성공을 근거로 하여, 이른바 '유리 뒤 관찰법'이 모든 지식 습득 행위의 이상적인 이론 모델이라고 찬양하기도 한다. 이같이 거리-우선의 이론 모델은 언뜻 이렇게 연결짓는 게 잘 납득되지 않을지 몰라도, 세상에 대한 특정한 태도, 즉 조작과 지배라는 방법론에 정당성을 부여하기도 한다.

플라톤은 《국가(The Republic)》 제7권에서 지혜와 지식의 관계, 그리고 실체와 겉모습의 관계를 설명하기 위해 시각을 이용한 일련의 비유법을 제시했다. 동굴, 불의 비유, 태양의 비유, 그리고 선분(divided line) 비유가 그것이다. 플라톤의 인식론에 따르면, '또렷하게 보는 행위'는 '알기'를 나타내는 비유적 표현치고는 너무 강하여 비유법이라고 말하기도 힘들다. 플라톤이 제시한 복잡하고 풍부한 우화의 자세한 내용은 지금 중요하지 않다. 이 이론과 관련하여 주목해야 할 중요한 점은 근대 철학이 탄생하기 수백 년 전에 이미 시각이 지식의 대명사로 대접받았다는 사실이다.

시각적 거리감은 16세기에 등장한 한 과학의 종류, 자연계를 일종의 기계로 간주하는 학문과 밀접한 관련을 맺게 된다. 여기에서 중요한 윤리학적 결합물(또다시 팩트/가치의 이원론이 등장한다)이 나왔다. 기계론적 용어로 설명하면, '객체/대상'으로 이루어진 '외부의' 세계로부터 자칭 '주체'라는 새로운 개념이 해방되어 독립한 것이다. 즉, 주체는 오로지 자기의 목적을 위하여 그 객체/대상을 조종하고, 지배하고, 통제하고 또는 변화시키는 것이 자신의 임무라고 가정할 수 있게 되었다. '객체'나 '기계'는 관찰자에게 '나의 존재를 조금이라도 존중하라'고 전혀 요구하지 않는다. 오히려 객체와 기계는 의미상 당연히 조종의 대상물, 즉 주체들이 이용하고 변형시킬 수 있는 이른바 '주체를 위한 대상들'이다. 거리를 두고 서 있는, 이 구경꾼 겸 주체는 이제 마음 놓고 자신을 이 세상에 존재하는 유일한 가치의 원천으로 말할 수 있다. 팩트/가치 구별이라는 개념이 생겨나는데, 이 개념은 공정하지도 않고, 정작 '자신은' 팩트/가치 구별의 개념을 존중하지도 않는다. 반대로 이 개념은 객체-세계에 대한 무제한적인 변형을 정당화하는 길을 열고, 그것을 가능케 한다.

20세기에는 약간의 반발이 있었다. 예컨대 1989년에 《입장이 없는 관점(The View from Nowhere)》[7]이라는 책이 출간되었다. 이 말은 현실적으로는 불가능하지만 '왜곡되지 않은 관점'이라는 개념이 가장 논리적 결론이라는 뜻을 시사한다. 이 말에는 객관성을 중시하는 철학자들이 오래전부터 추구해온 욕망, 그것도 시각이라는 매개체를 통해 묘사하기 위해 추구해온 종류의 욕망—감정에 치우치지 않고, 사심없고, 아무것에도 얽매이지 않은—이 잘 드러나 있다. 하지만 입장이 없는 관점이라는 개념은 아무것에도 얽매이지 않은 자유로운 상태와 시각의 대조적 성격을 지나치게 강조하는 바람에,

여기에서 불가피한 팩트가 드러난다. 이 감각은 객체와 '거리를 유지하지만, 그럼에도 거리를 필요로 한다. 오로지 육체만이 서로 물리적 거리를 유지할 수 있다. 따라서 육체를 지닌 우리 인간은 절대로 '입장이 없을' 수가 없다. 우리는 항상 어딘가에, 특정한 관점을 불가피하게 지닐 수밖에 없는 어딘가에 위치해 있다. 그뿐만이 아니다. 그 '어딘가'라는 장소에는 다른 개체(個體)들도 있는데, 이것들을 통틀어 '객체들/대상들'이라고 지칭하는 것은 별로 좋지 않다.

이와는 대조적으로, 배(복부) 친화적인 우리의 접근법은 온갖 잡다하고 골치 아픈 일이 끊이지 않는 일상생활에서 어떤 순수한 영역으로 탈출하기 위해 철학적 유혹에 굴복하지 않는다. 우리 인간을 엉뚱한 존재—끝없이 줄다리기가 펼쳐지는 일상적 사건의 현장 밖에 서 있는 구경꾼—로 가장하지도 않는다. 우리는 우리가 어디 있는지, 그리고 우리가 누구인지 안다. 우리는 주변 환경에서 일어나는 온갖 사건들을 처리하는 일에 몰두해 있는 피조물에 불과하다. 이런 접근법은 우리 자신을 인식론적 관점에서 본 주체들로 여기지 못하게 하고, 또 세상은 중립적이고 몰가치적인 객체들로 이루어져 있으며 우리가 살면서 느끼는 의무감은 오로지 본인의 의지 탓이라고 생각하게끔 만든다. 또 이 접근법은 시각의 제국주의적 횡포에도 도전하는데, 결합주의적 관점에서 여러 감각들이 '알기' 행위와 관련하여 작동하는 방식들을 이해하도록 유도한다.

탐구하기, 검사하기, 맛보기.

입에 달팽이가 들어가면 사람이 차분해질 수가 없다. 다음과 같은 장면을 상상해보자. 한 쇼핑객이 농산물 직판장에서 작은 박스에 든 방울토마토를 산다. 그녀는 그 맛있는 과일을 먹기 시작한다. 입 안에 토마토 한 알을 넣으니, 껍질에서 물렁물렁하고 부드러운 것이 느껴진다. 그녀는 본능적으로 손가락을 이용하여 토마토에 묻은 것을 완전히 입 밖으로 꺼낸다. 절묘하게 혀에 닿지는 않게 했지만, 처음에는 어렴풋한 느낌에 불과했던 것이 구체적인 인식으로 변한다. "이거 달팽이잖아! 우엑!" 여기서 우리가 얻는 철학적 교훈이 있다. 우리가 (시각 외에) 미각과 촉각의 비유법을 써서 탐구를 하겠다고 생각하면, 우리는 '알기'의 기본적 원리에 관해 엄청나게 다른 어떤 사고방식을 접하게 된다는 것이다. 글자 그대로의 뜻으로 따지자면 어떤 음식의 맛을 본다는 것은 그 맛의 매력에 끌리는 것 혹은 그 음식에 대한 혐오감을 극복하기 위한 노력이다. 자기 입으로 들어기는 것(음식이나 다른 어떤 것도 마찬가지다.)에 관해 중립적 태도를 취한다는 것은 상상하기도 어렵다. 기쁜 태도나 혐오감은 미약하게 표현할 수 있어도, 무관심은 상상하거나 가장하기가 어렵다. 심지어 이를 이용해 소매에 삐져나온 실을 떼어내는 행위도 아무리 미약할지언정 어떤 미각적 반응을 동반한다.

맛보기를 통한 탐구는 또 알려는 사람과 대상 사이의 '불가피한' 친밀감, 객관성, 공평성과 거리의 상호 의존성에 관한 기존의 견해에 도전하는 물리적 혼합이 있을 가능성도 시사한다. 어떤 것을 입 안에 넣는, 혹은 적어도 혀 위에 올려 놓는 행위는 우리가 그것의 맛을 볼 수 있는 '유일한' 방법이다. 거리두기를 극복하는 것은 (시각 중심의 이론 모델에서 그런 것처럼) 실수가 아니라 탐구의 중요한 요소다. 그 요소는 우리가 수학자의 칠판, 천문대 또는 물리학 실험실에서 나온 (이상적인) 이론 모델을 버리고 인류학자들, 심리학자들, 생태학자들, 화산학자들, 그리고 곤충학자들이 어떻게 연구를 수행하는지를 관찰할 때 명백하게 자신의 모습을 드러낸다.

마지막으로, 그리고 가장 분명한 사실은 맛보기를 통한 탐구를 생각하면 그 모든 '알기'가 이루어지는 본거지로서 (육체에서 분리된) 정신 또는 반대로 (극도로 체화된) 머리를 향했던 우리의 관심이 다른 데로 옮겨간다는 점이다. 이것은 우리에게 우리 몸 전체가 탐구하고, 조사하고, 분석하는 개체/실체로서 활동하는 경험을 겪으라고 요구한다. 어떤 음식의 맛을 볼 때 우리의 혀는 정신의 '도구'로 기능하지 못하며, '혼자 힘으로' 맛을 보지도 못한다. 맛을 보는 행위는 혀, 코, 뇌, 이, 입술 ─심지어 손가락, 귀, 그리고 물론 눈 등이 공동 보조를 취해 어떤 먹을거리에 달려들고, 그것을 섭취했을 때 완료된다. '섭취하다'는 말은 이런 과정을 묘사하는 데 아주 유용한 표현이며, 이 말은 글자 그대로의 의미는 물론 비유적인 의미로도 그 행위를 묘사하는 데 적절하다. 어떤 것의 맛을 보는 과정을 시작하려면 우선 눈, (그리고 많은 경우) 코로 그것을 '섭취한다.' 그것을 바라보고 냄새를 맡는다는 것이다. 만일 그것이 혐오스럽다면 (예컨대 겉이 곰팡이 같은 것, 즉 우리가 흔히 위험하게 인식하거나 적어도 불쾌감을 느끼는 물질로 덮여 있다면, 혹은 그 음식이 그것의 원재료와 많이 비슷하게 생긴 데다가 그것이 고통에 못 이겨 몸이 뒤틀려 있는 형상을 띠고 있다면) 먹기 싫어할지도 모른다. 물론 그렇지 않을지도 모르지만.[8] 만약 그 음식에서 악취가 나거나 썩은 내가 나면[남아시아와 동남아시아의 많은 나라에서 승강기와 비행기로 운반하는 것을 금지시킨 두리안(냄새는 고약하지만 맛은 달콤한 동남아시아산 열대 과일 –옮긴이)이라는 과일, 또는 위스콘신에서 생산되었고 가장 향이 지독한 브릭치즈(벽돌 모양의 미국산 치즈 – 옮긴이)를 떠올려보라.] 더더욱 먹기 싫을 것이다. 어떤 안 좋은 음식을 코로 섭취하면 눈으로 섭취했을 때보다 느낌도 더 거슬리고, 글자 그대로의 의미로도 더 거슬린다. 우리가 눈을 감아도 우리 몸이라는 유기체에는 전혀 해가 없지만, 우리의 호흡 기능에 해를 끼치지 않으면서 코를 막을 도리는 없고, 코를 막으면 우리 몸에 해로울 것이라는 사실은 말할 필요도 없다. 이 두 감각 모두 '먼' 감각이라고 정의되지만, 그럼에도 냄새는 눈에 비치는 모습보다 우리 몸에 더 구체적으로 '섭취된다'. 우리는 눈을 감고도 여전히 그 치즈 위에 녹색 곰팡이가 피어 있다는 사실을 '안다(see, 원래 뜻은 '보다'이지만 '안다'는 뜻으로 쓰였다. –옮긴이)'. 하지만 역겨운 냄새가 나는 음식을 접했을 때, 그 냄새를 생성하는 분자들은 우리가 그 악취 나는 물체에서 떨어진 뒤에도 우리 콧속에서 계속 맴돈다. 알레르기라도 있는 사람에게라면 그 곰팡이 포자는 그 정도의 접촉만으로도 충분히 알레르기 반응을 일으킬 수 있다.

그다음에 우리가 동원하는 감각은 촉감일 것이다. 우리는 어떤 음식을 손가락이나 포크, 숟가락, 젓가락 같은 손가락의 대용품으로 집어 올릴 때 이 감각을 사용한다. 음식이 미끄러운가? 울퉁불퉁한가? 잡아당기면 늘어날까? 서구 사회에서는 대체로 사람들이 손가락으로 음식을 많이 '검사하는 것'을 싫어하며 그러지 못하게 한다. 우리는 아이들에게 어렸을 때부터 '음식 갖고 장난치지 말라'고 가르친다. 그런 행동을 무례하고, 지저분하고, 버릇없는 짓이라고 여기기 때문이다. 우리는 나이를 먹으면서, 식기라고 불리는 손가락 대용품을 통해 음식을 가상적으로 느낄 수 있게 되었다. 곰곰이 생각해보면, 음식의 질감이 평소와 다를 때(샐러드에 들어 있는 토마토가 너무 딱딱하거나, 파스타를 너무 오래 삶아 곤죽이 되었거나, 고기가 너무 질겨 잘 잘라지지 않는 경우 등) 우리는 특히 이것들을 많이 사용한다. 하지만 손가락을 동원하든 안 하든, 그럼에도 음식이 우리 입에 들어오면 촉감은 틀림없이 가동된다. 우리의 혀는 손가락 끝보다 훨씬 민감한 촉감기관이다. 느끼하다, 아삭거리다, 바삭바삭하다, 오돌도톨하다. 이런 촉감들이 이른바 '구강 촉감(口腔觸感, 입에 닿는 느낌 –옮긴이)'이다. 음식을 맛볼 때 쓰는 '구강 촉감'이라는 말은 음식이 혀에 닿을 때 전해지는 촉감, 그리고 입술과 이, 또 볼안쪽 살에 닿을 때 오는 감각을 가리킨다.

현 시점에서 보면, 당신은 음식을 글자 그대로의 의미로 '섭취했다'. 음식은 이미 당신 몸 안에 들어와 있고, 이것은 그 어떤 시각적 이미지로도 전하지 못한다. 이것은 생물학적 의미에서 지금 당신의 일부가 되는 길을 가고 있다. 당신의 혀와 이가 먹을거리와 만나면 그것은 소리를 낼 가능성이 큰데, 이 소리는 외이(外耳), 즉 귀를 통해서도 전달되지만 그에 못지않게 당신 머리에 있는 뼈, 다시 말해 뇌를 통해서도 많이 전달된다. 우적우적(포테이토칩 또는 바삭바삭하게 튀긴 메뚜기를 먹을 때 나는 소리), 부드러운 찌익 소리(오렌지 조각이나 주스가 가득 찬 껌을 씹을 때 나는 소리), 홀짝(청량음료나 피클항아리에 담은 발효 주스를 마실 때 나는 소리) 등이 그것이다. 이런 소리는 우리가 음식을 먹을 때 의식의 전면에서 가장 먼저 오지는 않을지 모른다. 하지만 여기서도 역시, 이 소리가 없거나 이상하면 은근히 뭔가가 잘못되었다는 느낌을 갖게 된다. 포테이토칩에서 바사삭 소리가 안 나면 눅눅하다는 뜻이며, 오렌지를 씹었는데 찌익 소리가 안 나면 마른 상태로 쪼개진것이다. 음식이 최고로 좋은지 아닌지도 소리를 들어보면 알 수 있다. '잘 구워진' 바게트 빵은 반으로 자를 때 아주 독특한 소리가 난다. 그런 소리가 안 나면 그것은 무조건 잘 만든 빵이 아니라고 봐야 한다.

결국 이런 엄격한 의미에서 말하는 맛보기 활동은—순수하게 우리 혀의 미뢰(味蕾, 맛봉오리)가 홀로 수행하는 활동—약간 용두사미적인 성격을 띤다. 우리가 '맛보기'라고 일컫는 활동은 물론 혀와 코가 같이 수행하는 활동이다. 코를 막으면 당신 입 안에 있는 사우어 크라프트(독일식 김치 –옮긴이)의 톡 쏘는 맛을 크게 줄일 수 있다. 하지만 만약 우리가 예컨대 초콜릿을 혀끝(또는 혀와 코로 느끼는)의 감각으로만 접한다면 그때의 경험은 우리가 갖고 있는 모든 감각을 총동원했을 때 갖는 유쾌한 경험과 결코 같지 않을 것이다. 이 사실은 잘 알려져 있지 않기 때문에 우리가 여기서 논하는 '맛보기'는 모든 감각이 총동원된 협동적 활동을 의미한다고 이해해야 한다. 사실 '알기'를 위한 비유법과 모델 이론으로 미각을 사용할 때의 장점은 우리에게 감각이 각각 제 할 일을 홀로 수행할 수 있는 것처럼 모든 감각들을 서로 분리시키지 말라고 (시각보다 잘) 상기시켜줄 수 있다는 점이다.

익숙한 음식에 관한 한, 감각기관을 동원한 경험을 하면 상황이 '정상적인지'(이 감자칩은 갓 구워졌고 바삭바삭하다.) 또는 '아주 좋은지'(정말로 좋은 초콜릿이다!) 혹은 '별로인지' (이 우유는 상했네.) 알 수 있다. 하지만 친숙하지 않은 음식을 접하는 경우, 우리는 흔히 경험에서 얻은 하나 이상의 특징에 의존하여 그것이 '상했다'는 느낌을 확인한다. 반면 나는, 예컨대 우유에서 상한 냄새가 나는 듯해도 대체로 맛을 보려 하거나(냄새와 맛을 결합하면 냄새에만 의지할 때보다 우유가 그래도 먹을 수 있는 정도인지 아닌지를 훨씬 확실하게 판단할 수 있기 때문이다.) 아니면 치즈에 분명히 곰팡이가 묻어 있어도 그게 정말 불쾌한 맛을 풍기는지 알아보기 위해 치즈 조각을 입에 넣을 것이다. 입에 넣었을 때 원래 연한 느낌이 나나? 원래 오래 신은 스포츠 양말 같은 냄새가 나나? 원래 털코트를 입은 듯한 감촉이 나나? 썩어서 이런 맛이 나는 건가? 아니면 익으면 원래 이런 맛이 나는 것일까? 두리안은 도저히 먹을 수 없는, 죽은 지 오래된 것 같은 냄새를 풍기는 과일로 악명 높다. 하지만 이 과일의 맛은 그것이 풍기는 악취와는 전혀 '어울리지' 않게 감미롭다. 더러운 스포츠 양말 뭉치처럼 고약한 냄새를 풍기는 순한 치즈, 예컨대 림버거 치즈(벨기에산 연한 치즈 -옮긴이)도 마찬가지다. 낯선 음식을 먹는 행위는 조심스러운 탐색이 불가피하지만, 그 음식을 더 많이 접해본 사람들에 대한 테스트의 의미도 있는 것 같다.[9]

우리는 2장에서 캐롤린 코스마이어의 미학 이론을 논의했다. 그녀는 이 같은 감각들 간에 이루어지는 상호 관계를 '교감' '협동' '공감각(共感覺, 어떤 하나의 감각이 다른 영역의 감각을 유도하는 현상 -옮긴이)' 같은 말로 표현한다(코스마이어를 비롯한 몇몇 학자들은 마지막 단어를 아주 엄격한 전문적인 의미보다는 다소 일상적인 의미로 사용한다). 그녀는 우리가 먹을 때 감각들이 뒤얽혀 작동하는 현상을 상세히 설명해줌으로써 기존의 편견들을 다시 생각해보게 만들었다. 사람들을 모아놓고 적포도주를 주겠다고 한 다음 실제로는 백포도주를 마시게 한 포도주 시음회에 대한 이야기를 들어봤을 것이다. 아마 당신은 '그럼 그렇지! 잘난 척하는 그 속물들이 그런 차이를 알 리가 없지!'라고 생각했을 것이다. "그럼 그렇지!"라는 조롱 뒤에는 사람은 오로지 맛(그리고 냄새)만 갖고도 자기가 맛보는 음식의 정체를, 예컨대 그것이 적포도주인지 백포도주인지, 물새우인지 청소용 새우(산호초 주변에 사는 물고기들과 공생 관계를 맺고 그 물고기들의 몸에 붙어 있는 기생충을 청소부처럼 제거해주면서 사는 일부 새우들 -옮긴이)인지를, 치즈인지 퇴비통에 들어 있던 내용물인지를 알아맞힐 수 있어야 한다는 전제가 깔려 있다. 하지만 그녀의 책에서 인용한 이런 씁

쓸한 사례들이 알려주듯이 맛을 보는 행위는 다른 감각들, 특히 (시력이 정상인 사람이라면) 시각과 쉽게 연결된다. 어떤 음식의 맛을 보면서 다른 감각들까지 동원했더라면 실제로 훨씬 더 기분 좋은 맛을 느낄 수 있었을 텐데 그렇지 못해 역겨운 맛만 느꼈던 경험은 누구에게나 있을 것이다. 코스마이어는 자기가 쓴 책에서 똥 덩어리처럼 생긴 초콜릿을 주면 사람들이 분명히 초콜릿 냄새가 난다는 걸 알면서도 도저히 먹지 못하는 한 실험을 소개한다. 시각은 종종 도저히 극복하지 못할 만큼 강한 메시지를 주기도 한다.[10] 그녀는 그와 반대로, 자기가 샐러드를 먹고 있었는데 남편이 그것에 새우를 넣었다는 사실을 알자 처음 먹었을 때 느꼈던 구린내가 순식간에 사라지고, 역겨웠던 맛이 갑자기 좋은 맛으로 둔갑했다는 사례를 들어 소개한다(눈을 가리고 그녀에게 퇴비 깡통의 냄새를 맡게 하면 그녀도 그것을 훌륭한 치즈의 냄새로 착각하여 무척 먹고 싶어할 것이다).

인류학자인 데이비스 서튼도 (맛) 탐색의 적절한 수단으로 미각을 사용하는 이론을 받아들였다. 그는 이 견해를 설명하는 신조어를 만들기도 했다. "나는 알고, 살고, 상호 작용하는 미각적 방법이라는 뜻으로 'gustemology[미각론, 맛을 뜻하는 gust에 '~학(론)'을 뜻하는 –ology를 결합한 신조어 – 옮긴이]'라는 단어를 사용할 것을 제의하고자 한다."고 언급했다.[11] 그는 "미각론의 관점에서 보면, 맛은 사회적 삶의 다양한 영역에 연계된 총체적인 사회적 팩트의 성격을 취하고 있다."라고 말한다. 이 방법론은 '우리가 음식을 맛보는 행위는 항상, 본질적으로 공감각적이라고 인식한다.[12]

식탁 위의 철학자들

　　현대인은 분류학상 '호모 사피엔스 사피엔스'(Homo sapiens sapiens, 신인류, 후기 구석기 시대 이후 현대에 이르는 단계의 인류 – 옮긴이)로 불린다. 두 번째 '사피엔스'는 인류가 속한 종의 아종(亞種)을 가리키며, 이것 때문에 우리는 (이런 구별을 할 필요가 있는지는 모르겠지만) 지금은 멸종된 호모 사피엔스라는 아종과 구별된다. 한편, 다른 분류학 이론에 따르면 우리는 그냥 호모 사피엔스인데, 이 이름은 일반적으로 '현명한 사람'이라고 번역된다. 여기서 우리는 인간의 아종 명이 아마 '현명한, 현명한 사람'이라는 뜻이 아닐까 짐작해볼 수 있다. 기분 좋은 칭찬의 말이긴 하지만, '맛보는 사람'이라고 직역했더라면 훨씬 더 기분 좋은 찬사가 되었을 것이다. 앞에서도 설명했지만, '사피엔스'라는 말은 동사 sapere에서 파생되었는데, 이 말의 실제 의미는 '파악하다' '생각하다' 또는 '이해하다'다. 하지만 이 정의 옆에는 '감지하다' 그리고 매우 구체적인 표현인 '맛을 보다'라는 두 개의 다른 정의가 분명히 또 있다. 당신이 사용하는 사전의 종류에 따라 이런 정의 중 한두 개는 '생각하기 또는 파악하기'보다 '먼저' 나올지도 모른다. 린네(Linnaeus, 스웨덴의 식물학자로서 근대 분류학의 아버지로 불림 – 옮긴이)가 실제로 우리 인간 종이 '맛보는 사람'으로 명명되기를 원하지는 않았겠지만, 고대 라틴 사람들이 생각했던 맛보기라는 행위와 파악하기, 생각하기, 이해하기라는 행위의 관련성은 이 어원학에 뚜렷이 남아 있다. 만약 맛보기라는 경험을 통한 탐구를 상상한다면, 우리는 실험 또는 검사를 통한 탐구에 대해 생각하게 된다. 맛보기나 검사를 통한 탐구는 '손대지 마라'라는 슬로건과 정반대다.

'미각을 통한 알기'와 '시각을 통한 알기'의 차이점은 상당히 크다. 본질적으로 맛보기는 우리 인간에게 '침투성'이 있다는 것, 우리가 다른 유기체들과 상호 작용을 통해 관계를 맺는다는 점을 인정한다. 이것은 다시 인간은 본질적으로 행동을 취하고 주변을 경험하는 일에 몰두한다는 점을 깨닫게 해준다. 우리는 주로 '알고자 하는 사람'이다. '알기'는 단지 우리가 살고 있는 세상을 이해하고 대처하는 방식의 한 측면일 뿐이다.

둘째, 맛보기는 일단 중립적인 관점에서는 수행할 수가 없다(아무것도 없는 곳에서 느닷없이 맛이 생길 리는 없지 않은가?). 맛이라는 것은 항상 깊이, 그리고 우리가 명백히 관련돼 있고, 관심을 기울이고 있는 장소(즉, 우리 몸 안이나 그 근처)에서 생긴다. 그렇다고 맛이 순전히 주관적, 다시 말해 들쭉날쭉하고 제멋대로라는 말은 아니다. 세상에는 미각을 정화하거나 (장기적으로 봤을 때) 세련되게 하는 방법들이 아주 많다. 어떤 맛은 예를 들면 "이 음식은 위험해." 또는 "이 맛을 즐기려면 미각이 아주 고상해야 할 텐데." 같은 신호를 분명히 보낸다. "이 음식은 '나한테' 위험해."라는 말은 사실일 수 있다. 하지만 '나한테'라는 말을 덧붙였다고 해서 이 말이 단지 주관적인 의견으로만 여겨지는 것은 아니다. 그 사람이 "나는 오로지 나의 의지 행위로 이 먹을거리가 위험하다고 선언하는 바다."라고 말한 것은 아니니 말이다. 오히려 소화되는 물질과 생리의 상호 작용은 누가 뭐래도 제 갈 길을 간다. 여기에 어떤 의지 행위가 개입되든 상관없다. 이것은 겉보기에 주관성/객관성의 역설('이것은 위험하다'는 말은 '이것이 내게 위험하다'는 뜻인가 따위의 논쟁) 같지만, 우리가 신뢰할 수 있는 지식은 냉정함, 거리감, 보편성, 중립성 그리고 감안해야 할 전후사정이 없는 배경 등이 불가피하다는 믿음을 갖고 싶어 하는 마음으로 식탁에 앉을 때만 역설이 된다.

셋째, 맛을 보려면 한 인간이 가진 모든 것—모든 감각기관, 감정 표현력, 기억력 등—을 쏟아부어야 맛의 작동 원리를 이해할 수 있다.[13] 맛에 대한 평가는 이런 다양한 기능들이 얼마나 잘 (협력하여) 작동하는가, 그리고 그런 기능 발휘에 얼마나 세심한 주의를 기울이는가[늪(swamp)이야 새우(shrimp)야?]에 따라 이루어진다.

넷째, 맛보기의 오류는 시각의 오류와 약간 다르다. 이 문제의 해결에 몰두하면 우리는 '지식'과 '의견'의 구분과는 다른 카테고리를 내놓게 된다. 만약 데카르트의 불확실성과 의구심이 자신이 본 것이 아니라 맛을 본 것들에 대한 의심에 근거한 것이라면 그가 주장한 제1명상(First Meditaiton)의 내용은 어떻게 바뀌었을까? "나는 모든 것을 의심할 수 있다."라는 일반적인 회의주의로 후퇴한 그의 체념적 태도는 당연히 조금이나마 완화되었을 것이고, 완벽한 확신이 없는 현실을 걱정하는 대신 계속 테스트하고자 하는 용기를 얻었을 것이다. 결국 음식에 관해 회의적 태도를 버리지 못하는 것은 목숨이 위태로워질 수 있는 문제의 일종이다. 전체적으로 봤을 때 그의 견해가 미각이라는 카테고리로 걸러졌다면 나중에 다른 결론이 나왔을 것이다. '모든 것은 의심될 수 있다'는 명제는 원고나 홍보 문구로는 훌륭하지만 그가 만일 미각을 분석했다면, '우리는 우리가 아는 것을 바탕으로 하여, 여전히 불확실한 것을 탐구해야 한다.'라는 정도의 누그러진 표현이 훨씬 그럴싸한 결과를 낳았을 것이다.

객관성

객관성이라는 유령이 이 장의 처음부터 끝까지 나타나고 있다. 이제 이 문제를 단도직입적으로 다룰 때가 된 것 같다. 이제까지 맛보기는 객관성이 들어설 여지가 없는 감각으로 설명되어왔다. 이것은 주지의 사실이다. 우리는 흔히 '맛에 대한 기호는 도저히 설명할 수 없다'는 말을 듣는다. 맛은 (데이비드 흄이 말했듯) 주관적이고, 서양 철학의 한 학파의 이론에 따르면 맛은 전적으로 개인적인 취향의 문제이며, 사람마다 다름을 의미한다. 즉, '객관적'이라는 판정과는 전혀 관련 없는 개념이라는 것이다. 아울러 이 학파는 객관적이라는 말을 전 세계 모든 사람들이 동일한 의미로 쓰는 중립적 개념으로 파악하고 있고, 우리가 일상적인 맛의 경험에 도움이 되는 감각들 간의 상호 연관성을 맛이 객관적인 감각으로 보기에 결격 사유가 있다는 증거로 지목한다. 다시 말해, 만약 초콜릿이 똥덩어리처럼 생겼다는 이유로 우리가 초콜릿의 달콤한 맛을 느끼지 못한다면 이런 사실이 바로 맛이 신뢰할 수 없는 감각임을 나타내는 것이 아닐까? 따라서 (이 주장은 계속된다.) 맛은 주관적일 뿐 아니라 (먹는 사람의 취향에 따라 크게 다르다.), 겉모습이나 질감같이 맛과 '무관한' 요소들에도 영향을 받는다. 맛(그리고 미각을 제외한 인접 감각들)이 주관적이라는 주장에는 맛은 변덕스럽고 사람마다 모두 특이하며, 어떤 테마에 사적인 편견을 부과한 것에 불과하다는 등의 주장이 덧붙여졌다.

하지만 예를 들어 '선반 위에서 1주일쯤 묵은 샌드위치 빵이 방금 오븐에서 꺼낸 빵보다 낫다, 또는 이 아이스크림 브랜드나 포도주 브랜드가 저 브랜드보다 낫다고 주장하는 것은 말이 안 된다.'라는 주장을 숙고해보자. 이런 주장이 토론할 가치가 있는 문제라면, 아마 여기에는 '순수하게 주관적'이라는 꼬리표를 붙일 만한 상황이 아니라는 말이 가장 적당할 것이다. 왜냐하면 여기에서 '주관적'이라는 말은 "이것은 내가 선택할 문제고 그게 전부다."라는 말과 다름 없기 때문이다. 여기에서는 어떤 것이 더 낫거나 더 나쁜 이유를 들 수 없는 것처럼, 어떤 것이 '더 나은' 또는 '더 나쁜' 선택이라는 항목도 적용되지 않는다.

평범한 경험은 대안적인 견해, 즉 질에 대한 판단을 인정히는 견해는 맛에 관한 한, 충분히 일리가 있다는 사실을 시사한다. 왜 그럴까? 명확한 팩트/가치의 구분, 또는 주관적/객관적 이분법에 갇혀 있는 철학자들에게 이것은 머리 아픈 문제다. 평범한 표현 방식과 물려받은 철학적 가정들을 모두 보존할 방법은 어떤 것일까? 데이비드 흄은 〈맛의 표준에 관하여(Of the Standard of Taste)〉라는 논문에서 아주 훌륭한 사례를 제시한다. 그는 사실상 맛(미학적 의미의 맛도 포함된다.)은 주관적이라고 주장한다. 하지만 그는 한 발 더 나아가 다음과 같은 중요한 수식어를 붙인다. 인간은 지각 활동의 주체로서 객관성을 '대행하는' 기준들을 창안하고 강화한다. 흄이 생각할 때 우리는 세상에 객관성이 없다는 것을 알면서도 '마치' 일종의 객관성이 있는 것처럼 행동하고 있다. 이런 '마치 ~인 척하는' 작전은 미각의 객관성이라는 문제에 관한 한 최고의 전략이다. 적어도 인간을 '거리를 둔 방관자'로 보는 이론의 전형적인 가정들과 기준들을 굳게 믿는 사람에게는 그럴 것이다.

배를 중시하는 견해는 그런 가정에 얽매여 있을 필요가 없다. 사실 이런 견해는 매우 다른 점을 시사한다. 즉, 우리 인간들은 끊임없이 주변 환경을 이해하려는 작업에 몰두한다는 점이다. 우리는 그것들을 이해하는 일에 많은 것을 '투자했다'. 이것은 우리에게 매우 중요한 문제고, 어떤 경우에는 목숨이 걸려 있다고 말할 수 있을 정도로 중대하다. 이 같은 인간의 특징은 탐구와 '알기'를 포함하여 우리가 수행하는 모든 활동의 방향과 모습을 결정한다. 이런 활동은 결코 무심하거나 한가한 것으로 여겨질 수 없다. 따라서 우리의 탐구 이론은 우리의 감각들, 감정과 정서적 상태는 서로 연관돼 있다는 것을 인정한다. 이 이론은 허기, 잔류 농약에 대한 아우성과 우려의 목소리 등 우리의 판단에 영향을 끼치는 요소들을 '알기'의 과정에서 걸러내야 할 '왜곡된 현상'이 아니라, 우리가 궁극적으로 이해해야 할 인간 본연의 특징이요, 삶의 조건으로 간주한다.

이런 탐구 이론은 또 자아와 세계의 뚜렷한 구별에 의존하지 않거나 무관심, 냉정한 태도, 단절감 등을 강조하지 않는 객관성의 개념을 필요로 한다. 우리의 객관성 이론 모델은 입에서 출발하여 입에 관련된 개념인 책임감을 갖고, 입의 민감성에 초점을 맞춘다. 불교의 전통 사상 중에는 '지혜'라는 개념이 있는데, 이것은 '선' 같은 도덕적 개념 대신 인간이 갖추어야 할 행동의 종류를 묘사하는 데 사용된다. 우리는 이 개념을 인식론적 목적으로 차용하여 객관성의 개념을 재정립하는 데 기초로 삼자고 제의하고 싶다. 객관성의 개념을 전후 맥락에 대한 적절하고 지혜로운 반응으로 이해하는 방법론은 세상에서 내가 처해 있는 상황을 인식하는 것에서 시작된다. 즉 "내 입에 달팽이가 있다."와 "나는 무관점에서 세상을 본다."의 대결인 셈이다. 1995년 예일대 산림환경대학원 교수인 스티븐 켈러트(Stephen Kellert)와 공동 저술한 한 논문에서 나의 동료인 리사 헬드케(Lisa Heldke)는 객관성을 책임으로 보는 견해를 발전시켰다. 이 견해는 객관적인 탐구를 '연구의 이론적 틀을 인식하고 수행하며, 그것을 탐구의 장에 참여하는 모든 존재들 사이에 확산시키는 활동'으로 정의한다. 이 탐구의 장에서 활동하는 '잠가자들'에는 '알고자 하는 사람'뿐 아니라 '이미 알려진 것'도 포함되어 있다.[14]

이 개념이 구식 객관성 개념의 최고 장점을 이어가려면 어떻게 해야 할까? 이것은 세상사를 판단하는 훌륭한 수단으로, 절대로 점멸 스위치를 켰다 껐다 하는 식으로 작동하지 않는다는 사실을 바탕으로 성립된 이론이다. 우리는 '마음은 거울과 같다'는 사고방식으로는 절대로 사물에 대한 완벽한 이미지를 얻을 수 없고, 오히려 적극적으로 개입하고 이해관계가 있는 참가자로서의 자세를 취했을 때 주변 환경에 대해 지속적으로 반응할 수 있다. 이런 과정을 통해 우리의 반응은 우리가 염두에 두고 있는 목적에 부합하는 방향으로 조금씩 수정되어가고 더욱 적절한 모습을 띠게 될 것이다. 목표에 접근하는 이런 방식은 더 개선될 수도 있다. 다시 말해, 우리는 우리의 객관성을 점차 증진시킬 수 있다는 뜻이다. '올바르게 이해하기[시키기]'는 우리가 보존해야 할 전통적인 객관성 개념의 특징이다. 하지만 이 전통적 개념이 고착성과 변경 불가능성을 강조하는 반면, 우리가 대안으로 택한 새 개념은 일시적이고 상황에 따라 달라지며 항상 재평가해야 한다는 탐구의 성질, 아울러 객관성 자체의 성질을 강조한다. 그런 개념은 인간을 행동하는 존재, 주변 환경과의 '거래'에 많은 것을 투자한 존재로 파악하는 데 도움이 된다.

독자들은 이제 책임감을 목적으로 하는 개념이 시각만이 아닌 융합된 여러 감각들을 바탕으로 하여 형성된 탐구 개념과 어떤 식으로 연관돼 있는지 감을 잡을 수 있을 것이다. 이 개념은 인접/먼 감각 관계를 근거로 한 감각들의 위계질서론에 포괄적이고 적절한 대안을 제시한다. 반응 책임감은 항상 이성적이다. 우리 주변에는 특별한 목적 때문에 거리를 강조해 적절한 환경을 찾아보는 경우가 많으나, 그래도 이성적으로 생각하면 오로지 거리하고만 관련돼 있는 특별한 가치는 없다. 하지만 객관성이 우리가 맺고 있는 관계들의 유대를 인식하고 수행하는 기능이라면 이성을 강조하는 감각들은 독특한 자체의 특성과 가치를 갖게 될 것이다. 그런 합리성의 강조는 주관성과 객관성의 뚜렷한 대립도 누그러뜨린다. 이런 뚜렷한 대립은 오로지 정신을 중심으로 한 철학의 이론적 틀에서만 일어날 수 있다. 합리성과 책임감에 초점을 맞추는 견해는 우리가 주관성과 객관성을 따지는 전통적개념의 특징이기도 하다. 즉, 나와 나 이외의 대상을 나누는 이분법식 사고보다는 '중간적인 성질' 쪽으로 관심을 갖도록 유도한다.

왜 음식인가?

이제 우리의 탐구 활동을 구성하는 여러 가닥의 줄을 하나로 엮을 때가 된 것 같다. 우리는 음식, 음식 만들기, 먹기 같은 활동이 현재 탐구 과정을 이해하는 방법으로 정의되어 있는 인식론에 어떻게 기여하는지를 명백히 밝힘으로써 이 작업을 행하고자 한다.

분명히 해둘 말이 있다. 우리는 음식, 철학, 그리고 이 둘의 결합에 관한 우리의 설명이 철학자들이 참고해야 할 유일한 인간 경험의 형태라고 강요할 생각이 아닐 뿐더러, 외려 전통적인 철학이 이 모든 활동들을 고의적으로 삭제하는 바람에 우리 인간의 본질에 대한 이해가 왜곡되는 결과가 되었다는 점을 지적하고자 한다. 이런 왜곡은 다시 '알기'과 탐구에 대한 왜곡된 개념을 낳았다. 철학의 눈으로 본 음식의 가치, 그리고 이 장의 맥락에서 봤을 때 음식 만들기와 먹기의 인식론적 중요성은 이런 행위가 인간의 삶에서 핵심적인 부분을 차지한다는 사실보다는 삶의 필수적인 행위라는 점, 그리고 우리 삶에서 다양한 의미를 나타낼 수 있고 또 수용할 수 있게 된다는 사실에 있다. 우리는 이러한 주장을 뒷받침하기 위해 존 듀이의 사상에 큰 영향을 받은 탐구의 정의를 사용하고자 한다. 듀이는 한 저서에서 "탐구는 가늠하기 힘든 상황을 확실한 상황으로 변형시키는 통제되고 유도된 과정이며, 이때 이 상황은 그 속에 내포된 여러 요소들을 하나의 통합된 완전체로 전환할 수 있을 정도로 내재적 특징과 관계 면에서 확실해야 한다."라고 말했다.[15]

　우리가 논의의 출발점으로 삼는 이 견해는, 인간은 반드시 먹어야 하고 어떤 식으로든 영양소를 섭취해야 한다는 사실에 대해 두말할 필요가 없는 의견이다.[16] 이것 때문에 먹는 행위는 이것 없이는 삶을 영위하는 것 자체가 불가능한 짧은 '필수 요소' 목록 중 하나가 된다. 이 목록에는 또 잠자기, 주거지, 옷과 배설하기 등도 포함되어 있다. 먹기는 잠자기, 옷과 주거지 확보처럼 우리가 단지 필요성 때문만이 아니라 휴식과 즐거움, 종교적 및 문화적 활동, 기타 인간의 인생을 즐기고 축하하기를 좋아하는 '허기진 존재'임을 상기시켜주는, 많은 이유 때문에 참여하는 활동이다. 여기서 특히 잠자기와 배설하기는 그런 활동으로 취급받지 않는 경향이 있다. '함께 자다'라는 말은 '함께 식사하다'라는 말처럼 글자 그대로의 행위를 의미하지 않는다. 그리고 배설을 '사회적 정화 활동'이라고 묘사하는 나라들도 있지만, 이 행위는 먹는 행위를 문화적 활동으로 간주하는 데 인용되는 그 많고 다양한 측면과는 비교가 되지 않는다. 따라서 먹기는 매우 중요한 (그리고 비교적 짧은) 인간 욕구 리스트에 올라 있으며, 수많은 방식으로 찬양하고 서술할 가치가 있는 행위다.

이런 점을 인식하고 인간이 멀리 있는 방관자가 아니라 환경에 적극 개입하는 참여자라는 사실에 주목하면, 음식 만들기라는 행위는 우리에게 이른바 '사려 깊은 실천'의 풍부한 사례를 제시한다는 것을 알 수 있다. 이번에도 역시 음식 만들기라는 행위는 사려 깊은 실천처럼 전혀 특이하지 않지만 분명히 생생한 사례들을 제공한다. 이런 사례들은 매우 사실적이라서 이런 종류의 행위가 인간에게 얼마나 중요한지를 잘 알게 해준다. 사실 '사려 깊은 실천'이라는 표현은 앞에서 논의한 몇 가지 속성을 의미한다. 이 개념은 우리에게 배를 무시하는 철학자들이 잘 쓰는 전형적인 배타적 논리합(exclusive disjunction, 두 개의 명제 중 어느 하나만이 참일 때 결과값이 참이 되는 경우. 즉, 두 명제가 모두 참이거나 거짓이면 그 결과는 거짓이 된다. ―옮긴이)보다는 접속점에 관심을 쏟으라고 요구한다. 여기서 주목해야 하는 것은 실천이라는 행위 자체가 반응적 행위라는 사실이다. 이것은 나의 '정신' 또는 '뇌'만이 아닌, 나라는 인간 전체를 관여시킨다. 여러분은 빵을 굽거나 농작물을 가꿀 때 생각하고, 팔, 손, 종아리 '근육과 함께/근육을 통해/근육으로' 반응한다. 생각하기와 실천하기는 별개의 두 가지 활동, 즉 하나는 육체적 활동이고 또 하나는 '정신적 활동'이 아니다. 더구나 그것과 같은 맥락에서,

우리는 생각하기가 순수한 정신적 활동이라든지 또는 전적으로 뇌와 관련된 행위가 아님을 안다. 이것은 특정 부류의 철학자들에게는 충격적인 주장이다. 생각 자체는 실천행위라서 우리를 녹초로 만들 수도 있고, 우리로 하여금 생계 유지 활동을 불가피하게 만들 수도 있다. 또 우리 몸 상태에 따라 이 실천행위는 더 잘 풀릴 수도 있고 그 반대가 될 수도 있다. 요리를 배우는 방식, 예컨대 빵을 만드는 방식에 주목하면 우리는 인간을 육신이라는 부속물을 달고 다니는 정신으로 묘사하는 그림이 매우 엉성한 밑그림이라는 사실을 알게 된다. 우선 어떤 사람이 이론적으로는 빵 굽는 법을 '알지만' 실제로 빵은 못 굽는다는 것은 말이 안 된다. 즉, 이스트 첨가, 글루텐 밀가루, 시간과 온도, 반죽하기, 펴고 접기 같은 세부 과정은 잘 알지만 자기 손으로 여기에 관련된 작업을 수행할 수 없다는 것은 성립될 수 없는 얘기다. 내부 연소(內部燃燒)의 원리를 안다는 것이 기화기(氣化器, carburetor)를 수리할 수 있다는 뜻이 아닌 것처럼, 이스트와 글루텐의 개념을 안다는 것이 곧 제빵법을 아는 것은 아니다. 마찬가지로 밀가루를 반죽할 수 있는 손을 갖고 있다고 해서 그것 때문에 그 사람이 빵 만드는 법을 '안다'고는 할 수 없다. 빵 만드는 법을 알려면 그 반죽 과정에서 발생하는 복잡한 현상을 총체적으로 이해해야 하기 때문이다.

우리 삶의 중심에는 많은 사려 깊은 실천들이 따른다. 우리는 음식 만들기에는 그 특정한 맛의 카테고리에 들어갈 자격 유무를 가

늘하는 뭔가가 있을 것이라고 생각한다. 세포 차원에서 봤을 때 음식 만들기의 결과물은 우리가 섭취함으로써 물질적으로든 물리적으로든, 그리고 글자 그대로의 의미로 우리 몸의 일부가 된다. 음식 만들기는—곡식 키울 밭을 조성하기 위해 땅을 갈든 포장된 옥수수빵 믹스에 물을 붓고 스푼으로 젓든, 케이크 반죽을 반듯이 펴서 팬에 올려놓든—나중에 내부 요소로 변할 외적인 뭔가를 창출하는 행위다. 바로 이 점 때문에 음식 만드는 행위는 악기, 가구, 스웨터, 컴퓨터, 또는 기타 어떤 다른 물질을 만드는 행위와 본질적으로 다르다. 우리가 창조하는 물체들은 대부분 나라는 인간의 범위가 확장된—우리가 입는 옷, 쓰는 펜, 전화, 기타 직업상 쓰는 도구들—것이지만 그 물체들은 전부 (또는 대부분) 우리 몸의 바깥에 머물러 있다.[17]

현대의 여권신장론자이자 과학기술 철학자인 도나 해러웨이(Donna Haraway)의 정신을 이어받아 우리는 인간이 사이보그임을 인정한다. 인간은 살덩어리, 공장에서 만든 인공장기들, 추가로 장착된 부속물들, 신체 기능을 향상시켜주는 보조장기들로 이루어진 정교한 합성물이다(우리 부모님은 두 개의 심장박동기와 세 개의 보청기를 사용하셨는데 늘 '배터리가 부족하다'고 불평하시곤 했다. 그 말은 농담이 아니었다. 그 배터리가 없었다면 그분들은 불편을 겪는 것은 물론 죽었을 테니까). 따라서 우리는 음식을 신비롭고 '특출나게 특이한' 것으로 둔갑시킬 생각은 없다. 그럼에도 인간의 최초 조상들이 지구에 나타난 이래 인간은 음식을 '난 아냐(not me)'로 받아들여 '나야(me)'로 만들어왔다. 먹는 행위에는 이것이 스마트폰을 소지하는 것과는 다른 차원을 만드는 기본적인 속성이 있다(스마트폰은 글자 그대로 손의 연장선상에 있는 물건이나 '외부에 있는 메모리'로 볼 수도 있지만, 밤에는 사무실 책상 위에 놔둘 수도 있는 물건이다). 이것은 또 심장박동기를 보유하는 것과도 사뭇 다르다. 심장박동기가 신체 내부에 들어가는 물건이라는 사실임에도 그렇다. 심장박동기는 언제라도 몸 밖으로 꺼낼 수 있지만, 당신이 어젯밤에 먹은 딸기는 그렇지 않다. '난 아냐'가 완전히 '나야' 속으로 흡수되었다는 사실 때문에 음식 만들기 활동은 인간 탐구의 성격을 이해하는 데 매우 쓸모 있는 수단이 된다.

인간과 음식의 상호 작용이 왜 탐구와 '알기'의 속성에 대한 생각을 발전시키는 훌륭한 보유기인지를 설명하는 마지막 방법으로 우리는 철학자들이 이제까지 '알기'와 (음식 만들기와는 확연하게 다른) 먹는 행위를 연관시킨 방식 중 몇 가지를 소개하고자 한다. 플라톤은 인간의 소화관은 지능을 지닌 생명체라는 인간의 정체성에 잘 어울린다고 보았다. 《티마이오스(Timaeus, 플라톤이 지은 철학적 대화편으로, 그의 우주 창조설이 실려 있다. -옮긴이)》에서 플라톤은 우리는 엄청나게 긴 소화관 덕분에 우리 배 속에 사슬로 묶여 있는 '야수'의 방해를 받지 않은 채 장시간 생각할 수 있다고 말했다[18](이런 견해는 물론 몇 가지 다른 문제를 일으킨다. 우리 몸의 다른 측면을 어찌된 일인지 우리의 외적 요소로 간주하기 때문이다. 허기는 정말 배 속에 들어앉아 있는 야수라고 생각할 수 있을까? 그럼에도 이런 주장을 인정하는 것이 곧 논의의 출발점이다).

더 재미있는 사람들은 먹는 행위를 '알기'의 비유적 표현, 또는 모델로 보는 철학자들, 즉 먹기를 알기와 동일시한 철학자들이다. 플라톤과 존 듀이는 모두 먹는 행위를 이런 식으로 인식했다. 플라톤은 《테아이테토스(Theaetetus)》에서 탐구의 위험성과 먹기의 위험성을 비교하고 대비시켰다. 먹기와 탐구라는 두 가지 행위는 모두 어떤 것을 본인의 안으로 취하여 그것을 자신의 일부로 만든다. 먹는 행위의 경우, 당신은 적어도 그 음식을 용기에 담아 집에 갖고 간 다음, 그것을 소화시키기 '전'에 찬찬히 검사할 수 있다. 반면 지식은 검사할 시간 없이 우리 몸 속으로 바로 들어간다. 플라톤의 비유법이 강력한 이유 중의 하나는 음식은 정말 우리 안으로 들어와 우리의 일부가 된다는 우리의 생각을 잘 이용하고 있기 때문이라는 사실을 명심해야 한다. 지식처럼, 이런 견해는 우리에게 도움이 될 수도 있고 해가 될 수도 있다. 둘 다 위험이 따른다. 지식은 우리의 안락한 삶을 교란시킬 수 있다. 다시 말해, 음식 때문에 병이 날 수도 있다. 하지만 그것의 대안들, 즉 무지와 죽음도 별로 매력적이지 않다(곰곰이 생각해보면 완벽하게 위험이 없는 삶도 별로 매력이 없다. 위험 없는 삶이 선사하는 성공과 만족이라는 것도 실패의 가능성이 절대적으로 없으면 사라진다).

듀이는 《경험과 자연(Experience and Nature)》이라는 책에서 먹기와 관련하여 비유적인 설명을 했는데, 이것은 우리의 연구에 상당히 도움을 준다. 그는 정신을 최고로 치는 철학자들을 정말 골치 아프게 하는 문제를 다룬다. 우리는 외부 세계에 대한 것을 어떻게 알 수 있는가? 듀이는 이 질문에 간단한 답을 내놓는다. 그는 "'마음이 마음의 바깥에 있는 것을 어떻게 알 수 있느냐?' 하는 문제는 '어떤 동물이 바깥 세상에 있는 것을 어떻게 먹느냐?'라는 문제와 비슷하다."라고 말한다.[19] 실제로 그는 우리가 손을 뻗어 '먹을 수 있는'것은 우리 몸의 바깥에 있는 것들뿐이고 학습, 또는 뭔가를 알게 되는 과정도 마찬가지라고 말한다. 듀이는 철학은 나중에 드러난 것처럼 종류를 막론하고 '수작업'에 관심을 가진 사람이 나설 곳이 아니라는 사실을 절실히 깨달았다. 터놓고 말하자. 철학은 인간이 육체적이라는(철학자들이 즐겨 쓰는 표현대로 하자면, '인간은 육체를 갖고 있다.') 사실을 인정하기에 별로 무난한 장소도 아니다. 고대 그리스에서 처음 등장하여 명칭이 부여된 하나의 학문으로 통합된 이래, 철학이라는 학문의 목적은 주로 '실용적인' '공예' '일상생활' 같은 이름 밑에 함께 묶여 있는 다양한 종류의 활동들, 즉 우리가 흔히 말하듯 '몸과 마음을 한데로 묶는' 활동들로부터 우리를 가능한 한 멀리 격리시켜놓는 것이었다. 음식 만들기는 이 카테고리와 완벽하게 늘어맞는다. 일부 철학의 광팬들과 실천가들이 갈망했던 것처럼 철학은 엄격한 '두뇌 작업'이라서 성찰, 추상적 개념 만들기, 이론화 등을 해야 한다. 그런 전통적 구분법을 재정립하려고 노력한 소수의 철학자 중 한 명인 듀이는 그 결과, 음식 만들기의 중요성을 논하는 일이 탐구의 속성을 파악하는 데 특히 유용하다는 것을 증명했다.

그는 1929년《확실성의 탐구(The Quest for Certainty)》라는 저서에

서 전 인류사를 통틀어 인간은 '위험에서 벗어나려고', 즉 보잘것없음, 불확실성, 불안정성, 혼란, 재앙의 불가피성과 더불어 인간의 생존 자체에서 수반되는 많은 위험으로부터 벗어나기 위해 애를 썼다는 점을 지적했다. 이 말을 다르게 표현하면 1장에서 언급했듯이 '책임에서 벗어나기'로, 이는 불확실한 상황에서 결정을 회피하려는 욕망이라고 할 수 있다. 이런 위험에서 벗어나려는 열망 때문에 일어나는 행동이 이 (믿을 수 없는) 세상의 골치 아픈 문제에서 벗어나 (영원하고, 변하지 않고, 믿을 수 있는) 저 다른 세상의 문제를 맞이하는 것이다. 그것이 신의 영역이든 사상의 영역이든. 이 영역은 (모든 사람이 썩고 부서지는 일상 세계와는 확연히 다르다.) 우리가 알 수 있는 세계다. 변하지 않기 때문이다. 이 세계는 우리에게 안도감을 주기 때문에 위험을 피할 수 있는 피난처로 매력적이다. 결과적으로 이 세계는 우리가 진정으로 알 수 있는, 유일한 영역으로 찬양받게 되었다고 듀이는 말한다.

그는 확실한 근거를 갖고 이론을 실제보다 우위에 놓는 가장 큰 이유를 밝혔다. 실제 활동은 힘들고, 더럽고, 흔히 위험하며, 반복적이고, 해도 해도 끝이 없다. 이것과 반대로 정신적인 생활은 여유롭다. 이런 구분은 육체 노동은 노예들, 농노들, 아내들, 기타 '천한 것들'에게 넘기고, 정신적인 일은 사회에서 권력과 권위를 누리는 구성원들을 위해 남겨놓는 사회적 위계질서에 잘 나타나 있다. 두 번째 이유도 첫 번째 이유와 관련되어 있다. 실제 활동들(듀이는 이 대목에서 이런 활동을 실제로 '노동'이라고 칭한다.)은 '물질'—석탄 덩어리,

여러 필의 천, 곡물 자루 따위 -을 대상으로 한 육체적인 활동인 반면, 지적인 활동이라고 하면 무형의 사상을 대상으로 하는 순수한 정신적 노동이 연상된다. 비물질적인 사상에 대비했을 때, 물질에 대한 생각에 따라다니는 오명은 실제와 관련된 모든 것에 전이되었다.[20] 다른 말로 하면, 이론/실제의 차별적 등급론은 정신-육체 이원론과 직접 연결돼 있다.

듀이는 이 '이유들' 때문에 문제가 한 단계 되돌아간다고 지적했다. 육체는 '왜' 폄하되는가?' 실제는 '왜' 무조건 생각과 분리되는 개념으로 여겨지는가? 이 부분에서 듀이는 철학의 핵심적 특징에 도달한다. 그는 단순히 과거부터 전통적으로 내려온 문제들에 답하는 데 그치지 않고, 그런 문제들이 그런 식으로 형성될 수밖에 없게 했던 일반적인 방향성에 대해 궁금해한다. 듀이는 '왜' '이 부당한 차별', 이 '이론과 실제의 확연한 구별'이 필요한지 묻고 있으며, 또 우리에게 잔인한 질문이지만 지적 능력을 행동에서 분리한 것이 지식의 이론에 '어떤' 영향을 끼쳤는지 묻는다.[21] 이혼을 선포한 그 사리판단력을 재고하면 어떨까? 알기와 실행하기를 상호 연결된 상태로 (다시?) 돌려놓으면 어떨까? 정신, 생각, 알기에 관한 전통적인 이론의 개정판이 필요하다면 어떤 것이고, 철학 연구소의 사상에는 어떤 변화가 요구되는가?

듀이가 지은《확실성의 탐구(The Quest for Certainty)》의 뼈대는 이런 질문들로 이루어져 있다. 우리는 그를 따라 상당히 먼 길을 갔고, 이 과정에서 이론과 실제의 구분이 우리가 우리 자신에게 음식을 제공하는 (작물의 경작, 가공, 요리, 식사 후의 설거지까지 포함됨) 실제적 면에서 어떤 영향을 끼쳤는지를 중점적으로 탐구하면서 우리가 취했던 진로를 기록했다. 우리는 또 왜 그리고 어떻게 음식 만들기가 우리의 '사려 깊은 실천'이라는 개념을 탐색하고 발전시키는 매우 귀중한 활동 방식이 될 수 있는지를 보여줌으로써 이 간극을 극복하려는 그의 노력도 자세히 소개했다.

'음식은 인식론과 무슨 관계가 있나?'라는 문제에 대해 지금까지 설명한 간략한 답은 실제로 다른 목적과도 들어맞는다. 이것은 우리와 음식의 관계가 그런 긴급하고 흥미진진한 혼돈의 현장인 것으로 밝혀진 이유를 설명한다. 철학의 편재성(遍在性, 도처에 있는 성질)과 포괄성(抱括性, 모두를 포함하는 성질)은 건물의 배관 시설처럼 널리 퍼져 있다는 사실을 상기하기 바란다. 철학의 편재성을 설명하는 한 가지 방법은 인간을 탐구하는 모든 학문 영역에는 그것과 관련된 철학적 질문들과 문제들이 있다는 사실을 관찰하는 것이다. 음식 만들기와 먹기라는 행위 자체는 외면할 수 없는 생물학적 측면에서 지극히 중요한 행위일 뿐만 아니라 인간의 종교 의식, 문화적 및 민족적 정체성, 사교에 필요한 소일거리, 그리고 사실상 모든 인간의 제도와 활동에 뿌리박혀 있는 활동이다. 이것들은 심오하고, 중대한 활동으로 존속되고 있다. 놀랄 일도 아니지만, 음식 만들기와 먹기라는 행위의 서로 다른 '용도들'은 주기적으로 서로 접촉하고, 또 충돌한다. 선진국 대중들의 눈에 음식과 요리가 크게 부각되면서, 이 문제를 만족스럽게 해소할 필요성과 함께 둘 사이의 충돌 역시 강도와 빈도 면에서 크게 증가한 것 같다.

지속 가능성의 개념에 관해 현재 이루어지고 있는 논의는 적절하고 재미있는 사례다. 이 장의 서두에서 소개한 식료품 쇼핑의 사례를 상기해보자. 쇼핑객들이 얼마 안 되는 돈을 쓸 때, 그들이 충족시키기를 바라는 긴 조건 목록에 '지속 가능한 방식으로(환경 파괴 없이) 경작한'이라는 조건을 추가하라. 여기서 '지속 가능한 방식으로 경작한'이라는 말은 정확히 무슨 뜻인가? 결론적으로 말해 답은 '상황에 따라 다르다'와 '이것은 복잡한 문제다', 둘 다. 우리는 우선 환경적 고려 사항을 지적하고 그다음엔 경제적 고려 사항을, 그다음으로는 아마도 문화적, 민족적, 사회적 우려 등을 차례로 거론할 것이다(어떤 음식이 '문화적으로 지속 가능하다'라는 말은 대체 무슨 뜻인가? 무엇보다 이 말에는 문화적 전통, 정체성, 의미의 지속적인 번영을 가능하게 한다는 뜻이 내포돼 있을 것이다).

언뜻 떠오르는 생각으로는, 만약 어떤 사람이 "우리는 어떻게 먹어야 합니까?"라고 물으면 우리는 "지속 가능한 방식으로요."라고 대답할 수 있고, 또 그렇게 생각하고 싶다. 여기에는 조금만 노력하면 우리는 그 많은 면에서 모두, 지속 가능하게 만들어진 음식을 먹을 수 있다는 전제가 깔려 있다. 하지만 관련 문헌을 계속 읽었거나 하다못해 신문이라도 관심 있게 읽어본 사람이라면 알 수 있듯 그것은 불가능하다. 제아무리 많은 노력을 쏟았다 해도 그건 안 된다. 어떤 한 영역에서 지속 가능성의 필요성을 만족시킨다고 해도 그것은 아마 (그리고 실제로) 흔히 다른 영역의 필요 요건과 충돌하기 일쑤다. 많은 경우에 해당되지만, 환경적 지속 가능성 같은 단일한 영역에도 온갖 이슈와 우려 사항들은 층층이 쌓여 있다. 이것들은 서로 거미줄처럼 얽혀 있기 때문에 '지속 가능성이 달성되는' 어느 위대한 순간이 찾아와 이 모든 조건이 일거에 충족되는 일은 결코 일어나지 않는다. 우리는 지속 가능성이라는 문제도 물리학의 통일장 이론(물리학에서 지금까지 알려진 네 가지의 힘, 즉 중력, 전자기력, 강한 핵력, 약한 핵력의 형태와 이것들의 상호 관계를 하나의 통일된 개념으로 설명하고자 하는 이론-옮긴이) 같은 것이 나와 일거에 해결되기를 간절히 바라지만, 이 분야는 항상 아수라장 상태이다. 지속 가능성이라는 용어의 의미 자체도 무슨 이동 표적처럼 계속 변한다.

　이 혼란을 어떻게 해결해야 할까? 마치 외부의 무심한 구경꾼처럼 그것을 분석해서는 안 된다는 것이 우리의 생각이다. 그런 관점은 '여기 있는 것이 결정적인 답이다', 그렇지 않으면 '진짜 답은 없다'와 같은 양자택일의 이분법에 빠져들게 하기 쉽다. 사실 이것은 우리가 과거로부터 부분적으로 몇몇 분야에서는 혼란 속에서 허우적거린다는 관념들을 물려받았기 때문이다. 우리는 지속 가능성의 의미에 대해 이의를 제기하지 않을 것이다. 마음 한구석에 이 개념에 관한 본질이 있으며, 우리가 해야 할 일은 모든 것이 이해될 수 있도록 그것을 찾는 것이라는 데카르트의 은밀한 신념을 여전히 갖고 있기 때문이다. 단 하나의 명쾌한 대답은 없다는 인식은 흔히 생각하는 사람들을 회의주의에 빠지게 한다. 우리의 분석 −'객관성으로서의 책임'과 관련된 '사려 깊은 실제'—과 일치하는 접근법은 상황에 대하여 더 구체적이고 개선된 견해를 제공한다. 자신을 (1)배고픈, (2)맛보는 사람 겸 검사하는 사람으로 인식하면, 우리는 우리가 맞닥뜨린 어려움에 대해 점점 더 나은 해결책을 찾아낼 수 있을 것이다. 다시 말해 우리는 구식 구경꾼 접근법 때문에 생긴 잘못된 딜레마, 즉 '세계에 대한 나의 시각이 완벽하든 그런 시각이 착각이든 둘 중 하나다.'라는 이분법으로 구성된 딜레마에서 벗어날 수 있다.

음식 만들기와 먹기는 가장 기본적인 차원과 일시적 사건이라는 차원에서 인간에게 중요하다. 우리와 음식의 관계가 매우 다면적이기 때문에 여기에는 항상 혼란이 생길 여지, 그리고 그렇기 때문에 여러 철학적 이론들이 얽혀 있을 가능성이 있다. 이 장에서 우리는 플라톤 이후부터 현대에 이르는 서구 철학에서 핵심을 차지하는 일련의 이분법적 이론들과 개념들의 등급론을 분석함으로써 이런 상황을 분석하였다. 서구 철학은 긴 역사를 통하여 크게 변하고 바뀌어왔다. 우리에게는 일부 주요 학설의 개요를 간략히 설명하는 섯 이상의 작업은 무리지만, 이분법과 등급론에 관한 일부 사실들은 오늘날에도 상식적 신념으로 존속되고 있다. 그런 만큼 그것들은 우리가 생각하고 행동하는 방식에 지금도 계속 영향을 끼치고 있는 중이다. 따라서 우리가 대안으로 선택한 새로운 이론은 바로 그 사고 방식과 행동 양식을 바꾸어야 하며, 그것이 새 이론의 핵심 기능이 되어야 한다.

Part 4
배고픔과 배고픈 인간

우리의 정신은 허기져 있다

기둥 위에 앉아 고행을 한, 성 시몬 스타일리츠[Simon Stylites, 주상
(柱上) 고행자로서 일명 '기둥 위의 시몬'이라고도 함. 389~459]는 최소한
의 음식만을 먹었다. 그의 주된 관심은 영혼이었다. 39년 동안 그는
점점 더 높은 기둥들을 골라서 그 위에 앉아 고행을 했다. 그는 영
혼을 다스리려면 현실 세계에서 벗어나는 특별한 모험이 불가피하
다고 생각했다. 시몬은 자기 육신을 성가신 물건으로 여겼다. 그에
게 몸은 사람을 짜증나게 하는 욕구 덩어리였는데, 그중 배고픔과
갈증이 가장 심했다. 이에 대해서는 과격한 반격이 필요했기 때문
에 그는 기둥 위에서 고립 생활을 시작하게 되었다.

　육체적 쾌락의 세계에 빠져 사는 우리 눈에는 늙은 성 시몬이 괴
짜처럼 보일지도 모른다. 하지만 육체를 정신에 대한 일종의 장애

물로 보는 그의 사고방식은 옛날부터 시작되어 아직도 서구 사상에 스며 있는 한 견해를 반영하고 있다. 현대의 쾌락주의자들도 성 시몬의 가치관을 간단히 뒤집는다. 그들은 육체 대 정신이라는 태도를 포기하지 않았다. 이 질기고 질긴 '대결' 부분, 즉 영혼과 육체를 구분하는 견해는 우리가 이 책에서 계속 공격 중인 근대성이라는 거대한 생성적 개념의 중요한 소산 중 하나다.

이 이분법은 참으로 다양한 음식에 적용되곤 하는데, 그런 견해들의 인기는 올라갔다 내려갔다를 반복한다. 육체의 음식 관리는 흔히 '자연 대 문화'라는 특정 이분법의 형태로 변한다. 예컨대 '에보[Evo, 진화(evolution)의 준말]' 다이어트(인류의 진화과정을 분석한 뒤 찾아낸 인간의 본성에 가깝고 자연스러운 다이어트 방법. 녹말이 거의 없는 식사, 깨끗한 섭생, 동물성 식품과 식물성 식품의 균형, 규칙적인 기능성 운동 등을 강조한다. -옮긴이)를 신봉하는 사람들은 첫 번째 규칙으로 "당신이 속한 사회/문화의 소리가 아니라 몸이 내는 소리에 귀를 기울이라."라는 규칙을 귀하게 떠받든다.[1] 이 다이어트 운동은 "최적의 건강을 원한다면 원시인처럼 먹어라."라는 기억하기 쉬운 슬로건을 내걸고 있다.[2] '문화'는 우리를 잘못된 방향으로 이끌어 우리에게 당분, 지방, 정제된 탄수화물, 나트륨 등이 많이 함유된 가공 식품을 먹게 한다. 에보 다이어트에 따르면, 우리 몸을 다시 건강하게 하는 유일한 방법은 우리를 진화상의 뿌리로 되돌리는 식이요법, 대체로 음식을 날로 먹고 채식 위주로 구성된 식이요법을 실천하는 것이다.[3] 애완동물을 키우는 사람들은 자신의 동물들에게 BARF, 즉 '생물학적으로 적절한 생식 다이어트(Biologically Appropriate Raw Food)'라는 다정한 이름으로 알려진 영양 프로그램을 적용할 수 있다.[4]

문화가 우리의 식습관에 끼치는 나쁜 영향을 없애기 위한 또 다른 방법은 '본능요법', 본능적 영양법, 그리고(희랍어 어근을 좋아하는 사람들에게는) 아놉솔로지(anopsology, '조리되지 않은 음식'이라는 뜻이다.) 다이어트 등 다양한 이름표를 달고 다닌다. 여기에서의 키워드는 '본능'이다. 이 식이요법을 고수하는 사람들은 우리는 특히 음식에 관해서라면 무엇이 우리 몸에 좋은지를 본능적으로 안다고 생각한다. 영장류 동물학자인 리처드 랭엄(Richard Wrangham)은 이 식이요법 추종자들이 점심식사하는 모습을 다음과 같이 묘사한다.

그들은 몇 개의 과일을 갖다놓고 한 번에 하나씩 킁킁거리며 냄새를 맡아본다. 자기 몸에 가장 잘 맞는 것을 찾기 위해서다(그들은 '본능적으로 찾는다'라고 말한다). 한 사람은 사과를 선택하고, 또 한 사람은 파인애플을 고른다. 사람들은 각각 자기가 고른 것만 먹는다. 세 번째 사람은 단백질이 풍부한 음식을 먹기로 정한다. 그는 냉동된 버팔로 고기와 버팔로의 대퇴골을 갖고 왔다. 오늘은 골수를 먹는 날로, 대퇴골 조각의 크기는 골프공만하다. 뼛조각 안에는 분홍색 골수가 딸기 아이스크림처럼 담겨 있다. 그는 티스푼으로 몇 개의 뼛조각을 깨끗이 긁어먹었다.[5]

우리가 자연의 참모습을 외면하지 않고 우리 음식을 그대로 요리했더라면 우리의 본능은 본연의 기능을 발휘했을 것이다. 그러나 우리는 진즉에 자연적인 것에서 벗어나기로 선택했기 때문에 우리의 음식 선택을 인도할 몸의 본능적 능력을 되찾아야 하고, 그렇기에 열심히 노력해야 한다.

시몬은 지성의 힘으로 정신을 육체에서 분리했다. 우리 현대인들은 문화에서 자연을 분리시킨다. 그들은 특히 정신적 활동과 연관된 것으로 여겨지는 문화의 부패를 막기 위해 노력한다. 두 경우 모두 '처음에는 순수하고 세련된 상태였는데 나중에 첨가된 요소들 때문에 부패되었다'는 가정이 전제돼 있다. 이 '최초의 순수성, 훗날의 부패'라는 공식은 우리가 현재 겪고 있는 음식 분야의 혼란에서도 마음껏 기량을 발휘한다. '에보 다이어트'를 선택해야 할까, 아니면 이 다이어트법의 사촌격인 '구석기 다이어트(Paleo diet, 선사 시대 인류처럼 먹고 활동하는 것이 가장 인체에 자연스럽다는 주장을 바탕으로 1970년대에 탄생한 다이어트 이론 −옮긴이)'를 선택해야 할까? (후자는 원숭이 조상들의 다이어트가 아니라 인간의 다이어트가 표준이 되어야 한다고 주장한다. 이 다이어트론은 인간이 고기를 먹는 것은 '자연스러운 행위'라고 믿는다.) 아니면 다 제쳐놓고 그저 문화적 전통에 따른 식이요법 스타일, 즉 음식을 조리하고, 문화적 전통에 정확히 들어맞는 양념으로 그 음식의 맛을 내고, 겉모습을 세련되고 화려하게 치장하며, 그것을 재치 있게 그리고 정성껏 포장한 다음 우리 신체의 신진대사 주기, 라이프스타일, 음식 선호도 등을 정확히 반영한 식단을 짜서 서비스 업체로 매일 배달해주는 오늘날의 식단 문화를 수용해야 할까. 결국 우리 인간은 유전적으로 유칼립투스 나뭇잎만 먹고 살게끔 돼 있는 불쌍한 코알라와는 많이 다르다. 우리는 좋아하는 식이요법을 마음대로 선택할 수 있고 실제로 여러 문화, 여러 국가들이 그동안 온갖 종류의 독특한 요리를 개발할 수 있었던 것도 이런 자유 덕분이다. 다만 그런 요리들이 자연으로부터 우리 인간을 아주 멀리 격리시킬 수 있기 때문에 우리가 삶에 대해 생각할 때, 즉 철학이라고 불리는 연구를 할 때마다 이 자연/문화라는 문제가 항상 제기되는 것이다. 또 이런 긴 성찰의 역사를 검토하면 '초기에는 순수하게 출발하지만 나중에는 부패한다'라는 논리적 패턴이 어떻게 자연 대 문화를 비교할 때마다 항상 지배적인 접근법으로 등장하는지 잘 알 수 있다.

성 시몬이 만약 아리스토텔레스의 철학을 알았더라면 아마 달리 행동했을지도 모르겠다. 아리스토텔레스는 영혼과 영양은 밀접하게 연관돼 있다고 생각한다. 왜? 영혼은 육체와 대척점에 서 있지 않기 때문이다. 아리스토텔레스는 영양이 필요성을 '혼이 들어 있는' 존재의 특징으로 보았다. 그는 영혼의 육체에 대한 관계는 '보는 것'의 눈에 대한 관계와 같다는 유명한 말을 남겼다.[6] '영혼 불어넣기'는 특정한 종류의 기능이라는 말이다. 영혼을 의미하는 라틴어 anima는—이 말에서 'animate(생기 · 생명을 불어넣다)'라는 영어 단어가 파생되었다—는 영혼-영양의 관련성을 더욱 확실히 알 수 있게 해준다. 세상에는 온갖 종류의 살아 있는 생명체(animate creature)가 있는데, 모두 음식을 필요로 한다는 공통점을 갖고 있다. 요즘에는 이 말이 이상하게 들릴지 몰라도, 어떤 것에 혼이나 생명을 불어넣는다는 말은 그것이 식물이 되었건 동물 또는 사람이 되었건 영양을 필요로 한다는 뜻이다.

이 말이 이상하게 들리는 것은 우리의 철학적 유산 때문이다. 오늘의 상식은 어제의 철학이요, 어제의 철학은 아리스토텔레스의 철학이 아니라 르네상스 이후의 철학이라고 말할 수 있다. 16세기가 되자 철학자들은 아리스토텔레스의 철학을 시대에 뒤떨어진 것으로 치부하면서 대신 육체와 영혼을 명확하게 구분하는 새롭고 생성적인 사상을 채택했다. '대(對)'는 모든 이론의 배후에 깔린 가정(假定)을 나타내는 말로 널리 받아들여졌다. 그리고 이것은 다시 궁극적으로 '영혼'을 생명이 있는 딱 하나의 형태, 즉 인간과 결부시키는 사고 방식을 낳았다.

인간의 삶을 구성하는 요소로 사용된 '영혼'이라는 말은 곧 '정신'이라는 말로 바뀌는데, 여기에는 르네 데카르트의 영향이 결코 작지 않았다. 2장에서 봤듯이, 17세기 이후의 ('근대적'인) 생성적 사상을 크게 발전시킨 사람은 바로 데카르트였다. 그는 몇 권의 중요한 저서를 통해 '대(對)'의 개념, 정신을 육체로부터 분리하는 견해, 그리고 '인간'을 나머지 자연계에서 분리하는 견해를 명확히 설명했다. 이런 견해를 처음 제시한 사람은 데카르트가 아니었다. 중세의 종교 철학을 구성하는 많은 사상의 가닥들이 이런 견해가 탄생할 수 있는 길을 닦은 것이고, 데카르트의 체계적 서술은 단지 이런 변화의 과정을 강화시켰을 뿐이다. 이런 변화의 부작용 중 하나는 식물, 동물, 인간의 영혼 사이의 연관성―아리스토텔레스 철학이 주장하는 영혼 불어넣기의 세 종류―이 있다는 옛 견해가 점차 사라졌다는 점이다. 이제 오로지 인간만 지니고 있는 속성 인 '정신'은 이 상황에 딱 맞았다.

앞에서 논의했듯이 '모든 것을 양분 하는' 접근법은 부사와 형용사를 명사로 둔갑시킨다. '지적이고' '생리적인' 범위에 속하는 개념들은 '정신'과 '육체'로 구체화되었다. 육체는 다른 생명체들도 가지고 있는 반면 '정신'은 그렇지 않기 때문에 후자(정신)는 인간만이 지닌 '정수'로 여겨지게 되었고, 정신과 관계없는 것은 무조건 진정한 의미의 인간적 속성에 부수적으로 딸린 것으로 치부되었다. 철학자들은 이런 사람을 '인간(man)'이라고 부르기 시작했다. '이성적인 동물'이라는 말에서 '이성적인'은 모든 것을 뜻하고, '동물'은 대충 이성이 들어 있는, 털 달린 용기를 의미한다고 보면 되겠다.

육체와 구별되는 '정신'은 이제 인간 본성(자아)의 모든 심을 짊어지게 되었다. 실제로 바로 이 자아(self)라는 명사는 영국의 경험주의 철학자 존 로크(John Locke)가 어떤 수식어를 명사로 만들 필요성을 느끼기 전까지는 별로 많이 사용되지 않았다.[7] 그러나 일단 이런 형용사-명사 변화가 일어나자 특이한 문제가 불거졌다. 로크는 '만약 왕자의 정신이 구두 수선공의 육체 속으로 들어가면 어떻게 될까?'라는 의문을 품었다. 그래도 왕자의 인간성은 변치 않은 채 남아 있을까? 로크의 대답은 '그렇다.'였다. 이것은 사람의 본성은 일종의 내재적이고, 비물질적인 개체기 때문이다. 즉, 인간의 육체라는 케이스는 일종의 외부에 있는 껍데기 같은 것을 의미한다. 이것은 우리의 정체성에 영향을 주지 않으면서 바뀔 수 있다. 마치 옷처럼 말이다. 왕자는 자기가 갑자기 왜 고급 와인보다 값싼 맥주가 마시고 싶은지, 왜 돼지고기 구이보다 토끼탕에 더 군침이 도는지 의아해할지 모르나 이런 식욕은 이제 허기라는 것을 느끼지 못하는 영혼/정신/자아와는 관계없는 부수적인 문제일 뿐이다. 왕자는 새로운 육체적 구조물에 들어가 있지만, 그것에 관계없이 여전히 왕자다.

근대 사람들은 아마 성 시몬의 극단적인 행동을 경멸했겠지만, 그럼에도 한 가지 측면에서는 무심코 그의 생각을 그대로 본받았다. 즉, 육체를 지닌 평범한 인간, 배고픔을 아는 동물은 이제 성 시몬이 주상 고행을 통해 달성하려고 했던 것 이상으로 훨씬 완벽하게 경멸의 대상이 되었다. 앞에서 봤듯이 철학자들은 무조건 우리의 육체를 꼭 필요로 하지 않는 개체로 만들어버렸다. 데카르트는 인간을 '사유하는 것들'이라고 불렀고, 칸트는 '이성적 행위자'라고 불렀다. 배고프다는 사실은 원래 부정할 수 없으나 철학에서는 철저히 부정되었고 계속 무시되었다. 어제의 철학은 실제로 오늘의 상식이다. 우리 입에서 나오는 21세기식 말은 정신은 별개의 존재며, 육체와 분리돼 있고, 결정적으로는 배고픔을 모르는 존재라고 인식

식탁 위의 철학자들

248

하는 언어로 가득 차 있다. 우리가 추구하는 철학처럼 인간의 배 문제를 규명하려는 철학의 임무 중 하나는 일반적인 사고방식을 바꿈으로써 그 언어를 바꾸는 것이다.

형이상학

사물을 정신을 지닌 계급과 그렇지 않은 계급으로 확연히 구분하는 방법론은 '형이상학(metaphysics)'이라는 무시무시한 철학적 이름으로 통하는 통상적인 현실 묘사에는 잘 드러나 있지 않다. 이 단어에 헷갈리는 의미들이 여러 개 있는 이유는 이 말이 원래부터 부적절한 표현이었기 때문이다. 아리스토텔레스는 '기초적인' 또는 '기본적인' 철학이라고 스스로 이름 붙인 글을 상당히 많이 썼다. 편찬에 참가한 어떤 사람이 이런 저서들을 자연(희랍어로 'physics'라고 한다.)을 다룬 저서들 뒤에 놓으면서, 여기에 'metaphysics', 즉 'physics 다음에 오는 저서들'이라는 이름을 붙였다. 그 이후 'metaphysics'는 일상적인 보통 경험의 세계를 무시하려는 견해를 가리키는 말이 되었다.

우리가 대안으로 선택한 이론, 즉 배를 중심으로 한 명백한 견해는 이것과는 다른 방향으로 나아간다. 이 견해에 따라 우리가 역사적으로 지금까지 소속돼 있는 존재, 즉 영혼 또는 생기가 담긴 존재들의 집단과 다시 연결시킴으로서 논의를 시작하고자 한다. 그런 집단이 없다면 우리는 명백한 사실, 즉 우리는 모두 영양을 필요로 한다는 사실을 기꺼이 인정한다. 실제로 이 중요한 사실 자체가 이제 평범한 삶에서 이것이 수행하는 역할과 비슷한 역할을 철학에서도 할 것이다. 다시 말하면 기본적인 역할을 수행할 텐데, 만일 영양에 대한 필요성과 그런 필요성에 수반되는 모든 요소들을 무시한다면 슬프지만 그 어떤 세계관이 잘못되었다고 볼 수밖에 없다.

우리의 개정된 사상 때문에 생긴 차이점을 조금이라도 알기 위해 우리는 식물, 아리스토텔레스가 '식물적인 영혼'을 소유한 것으로 묘사했던 존재에 대한 논의부터 시작하고자 한다. 한 식물의 생애는 영국 태생의 미국 시인 W. H. 오든(W. H. Auden)의 표현을 빌자면, '계속 혼자 먹는 밥'이다.[8] 어떤 의미에서 식물들은 항상 '먹고 있다.' 하지만 오든의 말은 일부만 옳았다. 식물들은 생명체 중에서 가장 움직임이 적지만, 절대로 '혼자'는 아니다. 사실 식물들의 상호 의존적 성격은 우리가 형이상학을 분석하는 데 있어 이상적인 출발점으로 간주되는 이유 중의 하나다.

이런 식물들의 상호 연결성에 관하여 덜 시적이긴 하지만 과학적 신뢰성 면에서 더 큰 통찰력을 얻기 위해, 우리는 유럽생태학협회

(European Institute of Ecology)를 창립한 한 프랑스 식물학자의 견해를 차용하고자 한다. 장 마리 펠트(Jean-Marie Pelt)는 생명체, 특히 나무들, 관목들과 꽃들의 특징을 이루는 수많은 상호의존성을 규명하는 데 전 생애를 바친 학자다. 식물영양학에 관하여 그는 역사적으로 세 개의 단계를 찾아냈다. 1950년대에는 이론 모델이 단순했다. 오든의 '혼자 먹는 밥'이라는 표현은 적절한 듯했다. 식물들은 한쪽 끝에서는 광합성을 하고 반대쪽 끝, 즉 뿌리에서는 양분을 빨아들이므로 대체로 자율적으로 영양분을 조달한다고 이해되었다. '독자적 양분 조달'이 지배적인 원칙인 것 같았다. 한 그루의 나무는 밀집된 숲에 있는 나무 집단의 일부일지 몰라도, 영양학적으로 말하자면 독립적인 생활을 하고 있는 것이다.

수십 년이 지나자 세상이 복잡해지기 시작했다. 추후의 연구를 통해 나무들의 뿌리는 박테리아로 덮여 있다는 사실이 밝혀졌다. 그뿐 아니라 귀찮은 토착 곰팡이류가 촉수를 뻗어 뿌리를 감싸고 있다. 옛날식 사고방식을 가진 사람은 가장 먼저 이런 반응을 보일 것이다. "이런, 이 나무에 좋은 항생제하고 살균제를 뿌려주면 얼마나 좋을까. 이 나무가 양분을 앗아가는 이런 침입자들한테 방해받지 않고 외로운 식사를 할 수 있다면 얼마나 좋을까." 이런 생각은 성급하기도 하거니와 잘못되었다. 곰팡이와 박테리아는 외부 물질이지만 식물에 도움을 주는 것으로 밝혀졌다. 곰팡이와 박테리아가 없으면 나무는 굶주릴 것이다. 나무의 식사는 계속될지 몰라도, '독자적'이라는 말과는 거리가 멀다. 나무의 식사는 다양한 생물의 왕국에서 온 다양한 생명체로 구성된, 시끌벅적한 파티장의 식사와 비슷하다.

21세기가 시작될 즈음, 세 번째이자 훨씬 더 복잡한 국면의 변화가 시작되었다. 학자들은 흙 속에는 마치 인터넷이 정보를 분배하는 것처럼 영양분을 분배해주는 '망'이 있다는 사실을 깨달았다.[9] 이 영양분 분배망의 흥미로운 수혜자 중 하나가 수정난풀, 혹은 유령식물이라고 불리는 이상한 식물(학명은 Monotropa uniflora)이다. 꽃보다 버섯과 더 닮은 이 식물은 녹색을 전혀 띠지 않고, 어두운 곳에서 살며, 광합성에 의지해 양분을 얻지 않는다. 이른바 '외로운 식사'라는 관점에서 보면 이 식물은 약간 실패자고, 스스로 양분을 조달하지 못한다는 점에서는 대실패다. 그러면 이 식물은 어떻게 생존할 수 있을까? 이 식물은 양분을 '빌려온다.'

이 독특한 식물은 소나무의 뿌리에서 양분을 끌어와 자기의 영양 수요를 충족시킨다. 어떤 의미에서는 이런 과정이 이례적 현상으로 보이지 않을 수도 있다. 요컨대 잘 알려진 겨우살이 같은 기생식물들은 그런 빌려오기 활동에 주기적으로 몰두하지만, 대체로 그런 종들은 자기 몸을 숙주의 몸에 밀착시키는 데 반해 수정난풀은 그렇지 않다. 양분은 지하에서 격자처럼 상호 연결된 망을 통해 전달되는데, 이 양분이 통과하는 통로가 바로 버섯들이다. 이 균근(버섯)은 뿌리와 공생 관계를 유지하는 것이다. 수정난풀의 경우에는 균근이 도관의 역할을 하고, 나무의 광합성 작용을 통해 생성된 에너지가 뿌리를 통해 버섯을 경유하여 전달된다.[10]

펠트의 3단계 이론은 우리가 형이상학 탐구에 필요한 이론들의 변천사를 도면에 그리는 데 도움이 된다. 식물 영양에서 힌트를 얻어 수정한 우리의 도면에서는 주안점이 고립과 자족에서 상호 의존성으로 바뀌어 있다. 자율과 자급자족을 높이 평가하는 사람들, 구태여 정신을 육체에서 분리하려는 사람들에게 굶주림이 항상 문제가 되는 것은 아니었다. 결국 굶주림은 외부에 있는 뭔가가 내게 필요하다는, 또 정신이 '자기' 임무를 수행하려면 반드시 충족시켜야 할 그 뭔가가 필요하다는 표시다. 하지만 옛 이론을 생각하면 '존재(Being)'라는 것은 가장 참되고 가장 선의의 의미로 보더라도 결코 굶주리지 않는다. 자급자족이라는 관점에서 고려했을 때 굶주림은 결핍, 불완전성, 의존성을 나타낸다. 반대로 배에 민감한 형이상학/철학은 굶주림, 그리고 더 폭을 넓히면 '필요성'의 개념을 부끄러워 할 일이 아니라 생존을 '결정짓는' 요소로 이해한다. 이 이론 모델에 따르면 '존재(Being)'−모범적이고 이상적인 존재도 마찬가지다−는 굶주려 있다. 늘 굶주려 있다. 무엇에 굶주려 있는지는 '모르겠지만'.

굶주린 존재

형이상학에 대한 논의를 시작하면 지나칠 정도로 전문적임과 동시에 절망적일 정도로 복잡한 논의로 금방 변질된다. 이 두 가지 위험을 모두 피하기를 바라면서, 우리는 '자급자족의 형이상학'과 '상호의존성의 형이상학'의 단순한 차이를 성찰하고자 한다. 자급자족의 형이상학의 관점에서 볼 때 비-의존성과 비-필요성은 (1)기본적이고 (2)가치가 정해져 있는 개념으로 인식된다. 이것들은 이상적이고 모범적인 존재의 표시의 역할을 한다. 그런 철학적 인식을 출발점으로 삼고 있는 사람은 우리 세상이 따로 떨어져 있고, 개별적이며, 독립적인 개체들로 이루어져 있다는 가정과 함께 논의를 시작하기가 쉽다. 마치 산탄총에서 발사된 산탄 총알들이 사방에 퍼져있는 것처럼 인식하는 셈인데, 이런 사람들은 당연히 최대한 자율적이고 자족적인 삶을 살고 싶어할 것이다.

상호 의존성의 형이상학을 믿으면 전혀 다른 세계관을 갖게 된
다. 이 철학은 결합, 연결, 상호 연관성, 그리고 여기에 수반되는 실
제적이면서 본질적인 궁핍의 개념을 공개적으로 수용한다. 자율적
이고 자족적인 개체는 허구로 인식된다. 가끔 쓸모 있을 수는 있지
만, 그런 상태에서 정말로 존재하기는 불가능한 개체로 인식된다.
그것들은 자신들이 존재하는 영역에서 자신들을 인위적으로 분리
시킨 추상적 관념의 산물이다. '나 홀로' 식물에 관한 오든의 시적
인 묘사는 아름답고 서정적이지만, 그 식물에 대한 양분 공급을 가
능케 하는 '망처럼 얽힌 상호 관계'의 진가는 전혀 인식하지 못하고
있다.

이런 대조적인 형이상학적 대립에서 한 가지 중요한 윤리적 결
론이 나오고, 그것은 우리의 논의를 원점으로 돌리기에 우리는 1장
에서 논했던 주제로 돌아가지 않을 수 없다. 환대의 정신은 상호 의
존성과 궁핍의 개념을 바탕에 두고 형성되었는데, 이 같은 자급자
족의 형이상학에는 그것이 들어설 여지가 없다. 왜 그럴까? 의존성
과 궁핍은 자동적으로 경멸적 이미지를 풍긴다. 반면에 환대를 별
로 달가워하지 않는 태도라고 할 수 있는 자립과 자율은 귀감이 되
는 가치다. 존재의 충만이 추구해야 할 이상은 이제 바우키스와 필
레몬이 추구했던 것처럼 개방적이고 손님을 환영하는 집을 만드는
것이 아니고, 굶주림/허기는 더 이상 환대가 주요 의무로 발전을 시
작하는 출발점이 아니다. 자급자족의 형이상학에서의 굶주림은 우

리를 강제로 의존적 관계 속에 밀어넣지 않는 게 더 '낫다'(이 말은 중요한 윤리적 어휘다). 이 철학이 추구하는 상태, 즉 인간으로서 가장 완벽한 자기실현의 상태는 자기충족의 상태이다. 즉, 스스로가 생존을 보장하는 구급상자와 같은 역할을 수행할 수 있는 상태를 말한다.

반대로 배고픈 존재의 형이상학에서 의존성은 더 이상 무시할 수 없는 기초적 성질이다. 심하게 말하면, 자기충족은 이제 충만하고 번영하는 삶과는 양립할 수 없는 개념으로 여겨진다. 우리가 우리 자신을 독립적이고, 격리돼 있으며 '자동 충전식' 개체로 생각할 수 있는 것은 오로지 우리의 정신적인 삶에만 전적으로 집중하고 위장 (胃腸)의 안녕은 무시하기 때문이다. 성 시몬 스타일리츠는 자신을 오든이 묘사했던 '나 홀로 식사'하는 식물 같은 존재로 인식했으나, 이것은 당연히 크게 잘못된 생각이었다. 그는 음식을 적게 먹고 물을 적게 마셨지만 여전히 (1)사람들, 그리고 (2)풍요로운 자연에 의존하여 음식과 물을 얻었고, 이것이 그를 기둥 위로 올라가게 했다. 자급자족 형이상학의 관점으로 위인들의 생애를 저술한 이야기를 보면 왠지 이 두 요소가 모두 잘 안 보인다.

눈가리개 없이 자급자족적인 형이상학 이상의 세계를 성찰해보면, 우리 인간이 의존하고 있는 것은 단지 다른 사람들과 자연의 풍요로움이 아니었음을 알게 된다. 인간들도 수정난풀처럼 다른 유기체에 의존하여 음식을 소화시킨다. 인간의 경우, 도움은 광대한 박테리아 집단이라는 형태로 온다. 이 집단의 구성원은 우리 몸을 구성하는 세포의 수보다 많다. 성 시몬은 음식은 적게 먹었을지 몰라도 그것을 소화시키기 위해 여전히 우리의 벗, 박테리아를 필요로 했다. 왕성하든 미약하든 뱃속에 이런 세균(eaters)이 없다면 사람의 식욕은 그렇게 큰 생존가(生存價, 생체의 특질이 생존 · 번식에 기여하는 유용성 −옮긴이)를 쳐줄 수 없다. 이 미생물이 너무 중요하기 때문에 과학자들은 인간을 다른 종들과 완전히 동떨어진 단일의 개체로 간주하기 어렵다고 믿는다. 인간을 나타내는 이 복합체에는 '초개체(超個體, super-organism)'"라는 꼬리표를 붙여야 더 정확할 것이다. 하지만 이 표현 역시 자급자족의 형이상학이 우리 자신 및 우리가 이 세상에서 처해 있는 상황에 대한 단순화되고 추상적인 판단에 바탕을 두고 있음을 시사한다. 이 추상적인 상황 인식은 일련의 정형화된 견해를 낳았고, 그것들은 널리 알려지면서 거의 제2의 천성이 되었다. 상호의존성의 형이상학으로 주안점을 옮기면 이런 것들이 문제가 된다. 우리는 그중 우리의 평범한 생활 방식과 관련된 세 가지 개념을 집중적으로 분석하고자 한다. 문화−자연 관계, 자유, 정통성(authenticity)이 그것이다.

문화와 자연

고대 그리스 시대로 돌아가보자. 문화와 자연을 이해하는 올바른 방식을 둘러싸고 여러 의견들이 첨예하게 대립하고 있음을 우리는 알고 있다. 이 대립은 '호메로스 대 디오게네스'라는 말로 요약할 수 있다. 호메로스는 환대, 공동 식사, 이것들을 중시하는 문화적 실제 등을 찬양한다. 한편 시노페의 디오게네스는 혼사 먹는 소박하고 날것 위주의 음식을 선호하는 등 '문화'의 인위성을 기피했다. 이것은 아주 오래전 호메로스가 살았던 초기 그리스의 세계가 디오게네스가 살았던 수 세기 후의 그리스보다 우리가 '새로이' 채택한 형이상학에 실제로 더 근접해 있었다는 뜻이다. 실제로 호메로스가 죽고 약 500년 후에 도래한 헬레니즘 시대(기원전 4~1세기 – 옮긴이)는 자급자족의 형이상학을 향해 일치되고 오랜 운동이 시작된 시기다. 이 철학 운동의 좋은 예가 바로 디오게네스와 그가 소속된 학파, 즉 견유학파(犬儒學派, Cynics, 행복은 유덕한 생활에 있고 유덕한 생활이란 외적 조건에 좌우되지 않으며 강인한 의지로 욕망을 억제해야 달성할 수 있다고 믿는 철학자 집단 또는 그런 철학 운동 – 옮긴이)다.

견유학파의 철학 형성에 있어 기본이 된 것은 그들의 단순한 열망이었다. 그들은 '문화'의 이름으로 강요되는 가식을 피하고 '자연'의 순리에 따른 삶을 추구했다. 또한 그들은 인간을 아무 근거 없이 어떤 규범을 창조할 수 있는 작은 신으로 여기지도 않았는데, 이것은 매우 현명한 생각이었다. 인간은 어떤 식으로든, 어떤 곳에서든 지침을 받아야 하게끔 되어 있다. 그들은 자연을 선택했다. 견유학파 철학자들은 스스로 완벽하고 순순하게 자연의 모범이라고 판단되는 것에 따른 삶을 실천했다.

철학자들은 '자연' 같은 단어들이 이미 만들어져 있고 한정된 정의가 없다는 것을 안다. 이런 단어들에는 긴 역사가 있고, 그 역사는 다양한 종류의 의미를 갖고 있다. 철학의 중요한 임무 중 하나는 이런 의미들을 조사하는 것이다. 의미에 수반되는 개념들에 특히 주의를 기울이고, 특정 의미가 문화 전반에 퍼졌을 때 일어나는 현상에 대해 의문을 품어야 한다. 디오게네스의 생각에 자연과 문화의 대립은 충분히 일리가 있었다. 이런 이분법의 개념은 이미 자급자족의 논리가 지배하는 한 세계에 깊이 박혀 있었기 때문이다. 다른 말로 하면, 이 자연론에는 모든 종류의 의존성을 폄하하는 견해가 필수적으로 따라오게 돼 있으며, 여기에는 물론 우리 배에 관련된 의존성도 포함돼 있다.

'자연' 같은 단어들은 보다 광범위한 형이상학적 가정의 틀 안에서만 의미들을 갖고 있다. 만약 '존재하다(to be)'라는 어구가 정확한 의미에서 자급자족을 수반한다는 뜻이라면, 사람이 더 '자연적'일수록 더 자급자족적이라는 의미가 된다. 그러면 자연에 순응하는 삶에는 디오게네스가 그러했듯이, 모든 종류의 의존성을 최소화하려는 시도가 당연히 포함될 것이다. 실제로 디오게네스는 대체로 다른 사람들에게 구걸받아온 음식으로 이루어진 소박한 식단에 만족하며 살았다. 그는 물을 떠먹을 수 있는 국자만 들고 동네를 돌아다녔지만, 어떤 아이가 순전히 자기 손만 사용해서 그와 똑같은 목적을 달성하는 모습을 보고는 이내 그 국자마저도 멀리 던져버렸다.

고대의 연대기 편자들은 디오게네스에 대한 재미있는 일화들을 잔뜩 갖고 있었다. 그의 제자 중에 크라테스(Crates)라는 사람이 있었다. 크라테스와 그의 신부는 결혼식날 밤에 공개적으로 첫날밤의 의식을 치렀다(요컨대 견유학파는 자연에 순응하는 삶의 장점과 순수함을 믿었고, 그런 철학의 실천에 헌신했다. 하기야 섹스보다 더 자연스러운 행동으로 무엇이 있겠는가?). 이 공개적인 성교는 혼자 일을 저지른 디오게네스판 기행보다 한술 더 뜬 것이었다. 디오게네스는 사람들 앞에서 자위 행위를 한 죄로 태형을 받은 뒤 자급자족적 철학의 냄새를 풍기는 비유법을 써서 이렇게 말했다. "나는 단지 배를 손으로 문질러서 허기를 달래려 했을 뿐이오."[12]

여기서 우리가 얻을 수 있는 교훈은 예컨대 '자연에 순응하여 살아라.' 같은 특정한 훈계는 당대의 철학과 관계없이, 변치 않고 모든 시대에 통용되는 의미를 갖고 있지 않다는 것이다. 배경을 이루는 일련의 가정들이 문제의 견해에 문제의 개념을 부여한다. 철학자들이 할 일은 그런 배경이 되고 있는 가정들의 정체를 밝히는 것은 물론, 그것보다 더 풍부하고 더 유용한 가정들을 제시하는 것이다. 음식 친화적인 철학도 당연히, 독자적이고 대안적인 이론을 제시할 것이다.

이 새 이론은 우선 문화와 자연의 통합을 선호한다. 이 둘의 연관 관계는 농업에서 확연하게 드러난다. 농업에서는 분리와 고립이 아닌, 지속성과 상호 작용의 원리가 지배하고 있다. 농업의 핵심적인 특징들 흙, 태양, 비, 씨앗, 포식 동물, 질병 등 중 '문화'에 의해 만들어진 것은 하나도 없다. 이 특징들은 모두 자연의 영역에 속해 있다. 하지만 이 두 가지 '자연적인' 원리 중 어느 것도 자기 힘으로 우리 식탁에 오른 사물들을 탄생시키지는 못한다. 심지어 '야생' 버섯도 인간의 (문화적) 활동이 만들어낸 흙 속에서 핀다. 문화는 경작이 이루어지는 환경, 특정한 먹거리용 식물의 인위적 보급 및 양육 안에서 형성된다. 그리고 지속성을 나타내는 또 하나의 증거로 우리는 아이들이 충분히 성숙하는 단계까지 지도하는 노력을 표현할 때에도 이 '경작(cultivation)'이라는 단어를 사용한다.

영국의 작가 헨리 필딩(Henry Fielding)은 음식 이야기가 잔뜩 들어 있는 걸작 소설 《업둥이 톰 존스 이야기(The History of Tom Jones, a Foundling)》에서 자연과 문화 사이가 혼합되어 형성된 관계가 중요한 역할을 담당하는 '양육법(breeding)'에 관해 썼다. 현대 언어 생활에서 '키우다(breed)'라는 동사는 주로 생리학적 의미, 그것도 터무니없는 의미를 나타내는 데 사용되는 경향이 있다. 예를 들어 아이를 많이 낳은 젊은 이성애자 부부들은 간혹 '사육자(breeder)'라는 경멸적 명칭으로 불린다. 필딩에게 이 단어는 여전히 아이를 '기르기(양육하기)'와 관련된 문화적 실천 행위도 나타낸다. 소설에서는 영국의 영주[올워스(Allworth), 즉 '가장 중요한'이라는 심상치 않은 이름으로 불린다.]가 강보에 싸여 집에 들어온 업둥이를 받아들이고, 그는 그 아이를 '자기 자식으로 키우기'로 결심한다.[13] 이 표현은 '원료'의 형태로 있는 가능성 있는 존재를 (문화적으로) 경작하겠다(cultivate)는 의미다. 업둥이의 경우, 문제의 '원료'가 가지는 근본이 불분명하고, 어쩌면 좀 의심스럽기 때문에 '기르는' 행위는 더욱더 중요해진다.

최근 들어 일부 학자들은 인류의 문화, 그리고 균의 '배양(culturing)'이라는 특정 활동, 즉 음식을 발효시키는 과정 간의 상관 관계에 관심을 쏟고 있다. 발효 분양의 전문가인 미국 브라운 대학교 교수 산도르 카츠(Sandor Katz)는 발효 식품(cultured food)이 없었다면 문화(culture)도 없다는 사실을 흐뭇한 마음으로 관찰한다. 프랑스와 이탈리아에서 발달한 와인과 치즈, 한국의 김치, 서아프리카 지역에서 즐겨 먹는 가리(나이지리아 사람들의 주식으로 카사바나무의 가루로 만듦 - 옮긴이) 등은 모두 발효 음식으로, 이 음식들의 정체성은 해당 지역의 문명의 정체성과 밀접하게 관련돼 있다. 이럴 때 흔히 무슨무슨 음식은 '계시적'이라는 말을 쓴다. '문화적인'이라는 말의 다양한 의미 중 몇몇은 서로 중첩되고 교차하는데 여기에는 생물학계 및 '정신'을 연구하는 기타 학계와 관련돼 있는 의미들도 포함돼 있다.

이런 사례들에서 알 수 있듯이 우리의 언어('배양하기' '기르기' 등) 속에는 한때 자연의 속성과 그것의 양육 사이에 지속성과 상호 작용의 성격이 있었음을 인정하는 철학적 경향의 징후가 아직 남아 있다. 여기에서도 마찬가지로 '자연적인'과 '문화적인' 같은 수식어를 명사로 바꾸면, 구체적 생각이 아닌 추상적 생각은 수정하기가 더욱 쉬워진다. '자연'과 '문화'의 명확한 구분은 깔끔하게 정돈된 느낌을 준다. 이것은 자족 철학을 신봉하는 사람들이 좋아하는 '이성의 그물망'이라는 개념과 잘 들어맞는다. 구체적인 환경이 그런 철학의 원리에 맞지 않으면 이것은 대안적 이론이 생겨날 여지를 만들어낸다. 상호 의존성이라는 철학적 관점에서 봤을 때 문화적 발전은 문화와 자연의 극명한 대립 속이 아니라, 자연적 영역 자체 내에 잠재해 있는 가능성의 발현으로 이해할 수 있다. 그리고 역사와 인류학은 그런 가능성의 범위가 얼마나 넓은지를 밝혀준다.

자유

자급자족의 형이상학은 자연과 문화를 명확히 구분하는 것 외에 우리의 실생활을 설명하는 다른 평범한 방식에도 영향을 끼치는데, 그중에는 자유라는 이상이 포함된다. 이 부분에서도 역시 일반적인 맥락이 매우 중요하다. 반-의존성과 반-궁핍 사상을 높이 평가하는 환경에서의 '사유'는 외부의 영향으로부터 최대한 해방된 개념임을 이해하게 될 것이다. 이것은 흔히 '자유 의지'라 불리는 개념과 관련되는데, '자유 의지'는 다시 자연스러운 여러 과정들의 흐름의 바깥에 존재하는 능력으로 여겨질 것이다. 이 방법론이 학계를 지배해왔기 때문에 지금도 자유의 문제는 흔히 '자유 의지'의 관점에서 표현된다. 사람들은 "당신은 인간에게 자유가 있다고 생각합니까?"라 묻지 않고 "당신은 자유 의지라는 것이 있다고 생각합니까?"라고 묻는다. 하지만 이 두 질문이 항상 같은 뜻을 나타내는 것은 아니다.

소크라테스 같은 초기의 철학자들에게 자유는 자신의 진로를 스스로 계획하고 그것을 삶을 통해 실천하는 능력, 특히 독단적 태도와 변덕이 모두 배제된 자유를 의미했다. 현대 미국인들이 흔히 쓰는 표현, 즉 "미국은 자유 국가니까 나는 내가 좋아하는 것을 내가 먹고 싶을 때 마음대로 먹겠어." 같은 말을 소크라테스가 들었다면 아마 크게 오해했을 것이다. 차 안에서 과자를 먹고, 시도때도 없이 아이스크림을 먹으며, 애들이 할로윈 때 받은 사탕에 손을 대는 그런 사람은 영락없이 노예화된 영혼의 화신, 즉 전혀 자제력이 없는 자로 취급될 터다. 자유는 제멋대로의 태도를, 무제한의 탐닉을 의미하는 것이 아니다. 완전하고 적극적인 자유는 인간에게 무엇이 좋은지 이해하는 것, 그런 선을 가져다줄 삶의 진로를 설계하는 것, 그런 다음 실제로 그 행동 방침대로 사는 것을 뜻한다.

소크라테스는 인간이란 적절히 열거된 자신의 욕망대로 사는 한, 자유롭고 자기 삶을 통제할 수 있는 존재라고 생각했다. 그런 사람은 아마 이런 식으로 말할 것이다. "나는 하루에 세 번씩 아이스크림을 먹고 싶어하는 그릇된 욕망과 유혹에서 해방되었다." 진정한 자유인이라면 자기가 속한 공동체에서 가장 현명한 사람들의 통찰력에 부합하는 방식으로, 다시 말해 앞에서 말한 '자유 국가'식의 사고방식으로 성장한 사람들에게는 지독히 부자연스러운 방식으로 살 것이다.

소크라테스는 전후 사정이나 생리학적 조건 또는 이점(利點)에 관계없이 선택 가능한 행동들을 고르고 그것에 따라 행동하는 희한한 능력, 즉 우리가 '자유 의지'라고 이름 붙인 그 능력을 완전한 '무가치'보다 더 나쁘게 여겼을 것이다. 그에게는 이것이 엄청나게 위험스러웠을 것이다. 자유로운 삶을 살려면 전후 사정을 무시한다는 것은 말도 안 되고, 인간의 삶을 구속하는 환경적 조건들에 대해 세심한 관심을 기울이고 그것을 뚫고 나아가는 현명한 진로 계획이 필요하다고 보았기 때문이다. 세상 일은 현세적이고, 전후 사정상 불가피한, 생리학적인 제약을 인정해야만 이해할 수 있다.

자유의 또 다른 개념, 즉 자족의 형이상학과 관련된 형태의 자유는 음식을 포함한 생생한 사례들로 가득 찬 작품을 저술한 한 매력적인 인물이 잘 설명했다. 스위스 태생의 프랑스 철학자인 장 자크 루소(Jean Jacques Rousseau, 1712~1778)는 독학으로 성공한 음악가 겸 교육개혁가, 그리고 민주주의의 대변자였다. 그는 또 이른바 '솔식남백한' 자서선인《고백록(Confession)》을 썼다. 그는 아마도 다섯 명의 자식을 낳은 즉시 고아원으로 보낸 사람으로 악명이 높을 것이다. 데카르트처럼 루소 역시 당시의 문화에서 분명히 존재하지만 산만하게 퍼져 있는 주제들을 명확히 통합시키는 재주가 있었다. 바로 이 점과 관련하여 이 18세기의 사상가는 당시 일반적인 지적 풍토에 스며들어 있는 행동 양식을 명확히 밝혔으며, 그 흔적은 오늘날에도 광범위하게 감지된다. 자족의 형이상학은 루소의 모든 저술에 특정 가정들이라는 형태로 가득 들어 있는데, 이 가정들이 바로 그가 문제를 표현하는 방식을 형성하고 있다.

루소가 스스로 18세기의 유럽 사람들을 괴롭혔다고 생각한 그 혼란스런 상황을 어떻게 탐구했는지 분석하면 그가 자유를 인식했던 방법을 명확히 파악할 수 있다. 그는 "인간은 자유롭게 태어났으나 도처에서 사슬에 묶여 있다."라고 말했다.[14] 루소는 분명히 사람들의 이목을 끄는 표현을 잘 만들었다. 하지만 '이목을 끈다'는 말이 항상 '방어가 가능하다'라는 뜻은 아니다. 그는 이 말을 솔직한 역사적 주장으로 외쳤지만, 우리는 루소의 주장을 문화와 자연의 명확한 구분을 포함한, 극히 난해한 형이상학적 가정들이 가미된 주장으로 파악할 수 있다. 인간은 천부적으로 진정한 자유를 소유하고 있다고 그는 주장한다. 그 자유는 우리가 문화에 의해 점차 길들여지고 종국에는 노예화되면서 조금씩 떨어져나간다.

루소는 젊은 사람들에게 적합한 양육 방법을 논한 논문이자 저서인 《에밀, 또는 교육에 대하여(Emile; or, On Education)》에서 이런 인간 조건에 대한 자신의 인식을 명확히 밝혔다. 루소는 "모든 것은 조물주의 손에서 나올 때는 완전하나 인간의 손에 들어오면 변질되고 만다."라고 말한다.[15] 이같이 인간의 영향력이 인간을 부패케 한다는 인식은 나중에 중요한 양육 지침의 제시로 이어진다. 그는 습관이라는 형태로 가해지는 문화적 환경이 개인의 자유를 억제하기 때문에 부모는 다음과 같은 충동을 억제해야 한다고 주장한다. 그는 "아이들에게 꼭 길러주어야 할 유일한 습관은 어떠한 습관에도

물들지 않는 습관이다."라고 말했다.[16] 루소는 특히 식사시간의 습관을 구체적으로 제시한다. 아이들에게 규칙적인 식사 스케줄을 지키라고 가르치면 아이들과 자연의 관계는 단절된다. 그러면 "식욕은 이제 필요성이 아니라 버릇에서 나오게 된다, 좀 더 정확히 말하면 버릇이 자연의 필요성에 새로운 필요성을 또 하나 추가하게 된다. 이런 상황은 반드시 막아야 한다."[17]

루소에게 있어 식사 관행은 다른 면에서도 중요하다. 영양분에 대한 필요성, 즉 우리가 상상할 수 있는 가장 '자연적인' 필요성은 루소의 '일반적인 관점(general perspective)'에서 청사진의 역할을 한다. 아이들에게 최대의 은혜를 베풀고 싶으면 우리는 아이들의 생각과 행동이 자연이 인도하는 대로 이루어지도록 허용할 것이다. 자연이 가장 많이 아니까. 입맛이 인도하는 대로 따라가면 '우리 배에 무엇이 가장 알맞은지' 알 수 있다. 그는 "본래 인간에게는 자기의 식욕보다 더 확실한 의사는 없다."라고 말한다.[18]

어른들을 '허기의 본능'에 다시 접하도록 개발된 그 문제의 다이어트법을 음미해보면 그 안에서 루소의 사상이 메아리치는 것을 알 수 있다. 그런 다이어트 프로그램을 선전하는 한 웹사이트는 "당신이 지금 허기를 달래기 위해 음식을 먹고 있다면, 도대체 왜 먹는가?"라고 묻는다. 이 웹사이트는 계속 이렇게 주장한다. "허기는 생존에 필수적인 요소이며, 에너지와 영양분에 대한 우리 몸의 자연적 욕구를 해결해야 한다는 신호다. 허기는 '육체적인' 느낌이다. 허기는 식욕, 갈망, 또는 그저 뭘 먹고 싶은 마음과는 다르다."[19]

문화는 인위적이고 부자연스러운 반면 자연은 평범하고, 직접적이며, 아무런 꾸밈이 없고, 소박하다. 빵과 물로 이루어진 소박한 식사에 싫증이 난다는 사람은 없다고 루소는 역설한다. 윤리적 충동, '의무'의 충동은 '가장 자연적인 맛은 또한 가장 단순한 맛이어야 한다'는 생각에서 계속 나온다. 충고로 간주되는 이 말은 어른들은 '아이가 자신의 기본적인 맛을 오래 간직하도록' 해야 한다는 뜻이다. 요컨대 '그것이 자연이 남긴 흔적이니까.' 그렇기 때문에 이 말은 우리가 지켜야 할 규칙이 되어야 한다.[20] 소박한 식단이 가장 좋은 식단이다. 루소에게 '가장 좋다'는 말은 '자연과 가장 잘 조화된다'는 뜻임을 강조하고 싶다. 반대로 '자연'이라는 말은 '문화'와 상당히 동떨어진 개념이다. 우리가 우리 배에 '자연의 법칙이 아닌 다른 법칙'을 강요하면 그것은 큰 실수고, 궁극적으로 상황이 매우 나빠진다. 우리를 인도하는 것은 우리의 '즉흥적 기분'(해석: 인위적이고, 비자연적인 식욕, 갈망)이 아니라 우리의 '배'(해석: 자연적이고, 단순하며 그래서 좋은 것)다.[21]

루소가 음식 문제를 다루는 데 있어 보여준 해결 방식은 자유의 문제를 다루는 것에 관련하여 청사진 같은 역할을 한다. 자유는 좋은 것인가? 당연하다. 하지만 자유는 정확히 무슨 뜻인가? 루소는 이 질문의 답변에서 명확하게 디오게네스의 편에 선다. 서구의 사상에서 많이 접할 수 있는 견해가 된 그의 독특한 자유관을 잘 설명해 주는 요소는 두 가지다. 첫째는 습관의 체득을 반대하는 그의 충고로, 이는 '나를 좀 내버려둬! 나한테 이래라저래라 하지 마!' 학파다. 두 번째는 인간의 원초적 상태는 대체로 한가로운 상태였다는 그의 주장이다. 이 주장은 이른바 '황금기' 시나리오(이것의 가장 유명한 버전은 성서에 나오는 에덴 동산의 이야기다.)에는 잘 들어맞는다. 이 시나리오는 친숙하다. (a)한때 순수한 태고의 시대가 있었다. (b)결함, 실수, 무지, 기타 실책은 모두 '몰락했다.' (c)그 위대한 시대 이래, 우리는 최초의 행복한 상태로 되돌아가기 위한 가장 좋은 방법을 찾아야 했다.

그런 이야기에서는 (몰락 이후의) 속박과 (자연에 부과된) 습관이 서로 교차한다. 최초의 한가한 상태는 최대 자유의 하나다. 반면 최소의 자유는 '인간(man, '남자'의 의미로도 쓰였음 – 옮긴이)'(의도적으로 이 성별을 특정하는 단어를 쓴다.)에게 부여된다. 이 이야기의 루소판은 이른바 '자연의 상태'에 대한 상상 속의 묘사인데, 루소 이론의 배경이 되는 가정들을 드러낸 방식 때문에 중요하다. 원래 자연적인 인간은 원기왕성한 부류의 인간이다. 그렇지 않으면 자연이 곧 그를 제거할 테니까.[22] 놀랄 일도 아니지만, 굶주림은 괴로움의 원천이 된다. 강인함과 자연적 능력이 그를 구하러 온다. 고통은 최소화된다. 욕구와 만족은 끊임없이 서로의 꼬리를 물고 돌아간다. "나는 그 사람이 떡갈나무 아래에서 허기를 달래고, 처음 본 개울물로 갈증을 달래고, 아까 허기를 채워주었던 그 나무 밑에서 잠자리를 마련하는 모습을 본다. 그의 모든 욕구는 이렇게 전부 충족되었다."[23] 인간은 다른 동물들보다 융통성이 있기 때문에 '자신의 생명 유지에 필요한 것들을 더 쉽게 조달한다.'[24]

루소가 차라리 '선천적으로' '자신의 생명 유지에 필요한 것들을 더 쉽게 조달한다.'라고 말했으면 더 좋았을 것이다. 문화가 이 생명유지 요소들의 혼합체 속에 스며들면 인간은 가축과 같은 운명을 겪는다. 즉, 활력을 잃는 것이다. 이른바 '사회가 강요하는 방식들'은 사람들을 "유약하고, 겁 많은 아첨꾼으로 만든다. 이어 나긋나긋하고 유약한 생활 방식을 갖추면서 힘과 용기, 인간이 지닌 두 장점의 상실은 깨끗이 완성된다."[25] 다행히 인간은 동물과 달리 여전히 '자유 행위자'고, 이 자유 행동권 때문에 인간은 '물리적 상태'를 뛰어넘는 존재로 승격된다. 인간에게는 의지가 있는데 이는 인간을 구성하는 물리적, 자연적, 생리적 조건들에 구속받지 않는다. 인간은 자유 의지를 행사하면 '순수하게 정신적인 행위', 즉 '역학의 법칙'이 미치는 범위의 바깥에서 이루어지는 행위에 참여하게 된다.[26] 게다가 인간에게는 '자기 완성'의 능력이 있다. 이 모든 요소들이 인간으로 하여금 자신에게 부여된 자연적인 상태를 초월하도록, 가만히 있었으면 조용하고 무난하게 살 수 있었을 원래의 조건에서 탈피하도록 부추긴다.[27]

자족의 철학에 대한 그의 강한 신념은 자유에 대한 논의가 전개됨에 따라 더욱 확실히 드러난다. 궁핍과 의존성은 인간의 가장 큰 적이다. 굶주림은 불가피할지도 모른다. 하지만 루소의 상상에 따르면 우리는 자연 상태에서 느끼는 식욕을 쉽게 충족시키지 못한다. 그렇다고 이것 때문에 심각한 의존성이 생기지는 않는다.[28] 음

식에 대한 굶주림뿐 아니라 다른 자연적인 욕망들도 비자연적인 의
존성을 초래하지 않으면서 충족될 수 있다. 그렇다면 여기서 말한
다른 욕망들은 무엇일까? 여기에는 '영양분' 외에 '여자와 휴식'이
포함된다.[29] 음식처럼 여자 역시 일시적 만족의 원천으로서 중요하
다. 자연에서 영원한 관계로 알려진 것은 없다. 루소는 계속 주장한
다. "아무도 집이나 헛간, 기타 어떤 형태의 부동산을 소유하지 않
았기 때문에 모든 사람들은 발 닿는 아무 곳에서나 드러누웠으며,
흔히 한 곳에서 하룻밤만 잤다."[30] 루소의 '순수한' 상태에 어울릴
만한 슬로건을 꼽자면 "만나고, 짝짓기하고, 다른 곳으로 가라."가
아닐까. 그 외의 어느 것이라도 갖고 있으면 궁핍뿐 아니라 공포 중
의 공포, 즉 의존성의 흔적으로 매도되었을 것이다.

루소 생각에 궁핍과 의존성은 뭔가가 부족하다는 의미뿐 아니라
더 중요하게, 어떤 복잡한 상황에 연루되었음을 의미했다. 즉, 자
유의 상태에서 벗어나 문화를 향하여 명백히 한 걸음을 내디뎠음
을 나타내는 증거였던 것이다. 그의 견해는 궁핍과 복잡한 상태에
도 긍정적인 면이 있을 가능성을 감안하지 않는다. 예를 들어 우리
가 의지할 수 있는 사람이 옆에 있으면 나쁠 것이 없지 않은가. 또
자기 문제에만 신경 쓰려는 인간의 태생적 경향을 어떤 힘이 계속
상쇄시켜줄 수 있다면 그것 역시 그렇다. 소크라테스와 아리스토텔
레스는 이러한 필요성을 우리 인간이 공동체 생활을 선호하는 이유
를 설명해주는 핵심적 지표라고 본다. 이 그리스 사상가들이 볼 때,
인간은 문화적 생활로 이어질 수밖에 없는 여러 가능성들을 천성적

으로 실천하려는 성향을 지닌 존재다.[31] 루소는 특히 그런 접근법을 배격했다. 자연은 그런 상호 필요성이라는 수단을 통해 사람들을 한데 모으는 일에는 별로 관심이 없었다고 그는 말한다. 그는 '그런 원시 상태에서 인간은 원숭이나 늑대가 동족의 다른 구성원에 느끼는 필요성보다 더 큰 필요성을 다른 인간에게 느꼈을 것'이라고 상상하는 것은 불가능하다고 본다.[32]

루소와 그의 후계자들이 궁핍을 경멸적인 의미 외에 다른 의미로 생각했다고 보기는 힘들다. 그야말로 곤궁하다는 뜻이다. 아울러 그들이 '의존성은 나약함과 타락의 징표'라는 필연적인 결론을 내리지 않기도 힘들다. "인간은 의존적일 때 그리고 강해지기 전에 그 의존성에서 해방될 때 나약하다."[33] 씩씩한 독립에서 나약한 의존으로의 변화를 초래한 원인의 첫 번째 단서는 루소가 규명한 세 가지 욕구에 있다. 영양분, 여자와 휴식이 그것이다. 영양분과 휴식은 크게 문제가 되지 않는다. 사람은 배가 고프면 먹는다. 피곤하면 잔다. 음식도 잠도 우리에게 부담을 주지 않는다. 쓰레기를 비워달라고, 저녁 차리는 것을 도와달라고, 아기 기저귀를 갈아달라고 부탁하지도 않는다. 하지만 맙소사! 루소의 생각에, 세 번째 욕구인 '여자'는 바로 이런 자유를 억제하는 요구를 들고 나온다.

디오게네스의 철학적 혈통에 입각한 이 명확한 자연/문화의 구별은 루소 사상을 여러 갈래로 쪼개놓는다. 그는 인간이 사랑의 물리적 측면과 도덕적 측면을 구분해야 한다고 주장한다. 육체적 측면은 우리에게 상대방과 결합하도록 몰아붙인다. 반면에 사랑의 도덕적 측면은 '사회적 관습에 기인하고, 또 여자들이 남녀의 관계에서 주도권을 장악하고 섹스를 최우선적 과제로 삼게 만들려는 목적으로 능숙하고 신중하게 극찬하는 인위적 감정이다.'[34] 여성들이 용케 만들어낸 영역인 '사회'의 영향력이 미치는 범위가 넓어지면 의존성도 확장된다. 이 의존성이 증가하면 다른 것, 즉 자유가 감소한다.

루소의 세계관에서 음식은 훨씬 더 핵심적인 역할을 담당한다. 가정생활은 인간의 정주(定住) 성향을 키운다. 인간은 영양분을 조달해야 하기 때문에 새로이 얽히고설키는 관계들이 생겨난다. 처음에는 성생활에서 오는 쾌락 때문에 상호 속박의 기미가 있어도 드러나지 않는다. 하지만 사유 재산이 발달된 이후 상황은 점진적으로, 그러나 가차없이 의존성이 점점 증가하는 방향으로 흘러갔다. 음식에 대한 필요성은 정주형 산업인 농업의 발달을 낳았고 이것은 다시 기술, 특히 금속공학에 대한 필요성을 불러일으켰다. 루소는 말한다. "철과 밀은 인간을 문명화시켰고, 인간이라는 종을 말살시켰다. 결국 공동체를 중심으로 한 정착생활은 상호 비교, 그릇된 허영심, 평등의 상실, 폭력의 증가, 그리고 사회생활에 반드시 수반되는 속박을 초래했다. 최종 결과는 비극적이다. 인류 전체가 노동, 노예 상태, 빈곤의 굴레에서 벗어나지 못한다."[35]

우리가 볼 때 중요한 것은 루소에게 자유는 '어째서 태어날 때부터 이미 존재해 있는 1차원적 개념인가' 하는 점이다. 그런 사고의 출발점을 감안하면 자유는 오로지 인간들이 공동의, 문화적 생존 활동에 참여하는 순간에만 줄어들 수 있다. 부모들이 아이들에게 적극적으로 버릇을 '키워줌으로써' 아이들의 자유를 신장시킬 수 있을 것이라는 생각, 또는 필수 교육을 통해 해방감을 줄 수 있을 것이라든지, 공동 활동들이 실제로 성공을 향한 사람의 자유를 신장시킬 수 있을 것이라는 등의 개념은 이 이론 모델에서 쉽게 수용될 수 없다. 또 인간 같은 피조물들의 경우 어떤 행동 성향을 추구하고 어떤 성향을 피해야 하는지를 터득하려면 어떤 문화적 관행, 지식, 훈육 등의 결합물이 필요하다는 개념 역시 수용되기 어렵다. 루소의 후손들은 자유를 성공의 개념, 즉 지식, 습관과 다른 인간들이 인도하고 자연적 기질에 뿌리박혀 있는 개념으로 이해하지 못한다. 그게 아니라 이것은 원래부터 즉, 양육할 필요가 없는 것이다. 이것은 존재하거나 부재하거나 둘 중 하나다. 그 외의 모든 것은 기본적인 철학적 가정, 즉 '의존성은 불완전한 존재의 표시'라는 가정과 어긋난다. 자유는 '자유 의지', 즉 완전한 비-의존성을 의미하지 않으면 안 된다.

루소와 정통성

루소는 자유뿐 아니라 현대가 당면한 또 하나의 필수 주제인 정통
성의 문제에 대해서도 유용한 사례들을 제시한다. 자연/문화의 명
확한 구분이 여기에서도 문제의 맥락을 형성하고 있다. 이런 환경
에서 정통성은 우리의 삶을 인도하는 이상적인 가치로서 뚜렷한 특
징을 나타낼 뿐 아니라, (지금쯤 우리 독자들은 이 말에 익숙해졌을 것이
다.) 구체적인 내용도 담고 있다. 우리는 이런 해석의 계승자로서 어
디에서든 이 정통성이라는 개념을 접한다. 정통성의 언어는 평범한
인생의 공통어가 되었다. 예를 들어 우리가 '정통' 멕시코 요리, 베
트남 요리, 혹은 브라질 요리를 다룰 때 지녀야 하는 존중감을 생
각해보자. 만족스럽고 의미 있는 인생으로 인도하는 이상적 가치를
뜻하는 이 '정통성'이라는 개념은 대체로 자족의 철학, 그리고 이와

관련하여 우리가 배 문제를 도외시하고 정신에 관심의 초점을 맞춘 덕분에 생겨났다고 봐야 한다.

　루소는 자신이 주창한 자족의 철학을 통해 오늘날에도 널리 통용되고 있는 정통성이라는 개념의 핵심적 특징들을 밝힌다. 찰스 귀논(Charles Guignon)이 《정통성에 대하여(On Being Authentic)》라는 유익한 소책자에서 지적하듯이, 루소는 무엇보다 '정통성의 개념'을 확립하는 데 크게 기여했다.[36] 그는 나아가 루소판 정통성에 관련된 핵심적인 특성들을 사회에 대한 불신, 내면의 진정한 자아라는 개념, 참을 접하는 방법으로서의 내적 성찰, 사회적 속박에서 해방하는 것으로서의 자유, 내적 경험을 표면화시켜야 할 것 같은 압박감 등으로 꼽고 이 개념들을 설명한다.[37] 별도로 실린 논설에서 귀논은 이런 테마들이, 특히 우리가 '사회적 역할, 석회화된 관습, 너무 바쁜 사회적 존재로서의 삶'과 관련하여 큰 불만을 끼고 산다는 점에서 우리에게 친숙하고 호소력이 있다는 점을 지적한다. 그런데 이것들을 우리는 '우리가 마음먹은 대로 무엇이든 될 수 있는 능력'을 가로막는 요소라고 여긴다.[38]

　루소판 정통성론의 호소력에 대한 귀논의 주장을 검증하는 데는 이 이론의 설득력에 대한 직감 외에 짧은 인터넷 검색만 이루어지면 그것으로 충분하다. 유튜브를 검색해보면 마이클 트세리온(Michael Tsarion)의 강연을 담은 '참된 인생(Authentic Lives)'이라는 동영상을 쉽게 찾을 수 있다. 그는 '참된 삶으로의 전환 그리고 사회와 미디어가 우리를 단순하게 생각하고 의구심을 품지 못하게 하려고 설치한 덫'의 중요성을 설명하는 과정에서 니체와 키에르케고르(Kierkegaard)를 언급한다.[39] 동영상이 끝날 때쯤 시청자들에게 추천 동영상들이 소개되는데, 대체로 '정품 시계' '진짜 이탈리아 피자 소스 레시피' 같은 것들이다. '정통성'이 매력적인 이유는 그것이 훌륭하고 의미 있는 삶을 향한 우리의 열망에 실질적으로 도움이 되는 내용을 담고 있기 때문이다. '훌륭한'과 '의미 있는'이라는 말은 이제 '정통한'이라는 말과 동의어다. 어쨌든 누가 가짜의 삶을 살고 싶어 하겠는가? 누가 처음부터 끝까지 직접 만든 진짜 피자 소스보다 공장에서 나온 피자 소스를 더 좋아하겠는가? 누가 가짜 같고, 엉터리 같고, 인위적이거나 위선적이라고 묘사되는 삶을 원하겠는가?

우리의 관점이 굶주림을 중시하는 견해로 옮겨가면 루소의 철학이 오랫동안 우리에게 남긴 내용에서 진정성을 찾으려는 열망도 사라진다. 우리가 굶주림을 단순히 하나의 결핍으로 보지 않고, 외부로 나아감과 동시에 바깥에 있는 것을 안으로 들이려는 우리의 성향으로 본다면, 이는 우리가 더 이상 '굶주림'이나 '궁핍'을 악함과 결핍의 지표로 보고 있지 않다는 뜻이다. 만약 인간의 완전한 자아가 굶고 있다면, 이것은 결정적이고 본질적인 의미에서 궁핍하다는 뜻이다. 이 '진정한' 자아는 다른 것들을 필요로 한다. 궁핍은 결실, 절정과 달성을 가능하게 한다. 만약 나의 '진정한 자아'에 오페라를 부르려는, 유능한 요리사가 되려는, 또는 축구 선수가 되려는 성향, 재능과 열망이 있다면, 그런 성향은 그것을 올바르게 배양할 수 있는 환경에서 계발되고 키워져야 할 것이다. 이렇게 진정한 자아에는 다른 요소들이 필요하다. 철학은 그동안 인간에 대한 이런 진실을, 인문학은 오래전부터 편하게 받아들였던 이런 진실을 좀처럼 받아들이지 않았다. 미국의 인류학자인 클리포드 기어츠(Clifford Geertz)의 말처럼 인간은 '자신을 문화를 통해 완성하고 완성하려는 불완전하고 미완성의 동물'이다.[40] 운명적으로 배를 채워야 하는 존재라는 말은 우리의 '진정한' 자아는 단순히 외부 세계와 우연히 연계된 '내부의' 자아가 아니라는 뜻이다. 사실 '내부'와 '외부'는 추상적 개념으로, 이보다 더 복잡한 개념을 단순화한 표현 방식이다. 인간의 본질, 인간의 진정한 자아는 어떤 독창적이고 확정적인 사실이 아니다. 기어츠의 표현을 빌자면, 이것은 오히려 우리가 문화를 통해 우리 자신을 완성하고 완전하게 만든 '결과'다.

우리가 애써 암시했듯이, 배는 이런 상호 작용을 나타내는 적절한 상징으로 나선다. 이 '진짜' 배는 절대로 자급자족하지 못한다. 우리를 자아의 바깥으로 내쫓고 원래 우리에게서 분리돼 있던 것을 통합해야만 하는 '굶주림'은 이 진짜 배가 기본으로 설정된 상태와 같다. 실제로 배가 굶주림을 느끼거나 표현하지 못하면, 배 밖의 요소에 의한 완성이 필요한 것으로 이해되면 뭔가가 잘못된 것이다. 이것은 심각한 고장을 뜻한다. 더구나 루소의 주장과 달리 우리는 태생적으로 단순한 만족의 방식을 좋아하지 않는다. 인간의 태생적, 생리학적 성질을 보면 인간은 음식 세계를 늘 탐구하고 실험하고 싶어하는 잡식 동물이라고 봐야 한다. 굶주린 존재들은 주변 환경과 지속적이고, 깊고, 인생의 진로를 바꿀 만큼 중요한 상호 작용을 한다. 우리 배 속에 살고 있는 박테리아 이야기를 다시 떠올리기 바란다. 그 박테리아들은 '내부'의 존재인가, '외부'의 존재인가? 우리 배 속에 있는 미생물 무리는 우리가 섭취하는 음식과 물의 종류에 직접 대응하여 발달한다. 이것이 외부 영향에 민감하다는 것은 허약함이 아니라 생존 능력의 표시다. 진정성이라는 개념이 상호의존의 철학에서 보존되려면, 굶주린 존재의 인정이라는 필터를 통해 걸러져야 한다.

이렇게 참되고, 내부의, 고정된 의미의 '진정한' 자아의 개념을 포기할 때는 이런 변화 때문에 진짜 요리나 음식에는 (오로지) 그것을 둘러싼 독특한 전후 사정에 의해 생긴, 일종의 변치 않는 본질이 있다는 개념도 시험대에 오른다는 사실을 깨달아야 한다. 유명한 음식들은 다양한 버전으로 나오며, 도처에 퍼져 있다. 그것도 모두 '원조(authentic)'라는 꼬리표를 붙이고서 말이다. '정통'을 내세우는 다양한 버전 중 어느 것이 가장 '정통적'인가? 이 질문에 답이 있을 수 있다는 생각은 우리가 요리와 음식을 문화적 정체성을 밀봉 저장한 통으로 이해하지 않는 순간부터 터무니없는 생각이 된다.

이 말의 함축적 의미는 명확하다. 어떤 음식이나 요리의 정통성은 생각, 선택, 주의와 관심에 앞서서 주어지는 것이 아니다. 오히려 정통성은 일종의 결과다. 문화가 정적이지 않은 것처럼, 요리라는 것도 정적인 문화적 산물이 아니다. 요리는 살아 있고, 역동적이며, '내부'와 '외부'의 영향에 민감하게 반응한다. 변치 않는, 아마도 최초 형태를 유지하는 요리를 '참된' 요리로서 높이 평가하는 것은 실제 상황을 왜곡하고, 심하게 말하면 모독하는 행위다. 우리는 요리의 정통성은 일련의 고정된 선행 성격들, 다시 말해 음식을 평가하는 일종의 '체크리스트'의 집합이 아니라 움직이는 표적이라고 이해하면서, 예전의 환경과 새로운 환경에 대응하여 요리는 끊임없이 진화한다는 사실을 인정하고 기존의 특징들을 새롭게 영향을 끼친 요소들에 비추어 재평가해야 한다.

음식에 이렇게 하듯이, 사람들에게도 이렇게 해야 한다. 우리의 자연에 계속 충실하게 하는 것은 사실 좋은 일일 것이다. 하지만 배와 관련된 태생적 문제가 인식되면서, '우리의 자연에 계속 충실하다'는 말의 의미도 달라졌다. '자연'은 현실과 가능성을 연결되는 접속점이 된다. 가능성은 다시, 특정 상황에서 공동체의 노력에 의해 정점과 실현의 단계로 끌어올려질 수 있다. 그런 공동체 안에서 지나침에 대한 우려, 즉 문화에 수반되는 잘못되고 오도되고 위험한 과시물에 대해 걱정하는 태도는 좋다. 하지만 이것이 문화를 배척한다든지, 또는 문화를 단순히 이미 완성된 내적 자아 위에 덮어씌운 외부의 옷 같은 것으로 여긴다는 뜻은 아니다. 문화에서 해롭고, 오도되고, 사회의 악이 되고 있는 부분은 반드시 잘라내야 한다. 하지만 이 작업은 대안이 될 만한 다른 범위를 선택하고, 키우고, 다듬고, 발전시키는 방식으로 할 수 있다. 다른 말로 하면 어떤 문화적 목표들을 선호하고, 북돋우고, 개발시키는 한편, 다른 목표들을 저지하거나 옆으로 치워놓을 수 있다. 이같이 유연한 정통성 견해는 현명한 방향 설정과 물려받은 관행들을 결합하는 데서 나온다. 배를 고려하는 사고방식에서 이것은 루소 철학에서 내려온 진정성의 의미를 대체한다.

인생의 요리법

호메로스의 《오디세이》에서는 다양한 사람들을 소개하고 있는데, 일부는 개화된 사람들이지만 별로 그렇지 않은 사람들도 있다. 어떻게 아느냐고? 그 사람들의 식습관을 보면 알 수 있다. 그들이 밭을 갈고 밀을 경작하는가? 빵을 만들어 먹는가? 낯선 이의 방문을 환영하는가? 이런 질문들에 대한 대답이 '그렇다'라면 우리는 개화된 사람들 앞에 있는 것이다. 그런 사람들은 자기들이 얼마나 의존적이고 상호 연관적인지 안다. 밀을 경작하고 빵을 굽는 것은 하나로 이루어진, 독립된 단위의 활동들이 아니다. 이런 작업 과정이 이루어지려면 구성원들이 서로 공유하고 물려받은 문화유산에 뿌리박혀 있는 경험이 필요하고, 그 경험을 실천에 옮기는 공동체도 필요하다.

오디세우스가 우연히 만난 가장 이상한 피조물은 키클롭스(외눈박이 거인족)인 폴리페모스(Polyphemus)다. 이 거인은 빵 굽는 사람들과는 대조적으로 고립과 자급자족적 생활을 추구하는 외톨이다. 그래서 그는 그리스 전통 문화에서는 이상적인 인물이 아니라 부당성의 모델 같은 인물로 그려진다. 공동체에 몰려 살기 때문에 개화된 사람들은 늘 신중하다. 키클롭스가 내리는 결정들은 자연 발생적이고, 인간의 의존성을 인정하는 교양 있는 사람들은 그 의존성을 장사로 메운다. 하지만 키클롭스의 세계에서는 장사가 이루어진다는 증거가 전혀 없다. 개화된 사람들은 여행을 다니지만 키클롭스에게는 배가 없고, 친절한 사람들은 손님들에게 음식을 제공함으로써 그들을 환영하지만 키클롭스는 손님이 오면 먹어버린다. 문명은 이렇게 요리, 잔치와 밀접하게 관련돼 있다. 키클롭스는 요리를 하지 않고 혼자 먹기만 한다. 그는 거의 다 자연의 피조물이 되었다. 그런데 호메로스의 작품에서 묘사된 자연의 상태는 루소가 설명하는 자연의 상태와 어떻게 다를까?

자연-문화 연관성에 내한 호네로스의 견해에 대해시는 20세기에 활약했던 스페인 출신의 미국 철학자 조지 산타야나(George Santayana, 1863~1952)가 제시한 철학적 설명이 매우 유용하다. 그는 아리스토텔레스의 견해를 설명했지만, 그의 분석은 굶주린 존재의 철학을 지지하는 슬로건으로도 손색이 없다. "이상적인 모든 것에는 자연적인 바탕이 있으며, 자연적인 모든 것에는 이상적인 발전이 있다."[41] 어떤 의미에서 보면 산타야나가 찾아낸 과정은 우리

를 이 책의 맨 앞에서 던진 화두, 즉 '우리는 어떻게 먹어야 하나?'
라는 문제로 되돌아가게 한다. 이 질문에 함축된 다양한 의미에는
모두 어떤 기본적인 활동이 내포돼 있다. 어떤 열망과 환경 사이에
오고가는 움직임과 주고받는 교환 활동이 그것이다. 이때 열망들은
환경 안에서 실현된다.

　자연적인, 기상학적인, 농업적인, 경제적인, 기술적인, 사회적인
요소들이 한데 어우러져 종횡으로 움직이며 다양한 형태로 결합
된다. 이런 상호 작용들은 '정신'과 '육체' 또는 '자연'과 '문화' 같
은 추상적 단어들 사이에 명백한 대립 관계를 설정하는 것이 항상
가능할지 모르지만, 어떤 요리법과 거기에 들어가는 재료들 사이
에 평행하는 대립 관계를 설정하는 것은 훨씬 더 어렵다는 것을 명
백히 보여준다. 이런 배경은 실제로 산타야나가 제시한 설명에 매
우 가깝다. 요리법이란 재료들(자연적인 개념)을 분배해서 섞은 것(문
화적 개념)이기 때문이다. 우리는 자연적 요소들과 문화적 요소들의
이 같은 혼합은 몇 가지 별개의 차원에서 발생할 수 있다는 점에 주
목해야 한다. 예컨대 밀가루는 (자연적인) 재료라고 생각할 수도 있
겠지만, 무대 뒤에 가보면 밀가루가 (자연적인) 밀과 (문화적인) 제분
공정(製粉工程)이 결합되어 나온 생산물임을 알게 된다.[42] 요리의 이
런 특징 때문에 '이상과 자연은 서로 침투한다'는 산타야나의 주장
은 예시로서 강력한 힘을 발휘한다.

　'자연'은 홀로는 절대로 기준을 제시하지 않는다. 더 안 좋은 것
은 자연은 모든 것에 정당성을 부여할 수 있다는 점이다. 찰스 귀

식탁 위의 철학자들

논이 지적하듯이, 어떤 관점에서 봤을 때 참되다는 것은 '당시 대유행하는 것, 또는 우리의 내면에 있는 노골적인 성적 취향과 잔인성을 공개적으로 표시하는 것'을 의미할 수 있다.[43] 우리의 '자연적인' 성향에는 여러 종류가 있으며, 반성과 경험, 조언, 지도에서 나오는 문화적 처방이 필요하다. 반면에 산타야나의 지적처럼, 우리를 인도하는 이상들은 아무 관련이 없는 곳에서 느닷없이 튀어나오지 않는다. 이것들은 무정형의 밀가루 반죽에 무늬를 새기는 쿠키커터(쿠키 모양을 찍는 데 쓰는 모형 –옮긴이) 같은 인공 격자판이 아니다. 성향, 욕망, 그리고 시도때도 없이 생기는 충동이 모두 표출시킬 만한 가치가 있는 것은 아니다. 하지만 이것들은 이상들에 대한 최초의 암시, 추측, 그리고 일반적으로 이상의 원료를 제공하긴 한다. 요리법들의 경우처럼, 최상의 실제적 관행을 낳는 것은 중단 없는 논쟁이다.[44]

조리법과 요리 지침들은 오래전부터 존재해왔지만 그동안 정통철학은 그것들을 무시했다. 우리는 자족의 철학을 통해 그것들을 음식을 만드는 요리 행위와 함께, 소외된 상태에서 끄집어내야 한다. 디오게네스와 키클롭스는 요리와는 거의 관련이 없다. 두 사람에게 있어 자연에 순응하는 삶은 자연이 제공하는, 최소한으로 변형된 음식을 섭취하는 것을 의미한다. 하지만 실제로 이런 행동은 더 자연적이고, 기본적인 상태로의 '회귀'라기보다는 '인위적으로 지어낸 행동', 그것도 희한한 행동이 아닐 수 없다. 날음식을 대량으로 섭취하는 것은 사실 인간의 생리학적 성질에 어긋난다. 실제로 인간은 열을 이용하여 우리가 섭취하는 식물과 동물을 변형시켜야, 즉 요리해 먹어야 영양 및 에너지 욕구를 가장 효과적으로 충족시킬 수 있다.[45] 영국의 전기 작가이자 법률가인 제임스 보스웰(James Boswell)은 "짐승은 요리사가 될 수 없다."라는 유명한 말을 남겼다.[46] 반면에 인간은 감히 '천성적으로'라는 표현을 써도 될지 모르지만, 요리사들이다. 또는 형용사를 써서 더 좋게 표현하자면, 인간은 '자연적' 기질상 '문화적'이다. 요리는 인간 같은 피조물들에게는 충분히 이해할 수 있는 행위로, 결코 '부자연스러운' 행위 혹은 자연에서 '동떨어진' 행위도 아니다. 이것은 결코 단순한 손재주의 실행이 아닌 것이다.[47]

상호의존성의 철학은 이미 확정된 어떤 단일의 환경, 우리가 머릿속으로 회상하는 상태가 아니라 더 이상 줄일 수 없고 진행 중인 긴장을 강조한다. 재료에서 완성된 요리에 이르는 과정의 경우처럼 우리는 기성품과 맞닥뜨리거나 단순히 인위적 격자판을 갖다 붙이지 않는다. 우리의 성향들은 자연의 동식물과 교차한다. 출발점은 따로 떨어져 있는 두 개 중 하나가 아니라 둘 모두다. 성향들과 재료들이 결합하여 우리의 궁극적인 질문, 즉 '어떻게 먹어야 하는가?'의 답을 제시할 긴 과정의 출발점이 된다. 이 성향들/재료의 결합체는 재배와 선택과 소통을 요한다. 선택, 소통, 재배의 모든 방식이 전부 효과를 발휘하는 것은 아니다. 인간의 욕구는 중립적이지도 않고, 무한정 조절할 수도 없다. 이것은 재료의 경우와 비슷하다. 재료들 역시 중립적이거나 무한정 조절되지 않는다. 실험, 세심한 관찰, 경험의 공유만이 최적의 조합을 낳을 것이다. 하지만 그런 경우에도 우리는 정적이고 확정된 '만족'의 상태를 성취하지 못한다. 굶주림이 항상 다시 찾아오기 때문이다. 긴장은 우리 힘으로 줄이지 못한다. '어떻게 먹어야 하는가?'라는 질문은 항상 존재한다.

우리를 둘러싸고 있는 환경은 이미 공식화되어 있고, 보편적으로 적용이 가능하며, 확정된 지시나 명령을 우리에게 주지 않는다. 그렇다고 환경이 허무의 영역, 지표 같은 것이 전무한 영역이냐 하면 그것도 아니다. 여기에는 징후가 있다. 우리의 환경은 어떤 표식들, 지침들, 징후들을 보여주지만 그 이상은 없다. 여기에는 또 그런 표식, 지침, 징후들을 읽고 이해하고, 해석하며 가꾸는 방법을 알려주는 문화적 전통이 있다. 소금, 계피, 사과, 버터, 설탕은 여러 방식으로 결합될 수 있다. 이런 재료들을 섞고 요리하는 확정되고 완벽하고 유일한 조리법은 바깥의 어딘가에 널려 있는 것이 아니다. 동시에 조리법은 단순한 창작품, 단순히 중립적이고 특징 없는 실물 위에 세운 구조물이 아니다. 이상(理想)과 자연은 서로 섞인다. 음식 만들기에는 적극적인 인간의 참여가 수반되지만, 여기에 항상 장차 먹을거리가 될 식물과 동물이 지닌 특징들, 가능성들, 한계들이 결합된다.

우리가 '자급자족'의 철학에서 '궁핍한 존재'의 철학으로 견해를 바꾸면 인생에 대한 자폐적 이론 모델은 폐기된다. 이 이론 모델에서 기준들은 '객관적(자명한)' 또는 '주관적(완전히 인위적으로 구

성된)', 둘 중 하나다. 굶주린 존재 철학은 반응/책임감 이론 모델을
대체한다. 후자의 이론 모델에서 우리의 임무는 '요리법 만들기' 과
정에 적극 참여하는 것, 다시 말해 환경을 대상으로 삼아 실험하고,
기록과 증거, 자료, 방법을 해석하여 최적의 삶의 형태를 만들기 위
한 실행 가능한 공식을 만드는 등 우리의 주변 환경에 최선을 다하
여 반응하는 것이다. '자연에 순응하는 삶'은 전혀 안 좋은 유형이
아니다. 사람들은 '무조건 창조하라/처음부터 시작하라'는 견해는
성립할 수 없는 이론이라는 것을 안다. 동시에 이 '처음부터 시작하
라'는 견해 자체 역시 완전히 틀린 것은 아니다. 실험을 할 여지는
많다. 자연은 이상(理想)을 몹시 필요로 한다.

깔끔한 성격의 이성주의자들은 화끈한 대조법을 좋아할 것이다.
하지만 지혜를 좇는 철학자들과 깔끔한 성격의 이성주의자들을 혼
동해서는 안 된다. 우리는 화려한 과장의 표현, 양자택일식의 대안
으로 제시되는 철학적 주장들을 조심해야 한다. 그런 견해들은 일
반적으로 평범한 일상에 존재하는 더 복잡한 상황에서 추출한 순수
한 개념들을 정제한 결과다. 여기서 '정제하기'라는 말은 유익한 의
미를 갖는다. 물을 정제하면, 얼음을 뿌옇게 만들거나 철을 녹슬게
하는 온갖 불순물들이 남는다. 이 모든 것을 없애버리고, 아니 더
정확하게 말하면 그렇게 많은 것을 '제거하려고' 적극적으로 노력
하면 '순수한' 물이 생긴다. 특히 이런 노력은 물을 맛있게 하고 반
짝이게 하는 다른 모든 요소들도 제거한다. 이 정제된 결과물은 마
시고 싶은 생각이 안 들 정도로 무미건조하고, 요리에 쓰기에도 적

절하지 않으며, 수도관에도 안 좋다. 반면에 일상적인 요리는 전적으로 '불순한' 결합물을 창조하는 활동이다. 이것은 정제하고 분리하는 일이 결코 쓸모 없다는 뜻이 아니다. 깔끔하게 분리되지 않은 달걀 흰자를 휘저어보면 알 것이다. 그런 순순한 분리는 결코 규범이 될 수 없고, 결코 원초적인 원리도 아니다. 이것은 요리에서처럼 철학에서도 마찬가지다.

이런 고려 사항들은 철학을 재건하려는 우리에게 몇 가지의 직접적인 교훈을 준다. 그중 경험에서 얻은 한 가지 고려 사항을 꼽자면 "배를 무시하지 마라."가 있다. 철학자들이 이 교훈을 잊었거나 배를 일부러 하찮은 존재로 취급하면 반드시 안 좋은 결과가 생겼다. 그리고 정적인 것, 유일한 것, 한계가 있는 것, 고립된 것, 자급자족하는 것을 강조한 것도 이해가 되었다. 많은 철학자들, 그리고 많은 일반인들이 이런 해석 내에서 연구했고, 지금도 계속 연구 중이다. 우리가 잊지 말라고 주장하고 싶은 것은 바로 이것이다. 본질을 파악하려면 '의도적인' 준비 단계의 조치, 즉 단호한 가지치기가 선행되어야 한다. 인간의 음식에 대한 욕구는 그동안 명확히, 그리고 특별히 제거되어 별개의 개념으로 취급되어온 것 같다. 이런 조치가 취해지지 않으면, 다시 말해 영양분에 대한 욕구가 받아들여지면 상당히 다른 세계관이 나올 것이다. 이런 대안적인 전략에서 가장 눈에 띄는 움직임은 구심성(求心性)에서 원심성(遠心性)으로의 변화다.

배는 우리를 바깥 세상으로 내몬다. 이것은 우리에게 환경 속으로 들어가고, 환경에 적극 개입하고, '문화'를 수정하고 개조하라고 명령한다. 문화라는 말은 이제는 '흙을 경작하다'라는 최초의 의미와 다시 연결될 수 있다.

정신에 대한 과도한 강조는 거리감, 그리고 추상적 영역에 과도하게 경도되는 결과를 초래할 수 있다. 인간의 배는 어근 cult-(soil, care, worship 등의 개념을 나타내는 어근 ─옮긴이)와 관련된 다양한 활동에 관련돼 있다. 땅을 경작하고 (cultivate), 그것의 결과에 자기 생존을 의존하는 사람들은 거의 필연적으로 '보살핌(care)'의 화신이 될 수밖에 없다. 그들은 가장 좋은 삶의 방식, 다양한 문화 (culture)로 자신을 드러내는 가장 좋은 방식을 추구한다. 그들이 처한 환경은 단순한 중립적 데이터의 역할밖에 하지 못한다. 그 환경은 많은 특징들로 가득 차 있고, 온갖 징후와 표시들, 가능성과 한계들의 본산이다.

굶주림 그리고 적절한 음식 제공에 필요한 실제적 관행들은 우리 철학의 방향을 재설정하는 데 유용한 배경이 된다. 식욕은 우리와 자연계와의 연관성을 다시 한 번 강조해준다. 이것은 태양, 흙, 개미들, 박테리아, 지렁이, 식물뿐 아니라 먹을거리를 키우고, 수확하고, 배달하고, 유통시키는 다른 사람들과 우리 사이에 존재하는 다양한 연관성과 상호 의존성을 재차 인식시킨다. 어떤 사람이 몸이 아프거나 슬픔에 잠겨 있거나, 아니면 궁핍한 친구의 집에 음식을 들고 찾아갔다면 우리는 십중팔구 그런 행동을 '사려 깊다'고 할 것이다. 자상함은 세상과 격리된, 순수한 이성의 영역이나 단순한 느낌의 범위에 썩 어울리지 않는 단어다. 이것은 여러 요소가 섞여 있고, 그래서 순수하지 못한 표현이다. 그런 만큼 이 말은 그런 관대한 행위에 나타나는 매우 인간적인 면을 묘사하는 데 더 적절하다. '우리는 어떻게 먹어야 하나?'라는 질문에 답할 때도 '사려 깊음'이 필요하다. 여러분들은 2장에서 강조한 결합의 사례들이 생각날 것이다. 영양분, 맛, 생태학적 지속 가능성, 경제와 친목의 중요성 같은 요소들은 모두 균형을 이룬 상태에서 갖춰져야 한다. 자급자족하는 동물은 아마 '이성적인' 동물일지 모른다. 하지만 알고 보니 요리하는 동물은 사려 깊은 동물이다.

Part 5
결론

재건 수술

메리 미즐리는 인간의 중요한 부분을 제거하는 '도덕적 의사들'에 대해 불평한 적이 있다.[1] 서양에서는 대(大) 절단 수술이 시행되어 우리의 '정신'을 제거한 뒤 그것을 '철학에 관련된'이라는 항목으로 격상시켰고, 서양 철학의 상당 부분은 이 수술 이후의 상황을 당연한 것으로 받아들였다. 이 이론에 따르면 올릉한 삶은 최대한으로 이성적인 삶을 의미한다. '이성적인'이라는 말은 또다시 이미 제거된 것, 즉 인생에서 정서적이고, 생리학적이고, 감정적이고 경험적인 측면에 반대되는 개념으로 해석된다. 이 책의 사명은 재건 수술에 몰두하는 것이었다. 우리는 일상생활에서 중요한 주제, 즉 인간은 통합적인 피조물이며 인간의 감정적 차원, 지적인 차원, 사회적인 차원은 어떤 식으로든 함께 어우러져 작용한다는 주제를 다시 철학적으로도 중요한 주제로 만들고자 했다. 관심의 초점은 식탁이었고 우리는 인간을 '운명적으로 배 채우는 문제를 타고난' 피조물로 재탄생시켰는데, 이것은 순수한 이성에 과도하게 쏟았던 구시대철학을 배제하려는 의도적인 작명법이라 보면 될 것이다. 운명적인 배의 문제가 무슨 뜻인지를 진지하게 성찰하면 새로운 '생성적 사상'이 생긴다. 이것은 이원론이라는 구 철학의 핵심사상과는 전혀 다른 싹을 틔우게 할 것 같은, 일종의 유익하고 지적인 씨앗이다.

예전의 지도적 사상은 충분히 영화를 누렸다. 성공적 이론이었다는 점은 누구도 부인하지 못한다. 우리가 일상적으로 쓰는 말에는 여기에서 파생한 표현들이 무수히 많이 들어 있다. 아주 유명한 것들만 꼽아보자면 주관 대 객관, 예술 대 기예, 지식 대 의견, 절대주의 대 상대주의, 이성 대 감정, 가치 대 사실 등을 들 수 있다. 이것은 또 여러 면에서 반갑고 도움이 되는 환경을 조성하는 데도 일조했다. 인간은 복잡한 생물체로, 정신과 육체의 관점에서 생각하는 것은 그 복잡성을 파악하려는 한 가지 방법이다. 문화적 관점에서 볼 때, 견실한 민주공화정치의 부흥과 더불어 과학과 기술의 발전은 다른 분야의 전성기들처럼 르네상스와 함께 시작되어 데카르트에 의해 철학적으로 크게 도약한 신기원의 시대를 꽃피웠다.

동시에 우리에게 연구의 동기를 부여하는 실천 사상과 그것의 후계자격 사상들은 한계를 내포하고 있었고, 그것들은 시대가 흘러가면서 더욱 확실하게 드러나기 시작했다. 인간은 항상 지배와 통제를 선호한다. 그리고 세상만사를 한쪽의 정신과 반대쪽의 육체로

식탁 위의 철학자들

298

깔끔하게 구분, 정리하는 세계관은 지배와 통제에 훌륭한 기반을 제시한다. 동물들을 포함한 우리의 자연계는 이제 가치중립적인 카테고리, 즉 '물질'이라는 항목에 속하고, 의미는 오로지 정신 안에서만 찾게 되어버렸다. 우리 환경의 나머지를 이루는 모든 것은 인간의 사용 여하에 따라 모양이 만들어지고 '물질'에 불과해졌다. 아직 없어지지 않은, 탈인간적인 개체에 본질적으로 가치가 있는 지위를 부여할 만한 '물활론(物活論, 우주 만물에 영혼이 있다는 믿음)적인' 관념들도 차츰 사라지기 시작했다. '물질(matter)' 자체도 존경과 감사를 누릴 가치가 있는 존재, 즉 '엄마'를 의미하는 'mater'와의 어원학적 관련성마저 잃었다. '도덕적 수술'은 결국 비도덕적인 행위로 밝혀졌으며, 이것은 지배와 통제라는 인간의 윤리학에 더 쉬운 상황을 만들었다.

동시에 인간들이 벗어나지 못하는 또 하나의 유혹, 즉 순수성을 선호하려는 유혹은 더욱 심해졌다. 위대한 계몽 철학자 칸트는 자신의 최고 역작에 '순수이성 비판(Kritik der reinen Vernunft)'이라는 제목을 붙였다. 만약 배의 문제가 굶주림 그리고 그 굶주림을 해소시켜줄 음식과 조리법의 결합과 관련돼 있다면 그것은 반드시 혼합물과 결합체를 나타냈다. 이제 가장 고상한 지위에 올라 있는 '정신'은 그 모든 것의 위에 군림했다. 결합물, 혼합물, 섞은 것은 자동적으로 더 적은 것, 더 나쁜 것이라는 함축적 의미를 띠게 되었다. 생물학자들은 섞고 혼합하는 과정을 아마 동물 세계에서 흔히 보는 건강의 징후, 즉 '잡종 강세(雜種强勢, 이형접합체가 동형접합체에 비하여 우수한 생활력을 가지는 현상 −옮긴이)'의 결과로 규정할 수도 있었을 것이다. 하지만 순수성의 팬들은 즉시 인간 영역의 '잡종'과 '이종 교배'를 일축했다. 순수성을 향한 인간의 유혹은 새로운 것이 아니다. 새로 생긴 것은 정신과 육체의 분리에서 파생된 엄청난 추진력이다.

또 하나의 대표적인 유혹은 책임감과 그것의 동반자인 우려를 방기하려는 유혹이다. 아리스토텔레스 같은 고대 철학자들에게 있어 인간의 선은 '실용적인 지혜' 또는 '신중한 판단력'과 연계된 개념이었다. 이것은 실제로 일을 제대로 하려면 결국 인간적인 요소를 반드시 고려해야 함을 의미한다. '인간적인 요소'와 '일을 제대로 하는 것'이 같이 묶여 있는 한 우려는 불가피하다. 어떤 공식이나 명령을 따르기만 하는 영역으로 탈출하는 것도 불가능하고, 모든 도덕이 주관적이고(인간적 요소를 건너뛴다.) 자기가 직접 규칙을 만들('제대로 하기' 부분을 건너뛰어) 수 있는 영역으로 탈출하는 것도 불가능하다.

20세기가 시작되자 인종 말살에서 생태학적 후퇴, 절대주의와 상대주의의 극명한 대립 등 그동안 축적된 구 철학의 한계점들이 다양하게, 흔히 참담하게 모습을 드러냈다. 20세기의 중간쯤에 미국 철학자인 수전 랭거(1895~1985)는 이런 상황을 다음과 같이 요약했다. "철학적 사상의 샘은 또 고갈되었다." 사상이 갈라지는 지점에서 형성된 인도적(引導的) 이론들은 '수명을 다했다'. "이 개념에 수반되는 어려움들이 이제 우리의 길을 가로막고, 여기에 내포된 역설들이 우리의 생각을 방해하고 있다. 우리에게 새로운 지식이 있다면, 우리는 완전히 새로운 문제의 세계로 관심을 옮겨야 한다."[2] 20세기 철학의 대부분은 새로운 문제를 향한 노력이었다. 랭거는 직접 이런 시도의 출발점으로 상징주의의 개념을 택했다. 그녀는 이것을 직접 균열을 봉합하려는 방법, 즉 순수한 이성주의, 상상력과 신화 사이의 간극을 메우려는 방법으로 보았다. 우리의 관점에서 볼 때 그런 조치는 약간 도움이 되었지만, 철학을 완전히 그리고 단지 정신과 그것의 활동 안에 안주하는 학문으로 해석하는 견해를 그대로 유지하였다. 지금쯤 독자들도 깨달았겠지만, 새로운 공식과 문제—인간적 조건과 일관되는 공식과 문제들—로 이루어진 학문 체계가 수립되려면 훨씬 더 결정적인 조치가 필요하다. 앞선 시대의 기반이 되었던 그 무자비한 '사상적 절단 행위'는 반드시 되돌려져야 했다. 그런 역전은 단순히 '정신' 대신 '육체'로 관심의 대상을 옮기는 것만 가지고는 달성하기 힘들다. 학문에 내재된 그런 공식 자체는 궤도가 달라져도 계속 영향을 끼치기 때문이다. 오히려 더 가망 있는 접근법은 배와 관련된 행동들, 즉 통합적이며 시식, 기억, 상상력, 자연과의 상호 작용을 암시하는 행동들을 핵심에 놓는 것이다.

이 간결한 책은 그런 패러다임의 변화가 가져온 결과들을 간략히 서술하고 있다. '우리는 어떻게 먹어야 하나?'라는 다차원적인 질문에서 출발한 이 책은 여러 철학적 관점에 따라 이 질문에서 파생되는 다양한 결과를 탐구한다. '철학'이라는 단어의 실제 의미는

'지혜의 사랑'이다. 철학은 가장 넓은 의미로 보면 '인간의 진리 추구'를 뜻한다. 이런 추구는 일련의 보편적 질문들이 제시되지 않으면 의미가 없으며, 여기서 이 문제들을 다루는 방법이 행동의 지침이 된다. 이런 정형화된 설명은 다시 생각이 이루어질 수 있는 통로를 제공한다. 우리가 지금까지 봤듯이 옛 철학의 결과물은 퇴적되고, 어떤 상황을 해결하는 유일한 방법으로 당연시된다. 사람들은 이미 자리를 잡은 공식, 즉 정형화된 견해들을 체계적으로 분석하지 않는다. 다시 말해 철학자들을 빼면 아무도 그런 짓을 하지 않는다. 이런 일은 철학자들이 할 일이다. 그들의 역할은 행동을 자극하는 새로운 관점들, 새로운 생성적 사상을 제시하는 것이다. 그러면 이것들이 지혜를 탐구하는 데 필요한 새로운 통로를 열어준다.

새롭게 생긴 이런 통로들은 특별히 선택된 대표적 인물로 상징된다. 우리의 경우, 인간의 조건을 가장 상징적으로 나타내는 유형을 선택하는 과정에서는 농부들이 기하학자들과 구경꾼들을 모두 밀어내고 그 자리를 차지한다. 우리는 안다. '농부'라는 이 단어는 이 말이 쓰인 철학적 문맥을 감안하면, 비록 경멸의 말까진 아니지만 절대 듣기 좋은 말도 아니다. 이 단어에는 예컨대 '물리학자' '투자은행가' '외교관' 같은 어휘에 수반되는 '환희의 후광' 같은 것이 따라다니지 않는다. 바로 이것이 우리 주장의 핵심이다. 격상이든 묵살이든 아무 근거 없이 느닷없이 하늘에서 떨어지는 것은 아니다. 하지만 우리는 지식의 등고선을 수정하고 농부들이 마땅한 대접을 받게 해줘야 될 때가 왔다고 생각한다. 우리의 목적에 걸맞게 이 새로운 상징적 인물은 중요한 장점들을 갖고 있다. 우선 농부들은 거리를 두고 있는 관찰자가 아니라 실제 상황에 개입되어 있는 '참가자'다. 둘째, 농부들은 적어도 전통적인 의미에서 보면 혼합체, 즉 동물들, 식물들, 땅의 조건과 기후 등이 뒤섞인 혼합체로 이루어진 환경을 감독한다. 셋째, 농부들은 신중한 결정과 관련된 근심, 걱정을 피할 수가 없다. 그들은 경험, 최신의 과학적 정보 및 기구, 기상예보, 해충 박멸에 대한 다양한 기법 등 농사에 도움을 주는 요소들에 늘 관심을 기울인다. 하지만 그래도 이 모든 것과 그들이 내리는 최종 결정, 이를테면 '재배하는 데 이 화학제품을 써야 하나 말아야 하나 같은 결정' 사이에는 차이가 있다. 실용적인 판단은 불가피하지만 그것이 잘못될 가능성 역시 피할 수 없다. 결정은 '그 사람이 판단할 일이다'라는 말이 옳지만, 그렇다고 이 말이 그 결정이 최선의 결정인지 아닌지는 '그 사람이 판단할 일이다'라는 뜻은 아니다. 책임/근심의 함수 관계는 필연적이다.

　한쪽에 사람의 배와 농부를 연결하는 선이 있다면, 반대쪽에는 배와 식탁을 연결하는 선이 있다. 식탁은 언제나 배의 욕구를 충족시켜주기 위한 공동의 공간이다. '어떻게 먹어야 하나?'라는 질문의 복합적 문제 층을 이루는 여러 작은 문제 중에는 '누가 우리 식탁에 나와 함께 앉을 것인가?'라는 문제도 들어 있다. 다른 말로 하면 환대의 가치가 바뀌고 있는 것이다. 옛날에는 환대가 친구들을 즐겁게 하는 일, 또는 경제계에서는 손님 접대의 일임을 누구나 당연시했다. 우리는 이런 견해에 의문을 제기한다. 굶주린 사람들은 도처에 널려 있고 가정과 집의 수용력에는 한계가 있는 이런 배경에서, 윤리학은 구체적인 질문을 던진다. 우리는 집을 얼마나 개방할 것인가? 우리는 식탁에 자리를 제공하는 문제에 있어 얼마나 후한 태도를 취할 것인가? 이렇게 철학은 경제학(economics)과 생태학(ecology)에 합류한다. 이 두 학문의 이름은 집 또는 가정을 의미하는 그리스 단어 'oikos'에서 파생되었다. 이제 핵심적인 윤리학 문제는 '우리는 어떤 종류의 집을 만들고 있는가?'다.

식탁은 즐거움, 창의성, 의식과 축하의 순간을 위한 장소기도 하다. 이런 맥락에서 볼 때 예술적 기교는 예전과는 다른 의미를 나타낸다. 옛 이론 체계에서 당연시되었던 견해는 "'예술'이라는 말은 미술관에서 응시받기 위해 만든 것에 국한한다."였다. 하지만 위 주변을 맴도는 방법론들은 미술관이라는 정제되고, 소수만 이용할 수 있는 영역을 더 이상 높이 평가하지 않는다. 이 항목은 순수하게 '심미적'인 것이 무엇인가라는 문제를 강조하는 대신 요즘에는 혼합, 결합의 관점에서 이해된다. 절정의 예술적 기교는 기예를 구성하는 여러 차원의 요소가 부드럽고 조화롭게 결합할 수 있을 때 나온다. 아울러 '심미적인'이라는 말은 이제 인위적 공간에 있는 예술품 앞에 있는 단 하나의 주체가 아니라 전체적인 상황과 연계된다. 상황을 구성하는 여러 요소들이 섞이고 합쳐지고 상호 작용함에 따라, 그 전체적 상황에서 에너지들이 융합되고 그것이 일종의 조화로운 절정의 에너지로 폭발하는, 그런 경험이 나올 수 있는가? 그 경험은 여기서 '그렇다'라는 대답이 나오는 경우에 한하여 '심미적으로 아름답다'라고 규정될 수 있다.

　식탁에 올릴 수 있는 음식들은 방대하다. 맛있는 음식들만 오르는 것은 아니다. 그 차이를 어떻게 알까? 전통적인 철학은 여기에는 팩트의 영역(존재)과 가치의 영역(의무)이 있다고 가르친다. 어떤 음식을 설명한 뒤, 어떤 사람이 "나는 그것을 좋아합니다." 또는 "좋아하지 않습니다."라고 명확히 자기 의사를 밝히면 된다. 어떤 음식이 맛이 있는가 없는가, 소화가 잘되는 음식인가, 독이 있는 음식인가 등의 질문으로부터는 동떨어진 질문들, 즉 배에 초점을 맞춘 질문들을 던지면 문제는 조금 복잡해진다. 그리고 이런 문제의 복잡성은 맛이 있고 없음의 문제에도 소급적으로 영향을 끼친다. 음식이 맛있고, 소화할 수 있거나 독성이 있느냐 등은 탐구의 결과임을 우리는 규명했다. 그리고 그 탐구 덕분에 우리는 그런 음식의 특징들이 우리의 생리적 현상과 어떤 상관 관계가 있는지를 이해할 수 있게 된다. 객관성은 책임, 즉 정당한 믿음에 도달할 수 있는 혼신의 노력으로 변한다. 강조의 방점은 일부의 경우 개인적인 선호의 측면에 찍힐 수도 있고, 가능한 먹을거리들의 특징에 찍힐 수도 있다. 하지만 일반적으로 말해서 나중에 원칙이 되는 것은 가치와 팩트의 분리가 아니라 특징들과 생리학의 상호 작용 내지는 결합이다. 지식(확실하고, 객관적이다.) 대 의견(사회적 맥락에 따라 형성된 것이며, 주관적이다.)에 명확한 대조 관계를 수립하는 식의 견해는 더 이상 규범으로 받아들여지지 않는다. 옛 이론 체계에서는 '알기'를 그렇게 묘사하는 것이 납득되지 않을지 몰라도, 일상적인 의미에서는 맛보기와 많은 공통점을 지니고 있다. 맛보기는 일종의 검사고, 그런 만큼 '알기'의 모델이 된다.

소화된 훌륭한 조리법의 최종 수혜자인 '배'는 동떨어진 자급자족의 존재로 간주될 수 없다. 이것은 어떤 맥락의 일부, 만족을 줄 수 있는 것들이 존재하는 어떤 환경의 일부다. 단일의, 동떨어진, 자급자족의 개체에서 시작된 모든 공식들, 일반적 철학의 맥락에 공통적으로 존재하는 공식들은 배를 진지하게 여기는 관점들의 접근을 허락하지 않는다. '~와 함께'를 나타내는 'with'는 항상 존재하는 전치사다. 옛날의 지식 세계에서는 의존성과 궁핍에 '결함'이라는 낙인이 필연적으로 찍혔지만, 개정된 이론은 그것들의 가치를 재평가한다. 과도한 의존성과 절박한 궁핍은 예나 지금이나 문제시되지만 단순한 의존성과 궁핍은 인간의 평범한 조건을 묘사하는 키워드, 단순히 묵살할 것이 아니라 반드시 고려해야 하는 중요한 키워드다. 이제는 상호의존성을 피하려고 애쓰는 것이 아니라, 적절한 상호의존성을 추구하는 것이 주요 과제가 되었다.

철학은 오래전부터 합리성의 투사라는 역할을 해왔다고 자부했다. 하지만 이 책은 '도대체 누가 합리성이 제일이라고 했는가?'라고 묻는다. 그것은 한물간, 지배적인 사상의 결과다. 우리가 배를 진지하게 취급하면 다른 관점들이 복권(復權)될 수 있다. '합리성'은 완전히 '도덕적 수술'이라는 맥락 안에서만 의미가 있는 개념인데, 이 도덕적 수술은 합리성을 우리 삶의 다른 차원에서 분리한다. 합리성을 권좌에서 축출하는 것이 반드시 비합리성으로의 전락을 의미하는 것은 아니다. 그런 양자택일식 이분법은 예전의 해석에서만 통한다. 일상생활에서 벗어날 수 없는 존재인 배는 '지능'을 필요로 하고, '합리성'을 추구하며, '알기'를 거부하지 않는다. 사실 배가 자신에게 만족을 허락해준 관대함을 고마워한다면, 그런 고마움의 표시는 작가인 마거릿 비서(Margaret Visser, 남아프리카 출신의 인류학자 −옮긴이)가 지적하듯이 사고(思考)의 초기 형태다.[3] 생각하기−감사하기의 관계는 독일의 철학자 하이데거(Heidegger)가 처음 규명했다. 이 단어들은 어원학적으로도 서로 관계가 있다. 두 단어 모두 주변 환경에 대한 인간의 반응을 나타내기 때문이다. 감사의 행위에는 어떤 환경에 연루돼 있는 것을 인정하는 행위가 선행되어야 한다. '인정(acknowledgement)'이라는 말에는 이 단어가 시사하듯이 특정 종류의 지식, 즉 어떤 상황의 의미를 성찰한 결과인 인식이 포함돼 있다. 생각이 없으면 감사도 없다. 생각하기는 다시 인간들이 감사를 표시하는 한 가지 방식, 우리의 주변 환경이 제공한 기회를 인식하고 그것에 반응하는 방식이다. 합리성과 관련된, 거리를 둔 중립성은 인위적이고 억지로 만든 견해로 인식된다. 성찰을 위한 기회를 포함하여, 상황에 따른 구속성을 인정하는 태도는 '생각하기'라는 상황의 근간이다. 감사하기가 없으면 생각도 없다. 적어도 식탁에 앉아 있는 철학자들은 세상과 동떨어져 있으면서 인위적이고, 강요받은 합리성의 관점에서 세상을 바라보지 않는다. 반대로 그들은 적극적으로 상황에 개입하는 참가자들이며, 그들의 상호작용에는 당연히 감사하고 배려하는 마음이 담겨 있다.

감사의 글

호의적인 마음으로 리액션 북스(Reaktion Books)와 리사를 처음 연결해준 앤드루 스미스(Andrew Smith)에게 감사의 마음을 표한다. 이 프로젝트를 완성하는 데 있어 편집 면에서 훌륭한 안내인의 역할을 해준 리액션 사의 마이클 리어먼(Michael Leaman)에게도 고마움을 전하며, 또 세세한 부분까지 꼼꼼하게 신경을 써준 리액션 사의 제작부 직원들에게도 감사한다.

이 책의 상당 부분은 이미 음식과 사회 연구 협회(ASFS; Association for the Study of Food and Society), 농업 · 먹거리 · 인간 가치 협회 (AFHVS; Agriculture, Food and Human Values Society)가 공동으로 또는 두 단체가 각각 주최한 학회, 그리고 옥시덴털 대학(Occidental College)에서 발표된 바 있다. 우리 필진은 이 두 장소의 학회에 참석해주신 분들이 전해준 피드백에 매우 감사하게 생각한다.

바바라 헬드케(Barbara Heldke)는 이 책의 초고를 모두 읽은 뒤 코멘트를 해주었으며, 이 책의 내용을 보다 명확하고 보다 체계적으로 만드는 데 필요한 훌륭한 조언을 해주었다. 우리는 그녀의 수고와 또 그녀가 이 책의 출간에 쏟은 열정에 감사한다. 크리스털 번디(Krystal Bundy)는 서문의 첫 번째 초고를 읽고 폭넓은 논평을 해주었고, 애슐리 스타인버그(Ashley Steinberg)는 참고 사항을 적절한 형태로 정리해주었는데, 이 일은 꼼꼼하고 세심한 주의가 필요한 일이었다. 사만다 매닉(Samantha Manick)은 철학자의 안목과 제빵사의 꼼꼼한 주의력을 발휘하여 이 책에 들어가는 색인을 완성해주었다.

레이(Ray)의 글은 시에나 대학(Siena College)에서 연구년을 주고, 강의 스케줄을 다시 짜도록 해주고, 도서관에 개인 열람실을 배정하는 등의 배려 덕분에 가능했다. 그의 부인인 제인(Jayne)은 음식과 관련된 끊임없는 아이디어의 원천으로 활약함과 동시에, 레이에게 음식과 철학에 관한 글을 쓰기에는 파리가 최상의 장소라며 그곳에서 연구년을 보내도록 제안한 당사자이기도 하다.

리사가 이 책에서 맡은 부분은 거스태버스 어돌퍼스 대학(Gustavus Adolphus College)에서 매달 열리는 논문 워크숍이 크게 도움이 되었으며, 그 대학의 존 S. 켄달 체험 학습 센터(John S. Kendall Center for Engaged Learning)의 지원을 받아 이루어졌다. 요즘 흔히 볼 수 있는 형태, 즉 같은 주제를 연구하는 공동 필자들이 모여 중단 없이 집필하는 것은 이번 책을 완성하는 데에 필수적인 요소였다. 이 모든 과정을 원활하게 조율해준 켄달 센터의 앨리사 로젠탈(Alisa Rosenthal)과 케이시 블로캣(Cathy Blaukat), 그리고 리사와 긴 시간을 함께 해준 모든 동료들에게 감사의 마음을 표한다. 리사는 또 자신의 철학에 끊임없이 영향을 준 페그 오커너(Peg O'Connor)에게도 깊은 감사의 뜻을 표한다.

참고문헌

서문

1. 리즈 엘스, '메리, 메리, 정반대야(Mary, Mary, Quite)', 〈New Scientist〉 2315호, (2001년 11월 3일), www.newscientist.com

2. 메리 미즐리(Mary Midgley), 《Utopia, Dolphins and Computers: Problems of Philosophical Plumbing》(런던, 1996년) p.1

3. 같은 책

4. 같은 책. p. 2

5. 미국의 철학자 Charles Peirce는 이것을 '고집의 수단'이라고 불렀으며, 본인도 이런 방법에 매우 감탄해했다. 그는 어떤 대안이 제시되어도 눈을 감고 그것을 인정하지 않는 능력은 과학적 방법을 제외하고는 그 어떤 방식에도 뒤떨어지지 않는 신념 체계를 수립하는 것과 비슷하다고 주장했다. 이것은 빈말이 아니었다. 과학 철학자인 Paul Feyerabend는 대안적 견해들을 묵살하는 행위 - 논박이 아니다-는 정확히 과학이, 그것도 컨디션이 좋을 때 하는 행동과 똑같다고 말했다. 그의 동료이자 과학 철학자인 토마스 쿤은 과학은 '정상 과학(normal science)', 즉 가장 기본적인 배관설비 작업이 이루어지고 수리 작업은 붙박이 시설을 새로이 부착하고 수도꼭지 수리 정도로 국한되는 시기와 '혁명적인 과학

(revolutionary science)' 즉 해결할 수 없는 문제들이 시스템 전체를 의문의 구렁텅이로 몰아넣는 시기를 무질서하게 교차하는 과정을 통해 '진보한다'고 점잖은 어조로 주장했다. 가장 기본적인 추정들을 검증하고 논박할 수 있는 때는 바로 이렇게 패러다임이 바뀌는 시기뿐이다. 쿤은 따라서, 정상 과학자들은 자신들을 가장 많이 괴롭히는 문제들에 아무런 답을 주지 않는 학문 체계를 붙든 채 아주 오랫동안 힘들게 전진하다가 결국에는 자신들이 금과옥조처럼 받들고 있는 가장 기본적인 신념을 재검토하는 과정을 피할 수 없게 될 것이라고 지적했다. 사람들이 노력과 자원을 많이 투입한 과학 체계일수록, 그것의 학문적 한계가 아무리 심각하여도 오래 존속될 가능성은 더 크다. 그런 방법론에는 어떤 논리적 모순도 없다는 점을 유의하기 바란다. 오히려 대안적인 이론을 고려하는 것이 모순적인 행위이다.

6. 미즐리, 《유토피아》 p.2

7. 같은 책. p.11

8. 같은 책. p. 13

9. 같은 책. p. 3

10. 같은 책. p. 14

11. 같은 책.

12. 수전 랭거(Susanne Langer), 《Philosophical Sketches》(뉴욕, 1964년), p.13

13. 수전 랭거(Susanne Langer), 《Philosophy in a New Key》(매사추세츠 주 케임브리지, 1957년) p.293

14. 존 듀이 저 《The Later Works》(일리노이 주 카본데일, 1929년; 1984년) 제 5권에 삽입된 〈The Quest for Certainty〉 참조

15. 존 듀이, 《Democracy and Education》(뉴욕, 1922년) pp. 335-6

16. 산도르 카츠(Sandor Katz), 《The Art of Fermentation》(버몬트 주 화이트리버 정크션, 2012년)

17. 같은 책. p. xviii

18. 같은 책. pp. xviii-xix

1장

1. 제시카 브루더(Jessica Bruder), 〈The Picky Eater who Came to Dinner〉, www. nytimes.com, 2012년 6월 29일

2. 실제 제목: Jim Thornton, 〈Is This the Most Dangerous Food for Men?〉, www.menshealth.com 2009년 5월 19일

3. 마이클 폴란(Michael Pollan), 《The Omnivore's Dilemma: A Natural History of Four Meals》(뉴욕, 2006년), p.314

4. 제시카 브루더, 〈Feeding Others' Food Issues〉, www.timesunion.com, 2012년 7월 6일

5. 우리는 '생성적 개념(generative idea)'이라는 개념을 수전 랭거의 《Philosophy in a New Key》(매사추세츠 주 케임브리지, 1957)에서 차용했다.

6. 리사 헬드케(Lisa Heldke), 《Cooking, Eating, Thinking: Transformative Philosophies of Food》(Deane W. Curtin과 Lisa Heldke 공동편집, 인디애나 주 인디애나폴리스, 1992년)에 수록된 〈Foodmaking as a Thoughtful Practice〉, p.203

7. 아리스토텔레스의 실제 설명은 다음과 같다. "내가 말하는 미덕은 성격상의 미덕이다. 이 말이 그런 뜻이므로 감정과 행위와 밀접하게 관련되어 있다. 따라서 여기에는 과도하거나 부족하거나 중간이다, 따위의 정도의 차이가 당연히 허용된다. 우리는 예를 들어, 어떤 것을 두려워할 수도 있고, 자신할 수도 있으며, 식욕을 느낄 수도 있고, 화를 내거나 동정심을 느낄 수도 있다. 일반적으로 쾌락이나 고통을 느낄 수 있으며, 그것도 너무 크거나 너무 적게 느끼는 것도 가능하다. 하지만 이런 감정을 올바른 때에, 올바른 대상에 대하여, 올바른 사람들에 대하여, 올바른 목적으로, 그리고 올바른 방식으로 갖고 있으면 중간 또는 최상의 상태라고 할 수 있다. 이런 것이 미덕에 해당된다. 마찬가지로 행동들에도 과잉, 부족, 또는 중간 같은 정도의 차이가 존재한다." 아리스토텔레스 저 〈니코마코스 윤리학(Nicomachean Ethics), 베커의 아리스토텔레스 전집 p.1106 오른쪽 단: Terrence Irwin 번역 (인디애나 주 인디애나폴리스, 1985년)〉, pp.18–24 참조.

8. 도나 가바시아(Donna Gabaccia), 《우리가 먹는 것이 우리 몸이 된다: 전통 음식

과 미국인들의 생성 과정, We Are What We Eat: Ethnic Food and the Making of Americans》(매사추세츠 주 케임브리지, 1998년), p.125

9. 같은 책. pp.124, 123

10. 같은 책. p.125

11. 같은 책. p.126

12. 같은 책. p.125

13. 같은 책. p.127

14. 에마뉘엘 레비나스(Emmanuel Levinas), 《Totality and Infinity: An Essay on Exteriority》(번역: Alfonso Lingis, 펜실베이니아 주 피츠버그, 1961년)〉이 가장 유명한 책 중 하나이다.

15. 앙리 베르그송(Henri Bergson), 《The Two Sources of Morality and Religion》 R. ashley Audra, Cloudesley Brereton 공역(뉴저지 주 가든시티, 1932년; 1956년)〉 참조.

16. 안니아 시에자들로(Annia Ciezadlo), 《꿀 같은 날: 음식, 사랑 그리고 전쟁 체험기(Day of Honey: A Memoir of Food, Love, and War》 (뉴욕, 2001년), p.77

17. 윌리엄 브라이언트 로건(William Bryant Logan), 《흙: 지구의 황홀한 피부 Dirt: The Ecstatic Skin of the Earth (뉴욕, 1995년)》, pp.18-19

18. 같은 책. p.19

19. 물론 우리는 농부를 상징적인 인물로 삼자고 제의하지만, 그렇다고 모든 농부들이 고결하다고 주장하는 것은 아니다.

20. 이런 이상에 이의를 제기하는 철학자들은 찰스 샌더스 퍼스 (1839-1914), 루드빅 비트겐슈타인 (1889-1951), 윌리엄 제임스 (1842-1910) 등이다.

21. 메로스, 《오디세이》 (Robert Fagles 번역, 뉴욕, 1996년), pp.100-101

22. 같은 책. pp.195-6

23. 메로스, 《일리아드》, (Richard Lattimore 번역, 일리노이 주 시카고, 1961년), pp. 119부터 이후.

24. "다른 말로 하면, 한쪽에 있는 이른바 무제한적인 환대의 법칙(즉, 새로 합류한 이방인에게 자신의 집과 자기 자신을 주는 것, 자신의 모든 것, 그들의 모든 것

을 이름도 묻지 않고 보상을 요구하지도 않고 지극히 작고 작은 조건의 충족을 요구하지도 않고 주는 것)과 또 다른 쪽에 있는 일반 법칙들(복수형임에 유의하라), 즉 항상 조건이 붙고 경우에 따라 달라지는 권리와 의무들 사이에는, 이것들을 그리스–로마 식 전통 철학, 또는 유대–기독교적 윤리, 현대의 모든 철학자들, 특히 칸트와 헤겔에 이르는 법철학을 비롯한 모든 법으로 정의할 때, 이율배반, 해결할 수 없는 이율배반, 변증법적 논리로도 설명할 수 없는 이율배반이 있을 것이다. 비극은 이 이율배반에 포함된 상호 적대적인 두 개의 단어가 상호 대칭적 용어가 아니라는 사실이다. 이것은 태생적 문제이기 때문에 비극이다. 여기에는 이상한 위계질서가 존재한다. '이' 법은 모든 법의 상위 개념이다. 하지만 '이' 무조건적인 환대의 법칙은 비록 일반적인 환대의 법칙들 위에 군림하지만, 이 일반 법칙들을 필요로 한다. 일반 법칙들이 있어야 그것이 존재할 수 있다, 즉 필수적인 구성요소라는 뜻이다. 만약 그 법칙이 효과적이고, 구체적이고, 단호할 필요가 없다면, 만약 그 법칙이 본질적인 성격을 띠지 못한다면, 이것은 효과적으로 무조건적인, 그 법칙이 되지 못할 것이다. 그러면 추상적이고, 이상적이고, 환상에 지나지 않은 법칙이 되고, 그래서 반대의 성격을 띠게 될 위험이 있다. '그' 법칙이 본연의 성질을 띠려면 일반 법칙들이 필수적인데, 이 일반 법칙들은 그 법칙을 인정하지 않으며, 하여튼 그것의 존재를 위협하며, 가끔 그것의 순수성을 더럽히거나 왜곡한다. 게다가 언제든지 그렇게 할 능력이 있는 것 같다." Anne Dufourmantelle와 Jacques Derrida가 공저한 《Of Hospitality》(번역 Rachel Bowlby, 캘리포니아 주 스탠퍼드, 2000년)》 pp.77, 79 참조.

25. "기원전 1, 2세기 경의 스토아 학파 철학자인 히에로클레스(Hierocles)는 (키케로의 〈De Officiis〉에서도 나오는 고전적인 비유법을 사용하여) 우리는 자신을 현지와의 유대감을 결여한 존재로 여기지 말고, 여러 동심원들로 둘러싸인 존재로 간주해야 한다고 주장했다. 첫 번째 원은 자아의 주변에 그려져 있고, 그 다음 원은 본인의 직계 가족의 형태를 띤다. 그 다음에는 확장된 가족들이 따르고, 그 다음에는 그 사람의 이웃들이나 현지의 집단, 동료 주민들을 나타내는 원들이 차례로 이어진다. 이 모든 원들의 바깥에는 인류 전체를 나타내는 가장 큰 원이 그려진다. 세계 시민으로서 우리가 해야 할 임무는 '어떻게든 중심부

를 향해 집중되는 원들을 그려' 모든 인류를 동료 주민들과 같아지도록, 그 다음에는 이웃들... 등등과 같아지도록 만드는 것이다". 《The Journal of Political Philosophy》 5권(1997년) p.5에 수록된 Martha Nussbaum의 〈Kant and Stoic Cosmopolitanism〉 참조.

26. Jane Addams 저 《Twenty Years at Hull House》의 서문(Henry Steele Commager의 글)에 인용된 Lincoln Steffens의 말.

27. Addams 저 《Twenty Years at Hull House》, pp98(연대), 55(정의), 76(호혜).

28. 같은 책 p.59

29. 같은 책 p. x v ⅲ

30. 같은 책

31. 같은 책 p.169. 여기서 '보다 나은'이라는 말은 현대인의 귀에는 매우 매몰찬 말로 들린다. 애덤스는 실제로 미국인들이라는 말을, 더 큰 특권을 누리는 계층이라는 뜻으로 사용한다.

32. 같은 책 p.96

33. 같은 책 p.67

2장

1. Adam Gopnik, 〈Sweet Revolution〉, www.newyorker.com, 2011년 1월 3일

2. 〈Freestyle Cooking〉, www.cellercanroca.com, 2014년 1월 24일 접속.

3. Alice Waters, 〈A Delicious Revolution〉, www.ecoliteracy.org, 2014년 1월 15일 접속.

4. Wendell Berry, 〈The Pleasures of Eating〉, www.ecoliteracy.org, 2014년 1월 15일 접속.

5. Hervé This, 《Building a Meal: From Molecular Gastronomy to Culinary Constructivism》 (번역 M.B. DeBevoise, 뉴욕, 2009년), p.99

6. Laura Marks, 〈Thinking Multisensory Culture〉, 《Paragraph, XXXI/2》(2008년), p.124

7. G.W.F. 헤겔, 《미학: 미술에 관한 강의(Aesthetics: Lectures on Fine Art》 (T.M. Knox 번역, 옥스퍼드, 1998년)》, 1권, p.36

8. Annie Churdar, 〈Unbelievable Sushi Art by Takayo Kiyota〉, www. lostateminor.com, 2013년 9월 23일

9. 칸트가 재미있게 생각한 점이면서, 용어들이 철학적 맥락에서 중요한 의미를 띠는 방식을 보여주는 좋은 예는 그가 여기에서처럼 식탁에서 우리가 느끼는 맛과는 전혀 관계가 없는 방식으로 '맛'이라는 단어에 집요하게 매달리는 데에서 잘 드러난다. '맛'은 어떤 대상이나 상징을 '아무 사심 없이' 만족이나 불만족이라는 감정을 통하여 판단하는 육체적 기능이다. 그런 만족의 대상을 우리는 '아름답다'고 말한다. (임마누엘 칸트, 《판단력 비판(Critique of the power of judgment)》 Paul Guyer와 Eric Matthews 공역, 케임브리지, 2000년), p.96, 강조 표시는 원문 그대로 사용). '미학적 판단 비판'이라고 제목이 붙은 첫 부분의 첫 단락은 음식과 술의 미학적 관련성 외에 윤리적 판단을 일축하는 동시에 무관심과 보편성을 강조하고 있다. 음식은 '알맞은'이라는 항목으로 분류되는데, 이것은 즉 칸트 미학에서는 죽음의 키스로 불리는 '이익'과 결부된다. 칸트가 '양념 등을 통해 맛을 자극하는 음식, 누구나 주저하지 않고 알맞다고 말할 수 있는 음식'에 대해 글을 쓴다는 것은, 그가 음식이 진정한 아름다움의 영역, 따라서 미학의 영역에 들어올 가능성을 원천 봉쇄하고 있다는 뜻이다.

10. 예를 들어 Kandinsky는 색깔은 우리의 영혼 자체에 직접적인 영향을 끼칠 수 있는 기능이라고 생각했다. 진정한 의미에서 '예술적인' 것이 앞에 있으며, '구경꾼은 자신의 영혼 안에서 공명이 일어나는 것을 느낀다.' 바실리 칸딘스키(Wassily Kandinsky), 《Kandinsky: Complete Writing on Art》 Kenneth C.Lindsay과 Peter Vergo 공동 편집, 뉴욕, 1994년에 수록된 〈Concerning the Spritual in Art〉 (1942년) p.129 참조.

11. 음식에 대한 추가적인 철학적 견해는 Elizabeth Telfer 저 《Food for Thought》 (런던과 뉴욕, 2002년) 참조.

12. 캐롤린 코스마이어(Carolyn Korsmeyer), 《Making Sense of Taste: Food and Philosophy》 (뉴욕 주 이타카, 2002년), P.136

13. 같은 책, p.144

14. 같은 책, p.143

15. 같은 책, p.144

16. 같은 책.

17. 예컨대 존 듀이 저 《Art as Experience》 (뉴욕, 1958년) 참조.

18. 물론 환멸 같은 '어려운 미학적 쾌락들'도 있다. 코스마이어는 그것들에 대해서도 썼다. 캐롤린 코스마이어, 《Savoring Disgust: The Foul and the Fair in Aethetics》 (옥스포드와 뉴욕, 2011년) 참조.

19. 장 앙텔름 브리야사바랭(Jean Anthelme Brillat-Savarin), 〈The Physiology of Taste〉, www.gutenberg.org.

20. 'Viviane le Courtois: Edible? Twenty-Two years of Working with Food', 볼더 현대미술관(Boulder Museum of Contemporary Art), www.bmoca.org, 2014년 1월 15일 접속

21. 윌리엄 데레저위츠(William Deresiewicz), 〈A matter of Taste〉, www.nytimes.com, 2012년 10월 26일.

22. 애론 메스킨(Aaron Meskin), 〈The Philosophers' Magazine〉(2013년 7월호) pp.81-6에 실린 'The Art of Food'

23. Warren Belasco, 《Food: The Key Concepts》 (런던, 2008년), p.47에 실린 글 인용함.

24. 윌리엄 데레저위츠(William Deresiewicz), 〈Soul Food: Why Cooking isn't Art〉, www.theamericanscholar.org, 2014년 1월 16일 접속.

3장

1. 메리 미즐리 저 《Beast and Man: The Roots of Human Nature》(뉴욕 주 이타카, 1978년) p.14

2. Homo sapiens sapiens 중 두 번째 sapiens는 우리 현대 인간들은 (적어도 일부 고고학자들의 이론에 따르면) Homo sapiens라는 종의 아종(亞種)이라는 사

실을 나타낸다. 이 전문가들의 이론에 따르면, 그 밖에 우리 인류 종에는 Homo sapeine idaltu, Homo sapeine neanderthalensis를 포함한, 여러 다른 (태고의 멸종한) 아종들도 있다고 한다. 다른 학파들은 이들 태고적 인류는 사실 우리와 다른 아종이 아니라 아예 종 자체가 다르며, 현대 인류는 우리 종에 속한 유일한 종, 따라서 Homo sapiens sapiens가 아니라 그냥 Homo sapiens라고 해야 한 다고 생각한다. 상관 없다. 인간은 여전히 맛을 아는 종이다.

3. 이 인용문의 주인공은 마이클 모스(Michael Moss)의 책《소금, 설탕, 지방(Salt Sugar Fat: How the Food Giants Hooked Us》(뉴욕, 2013년) p.156에 인용된 워싱턴 대학교의 전염병학 교수인 아담 Drewnowski이다.

4. 흄은 모든 경험적 증거를 수집한 뒤 책임의 분담이라는 문제를 거론하면서 이 렇게 말한다. "그 뒤에 수반되는 책임의 분담은 판단의 문제가 될 수 없다. 그것 은 마음의 문제이다. 그것은 추측에 근거한 명제나 단정이 아니라 적극적인 감 정이나 정서이다." 데이비드 흄 저 《도덕원리에 관한 탐구(An Enquiry into the Principles of Morals)》 (라살, 1777년) 부록 Ⅰ, p.131

5. 순전히 위험에 바탕을 둔 미학적 경험이라고 이루어진 카테고리가 있다. 몇 년 전 식탁에서는 아니지만, 언론에서 복어 열풍이 분 적이 있다. 복어는 매우 정확 한 방법으로 세척하고 조리해야 한다. 그렇지 않으면 복어의 장기에 들어 있는 독성 물질이 번져 사람의 목숨을 앗아갈 수도 있기 때문이다. 스릴을 추구하는 특정 부류의 사람들에게 이런 류의 위험은 식사 경험에 가외의 쾌락까지 주었 다.

6. 이 구별의 정당성을 인정하는 범위 내에서, 우리는 이것은 우리가 사물과 그것 이 야기하는 감각은 구별된다는 사실을, 이해하느냐 그렇지 않느냐 하는 문제와 더 큰 관련이 있다고 말할 수 있을 것이다. 다음과 같은 점을 고려해 보자. 신선 하고 따뜻한 빵이 있다고 가정하자. 그 빵은 우리가 가리키는 것이다, 라고 말하 면 말이 된다. 하지만 그 신선한 빵은 그것의 냄새라고 말하지 않을 것이다. 그 렇다면 이것은 어느 정도까지만 실물 지시적 정의인가? 당신은 사물의 모습을 빼놓고는 어느 것도 손으로 가리킬 수 없다. 이것 외에 모든 감각들과 관련된 신 체적 제스처가 또 있을 수 있겠는가? 당신은 자신이 지금 느끼고 있는 특정한

맛을 다른 사람에게 어떻게 알려 줄 수 있겠는가? 이것은 당신이 어느 가지에 앉아 있는 어느 새를 가르키면서 다른 사람에게 알려주는 것과 어떻게 같고, 또 어떻게 다를까? 새임을 확신할 수 있는가? 그렇다면 맛이나 냄새에 대해서도 확신할 수 있는가?

7. Thomas Nagel 저 《The View from Nowhere》 (뉴욕, 1989) 참조.

8. M.F.K. Fisher는 어느 날 프랑스의 한 작은 마을의 작은 식당에서 경험했던 놀라운 점심식사를 소개한다. 이 경이로운 식사에서 나온 코스 하나에는 송어 요리가 포함돼 있었는데, 이것은 테이블 옆에서 따로 요리되었다. 그녀는 송어의 죽음의 고통에 − 무서웠다는 의미에서 − 약간만 기분이 좋은 것 같았다. 이 수필의 표면적인 주제 "나는 정말로 아주 배가 고파요"의 주인공 요리사는 송어에 대해 이렇게 말한다. "어떤 송어라도 폴 씨의 손에 의해 요리되는 것을 좋아할 거예요. 녀석의 작은 아가미를 잡아서 칼로 한 번만 치면 대가리가 없어집니다. 그러면 녀석은 부용(고기나 채소를 끓여 만든 육수로서 맑은 수프나 소스용으로 씀− 옮긴이) 속에서 고통에 못 이겨 몸을 동그랗게 말죠. 그러면 끝난 거죠." 송어 요리에 대한 피셔의 묘사는 대학교 다닐 때 즐겼던 대화, 예를 들면 차라리 교통사고를 당해 죽는 게 나을지 또는 천천히 진행되지만 너무 고통스럽지 않은 암으로 죽는 게 나을지를 놓고 떠드는 밤의 대화와 다를 게 없어 보였다. 이 이야기를 들으면 마치 송어하고 의논을 했더니 녀석이 오염된 강에서 천천히, 오랜 기간에 걸쳐 질식되어 죽느니 소름끼칠 만큼 고통스러워도 빠른 죽음을 선택한 것과 같은 착각에 빠지게 된다. M.F.K Fisher 저 《The Gastronomical Me》 (뉴욕, 1943년; 1989년) pp.144-5

9. 산도르 카츠(Sandor Katz,)는 발효에 관한 백과사전적 저서인 《발효의 기술, (The Art of Fermentation)》에서 특정 발효 식품이 우리의 코, 혀, 눈에 접근하는 방식의 범위를 묘사하는 데 큰 관심을 기울인다. 그것은 이런 음식 중 상당수가 우리에게 친숙하지 않으며, 또 우리는 발효된 음식을 유난히 두려워하기 때문이다. 실제로 많은 미국인들이 이런 류의 음식을 '썩은 음식'과 동일시하는 경향이 있다. "정말로 이 음식에서는 원래 이런 냄새가 나나요?"라는 상당히 중요한 질문을 한다. 문제의 '이 음식'이 자기가 치료해 준 사슴의 넓적다리라면

더욱 그렇다. 그런 음식은 위험 없이 존재하지 않는다. 산도르 카츠 저 《Wild Fermentation: The Flavor, Nutrition, and Craft of Live-culture Foods》 (버몬트 주 화이트리버 정크션, 2003년) 참조.

10. 이 이론은 시각을 다루고 있다. 감각들의 역할, 그리고 감각들 사이의 관계가 시각이 손상된 사람을 위해 체계화되어 있는 방식에 관한, 철학적으로 풍부한 내용은 〈The Blind Cook〉, www.theblindcook.com 참조. 2014년 1월 21일 접속.

11. 데이비드 서튼(David Sutton)의 〈The Sensory Experience of Food〉, Carolyn Korsmeyer와 David Sutton 공저 《Food, Culture and Society》 XIV/4 (2011년 12월), p.469.

12. 같은 책. pp.468, 470

13. 알렉산더 맥콜 스미스(Alexander McCall Smith)의 책에 수록된 한 단락의 글은 기억과 감정이 할 수 있거나 했을 수도 있는 역할에 대해 깊이 생각하게 한다. Cyril이라는 개는 주인에 의해 이탈리아 여행길에 오른다. '이탈리아의 충격(The Impact of Italy)'이라는 제목의 장에서 맥콜은 독자들을 '개 코'의 관점에서 이탈리아를 경험하게끔 안내한다.

물론 그 냄새들은 비슷한 스코틀랜드 여행길에서 만났던 그 종업원들의 냄새와는 확연히 달랐다. 그리고 인간 승객들은 지금 Cyril이 즐기고 있는 후각의 경험이 얼마나 흥미진진한지, 짐작조차 못했다. 개 코의 모습을 드러낸 이 세상은 우리가 상상할 수 있는 것보다 훨씬 풍요하며, 여기에는 현재 있는 것 – 상당히 흥미롭다 – 은 물론, 과거에 있었던 것까지 포함돼 있다. 그래서 인간의 눈은 인간의 힘을 나타내는 표시들 – 농장의 담, 탑처럼 쌓아올린 곡물더미, 잘 경작된 농장 등 – 을 보지만, 개는 풍경 위에 겹겹이 쌓인 역사의 냄새 등, 그보다 훨씬 많은 것을 본다. 그러면 우리도 토스카나 지방의 밭을 보고, 그곳의 밭고랑들, 돌멩이들, 마르고 흰 흙을 보게 된다. 개들은 그 밭고랑들은 황소들이 일구었고, 새들은 농부가 뿌린 씨앗을 쪼아 먹었다는 것을 알게 된다. 또 그 농부가 신은 장화는 그것대로 지하 창고 바닥을 쿵쿵 밟고 다니고, 올리브 나무 사이를 걷는 등, 기타 수많은 이야기를 전해준다. Cyril은 지금 당혹스러울 정도로 많은 냄새들을 해석하고 분류하는 지적인 과제를 수행하면서 그 흥분에 몸을 떨고 이 모든 이야기들을 알아가면서, 만끽하고 있다.

시릴의 냄새 경험은 그때 그 자리에 존재한 것을 인식하는 것 이상이다. 그에게 냄새는 과거 속으로 흘러들어가 예전에 그곳에 있었던 것까지도 포괄한다. 냄새 맡기는 깊은 상호성을 띠게 되고, 그 결과 '인접한 감각' 대 '먼 감각'의 문제는 덜 중요해진다 (냄새는 여기서 대충 중간쯤에서 합의를 보는 것 같다). 이 글은 비현실적인 내용을 담고 있지만, 독자들이 우리의 여러 감각들이 어떻게 기능을 발휘하는지 묻도록 유도한다. 알렉산더 맥콜 스미스 저 《The Importance of Being Seven》 (뉴욕, 2012년), p.235 참조.

14. Lisa Heldke와 Stephen Keller 공저, 〈Objectivity as Responsibility〉, 《Metaphilosophy》, XXVI/4 (1995년)〉, pp.360–78

15. 존 듀이, 《The Later Works》 (일리노이 주 카본데일, 1938년; 1991년), XI권 중 〈논리학: 탐구의 이론(Logic: The Theory of Inquiry)〉, p.108

16. 물론 모든 인간이 음식을 씹고 삼키는 것은 아니다. 많은 인간들이 영양분을 이와 다른 방식으로 섭취하고 있다. 영화평론가인 Roger Ebert는 〈Nil by Mouth〉라는 설득력 있는 수필을 썼는데, 여기에는 영양분을 다른 방식으로 섭취하는 사람으로서의 그의 생애가 연대순으로 기록되어 있다. Roger Ebert 저 〈Nil by Mouth〉 참조. www.rogerebert.com, 2010년 1월 6일.

17. 하이데거는 이 주제를 자신의 에세이 〈기술에 관한 문제(The Question Concerning Technology)〉에서 탐구한다. 마틴 하이데거 저 《The Question Concerning Technology and Other Essays》 (번역: William Lovitt, 뉴욕, 1977년)〉에 수록된 〈The Question Concerning Technology〉 참조.

18. 플라톤, 《티마이오스, The Timaeus》 (번역: Benjamin Jowett), http:classics.mit.edu/Plato/timaeus.html,72a–73a, 2014년 1월 21일 접속.

19. 존 듀이, 《The Later Works, 1925–1953》 (존 듀이 전집) I 권: 1925 《Experience and Nature 》, 인터넷판, p.212

20. 존 듀이, 《The Later Works》 중 4권 《확실성의 탐구(The Quest for Certainty)》,

p.4

21. 같은 책, p.5

4장

1. Jessica Jacobs, 〈The Evo Diet〉, www.livestrong.com, 2013년 12월 3일 접속.

2. Sheryl Walters, 〈Eat Like the Apes for Optimum Health〉, www.naturalnews.com, 2008년 11월 29일.

3. Jacobs, 〈The Evo Diet〉

4. Barfworld, www.barfworld.com 참조

5. Richard Wrangham 저 《Catching Fire: How Cooking Made Us Human》(뉴욕, 2010년), p.25

6. 아리스토텔레스, 《영혼론(De Anima)》 번역: J.A. Smith, http://classics.mit.edu/Aristotle/soul.html, 413 I, 1-4.

7. 옥스퍼드 영어사전을 보면, 표제어 '자아(self)'의 역사는 대명사, 형용사, 그 다음에는 명사로 변했음을 시사한다. 이 사전은 17세기의 용례로서 존 로크의 글을 인용하였다. "주로 철학적 의미로 사용한다. 사람 안에 진실로, 내재적으로 존재하는 '그 사람(부정(不定)한 존재와는 대조적인 개념이다)'을 가리킨다.; 에고(ego, 육체와 반대되는 개념으로서 흔히 영혼, 정신과 동일시된다.); 의식의 연속적이고 변화하는 상태의 항구적인 주제."

8. W.H. 오든(W.H.Auden) 저 《Tonight at Seven-thirty (For M.F.K. Fisher)》(1963년) 참조. 인터넷으로 열람 가능. http://gastrocentric.blogspot.co.uk, 2015년 9월 30일 접속.

9. 장 마리 펠트(Jean-Marie Pelt), 《La Raison du plus faible》(파리, 2009년), p.59.

10. 훌륭한 설명이 필요한 사람은 〈Tom Volk's Fungus of the Month for October 2002〉 참조, http://botit.botany.wisc.edu, 2014년 1월 22일 접속.

11. BBC에서 제작한 프로그램인 〈Frontiers: Human Microbes〉 참조, www.bbc.

co.uk, 2011월 6월 1일 접속.

12. 시노페의 디오게네스(Diogenes the Sinope)에 관한 자세한 정보는 《Lives of the Philosophers》 R.D.Hicks 편집, Ⅵ권 디오게네스 라에르티오스(Diogenes Laertius)' 참조. www.perseus.tufts.edu/hopper. Crates와 Hipparchia에 관한 정보는 'Hipparchia' 참조. www.iep.utm.edu, 2014년 1월 22일 접속.

13. 헨리 필딩, 《톰 존스 이야기(The History of Tom Jones)》 (뉴욕, 1749년; 1950년) p.11

14. 장 자크 루소, 《사회계약론(The Social Contract)》 번역 도널드 A. Cress, 인디애나 주 인디애나폴리스, 1762년), p.17

15. 장 자크 루소, 《에밀(Emile); 또는 교육에 대하여(On Education)》 (번역 Allan Bloom, (뉴욕, 1762b), p.37

16. 같은 책, p.63

17. 같은 책.

18. 같은 책, p.151

19. 〈Am I Hungry? is the END of Yo-yo Dieting〉 참조. www.amihungry.com, 2014년 1월 22일 접속.

20. 루소, 《에밀》, pp.151-2

21. 같은 책, p.156

22. 장 자크 루소, 《인간 불평등 기원론(Discourse on the Origin of Inequality)》 번역 Donald A. Cress, 인디애나 주 인디애나폴리스, 1755년)》 pp.19-20

23. 같은 책, p.19

24. 같은 책

25. 같은 책, p.23

26. 같은 책, p.25

27. 같은 책, pp.25-6

28. 19세기 화가인 폴 고갱은 타이티로 이주한 자신의 경험을 설명할 때 루소의 자연/문화 이원론의 한계를 잘 보여주었다. 고갱은 음식들이 자신의 주변에 풍부하게 널려 있었지만, 자신에게는 그것을 자기 힘으로 조달하는 데 필요한 (기술

적인) 능력이 전혀 없다는 사실을 깨달았다. 그에게 지갑이 없었다면, 또 그의 주변에 유식한 원주민들이 없었다면, 그는 곤경에 빠졌을 것이다. 사람은 자신의 허기를 '자연스럽게', (문화가 창조한) 기술의 아무런 도움 없이 충족시킬 수 있다는 루소의 믿음은 아주 조금만 생각해 보아도 지독하게 순진한 생각이라는 느낌을 갖게 한다.

29. 루소, 《인간불평등기원론(Discourse)》, p.26

30. 같은 책, p.29

31. 놀랍지 않은 귀결: 여기서 자연/문화의 대립법이 아니라, 농업/문화의 융합이 당연시되었다.

32. 루소, 《인간불평등기원론(Discourse)》, p.34

33. 같은 책, p.36

34. 같은 책, p.39

35. 같은 책, p.57

36. 찰스 귀논(Charles Guignon), 《진정성에 대하여, On Being Authentic》 (뉴욕, 2004년), p.55

37. 같은 책, pp.59, 67

38. 같은 책, p.60

39. 마이클 트새리온(Michael Tsarion), 〈참된 인생, Authentic Lives〉, www.youtube.com, 2009년 8월 19일 업로드, 2015년 7월 21일 접속.

40. 클립포드 기어츠(Clifford Geertz), 〈The Impact of the Concept of Culture on the Concept of Man〉, 《New Views of the Nature of Ma》 (편집 John R. Platt, 일리노이 주 시카고, 1965년)》, p.27

41. 조지 산타야나(George Santayana), 《The Essential Santayana》 (Martin A. Coleman의 서문이 삽입됨)에 수록된 〈The Life of Reason〉의 서문, p.291

42. 이 사실은 물질과 형태에 관한 아리스토텔레스의 주장을 연상시킨다. 아리스토텔레스의 《형이상학(Metaphysics)》 Ⅶ권 등 참조.

43. 귀논(Guignon), 《진정성에 대하여, On Being Authentic》 p.105

44. 사람들이 반드시 이렇게 할 필요는 없다. 반복이 항상 최상의 결과를 낳을 것이

라는 보장이 있는 것은 아니기 때문이다. 하지만 일반적으로 말해, 이런 상호 작용의 결과는 고립된 상태에서 나온 결과보다는 나을 것이다.

45. 이 사실에 대한 간결하고 명확한 설명은 Michael Pollan 저 《Cooked: A Natural History of Transformation》 (뉴욕, 2013년) 참조. 이 책에서 폴란은 Richard Wrangham이 《Catching fire: How Cooking Made Us Human》 (뉴욕, 2010년) 에서 옹호한 테마를 설명한다.

46. Wrangham, 《Catching fire》, p.182. 아마도 요리를 할 줄 아는 동물은 없을 것이다. 하지만 많은 동물들이 특정 음식에 선호도를 보여 주고 있는데, 그런 선호 행위는 우리가 말하는 '요리하기' 수준의 정교함까지는 도달하지 못하지만, 거의 '음식 준비, 즉 취사' 행위나 마찬가지라고 판단된다. 동물들도 당연히 나름대로의 문화가 있다.

47. 이것은 우리가 '인위적'이라고 칭하는 특정한 요리 – 또는 경작 – 행위가 없을 것이라는 말은 아니다. 여기서 인위적이라는 말은 절대적인 의미가 아니라, 약간 비교적인 의미에서 파악해야 한다.

결론

1. 메리 미즐리, 《Beast And Man: The Roots of Human Nature》 (런던, 1978년), p.166

2. 수전 랭거(Susanne Langer), 《Philosophy in a New Key》 (매사추세츠 주 케임브리지, 1957년) p.13

3. 마가렛 비서(Margaret Visser), 《The Gift of Thanks: The Roots and Rituals of Gratitude》 (매사추세츠 주 보스턴, 2009년), pp.173, 235, 287-9

KI신서 6551

식탁위의 철학자들

1판 1쇄 인쇄 2017년 2월 24일
1판 1쇄 발행 2017년 3월 3일

지은이 레이먼드 D. 보이스버트 · 리사 헬트 **옮긴이** 마도경
펴낸이 김영곤 **펴낸곳** (주)북이십일 21세기북스

제이콘팀 서정석 **책임편집** 박영미
해외기획팀 박진희 임세은 채윤지
해외마케팅팀 나은경
디자인 박선향
영업본부장 신우섭
출판영업팀 이경희 이은혜 권오권
프로모션팀 김한성 최성환 김주희 김선영 정지은
홍보팀장 이혜연 **제작팀장** 이영민
출판등록 2000년 5월 6일 제10-1965호
주소 (10881) 경기도 파주시 회동길 201(문발동)
대표전화 031-955-2100 **팩스** 031-955-2151 **이메일** book21@book21.co.kr

(주)북이십일 경계를 허무는 콘텐츠 리더

21세기북스 채널에서 도서 정보와 다양한 영상자료, 이벤트를 만나세요!
가수 요조, 김관 기자가 진행하는 팟캐스트 '[북팟21] 이게 뭐라고'
페이스북 facebook.com/21cbooks   블로그 b.book21.com
인스타그램 instagram.com/21cbooks   홈페이지 www.book21.com

ISBN 978-89-509-6498-6 03900
책값은 뒤표지에 있습니다.